Atos Administrativos Criadores de Obrigações Pecuniárias sem Natureza Tributária

ESPECIFICIDADES NA SUA FORMAÇÃO,
DISCUSSÃO DA LEGALIDADE E RESPETIVA COBRANÇA COERCIVA

Atos Administrativos Criadores de Obrigações Pecuniárias sem Natureza Tributária

ESPECIFICIDADES NA SUA FORMAÇÃO,
DISCUSSÃO DA LEGALIDADE E RESPETIVA COBRANÇA COERCIVA

2023

Ana Cláudia Fernandes Costa

ALMEDINA

ATOS ADMINISTRATIVOS CRIADORES DE OBRIGAÇÕES PECUNIÁRIAS SEM NATUREZA TRIBUTÁRIA
ESPECIFICIDADES NA SUA FORMAÇÃO,
DISCUSSÃO DA LEGALIDADE E RESPETIVA COBRANÇA COERCIVA

AUTORA
Ana Cláudia Fernandes Costa

EDITOR
EDIÇÕES ALMEDINA, S.A.
Avenida Emídio Navarro, 81, 3D
3000-151 Coimbra
Tel.: 239 851 904 • Fax: 239 851 901
www.almedina.net • editora@almedina.net

DESIGN DE CAPA
EDIÇÕES ALMEDINA, S.A.

EDITOR
EDIÇÕES ALMEDINA, S.A.

IMPRESSÃO E ACABAMENTO

Abril, 2023

ISBN
978-989-40-1136-1

DEPÓSITO LEGAL
....

ALMEDINA | GRUPOALMEDINA

AGRADECIMENTOS

O trabalho que se revela nas subsequentes páginas não é uma obra só minha. Diferentes pessoas, de inúmeras maneiras, ajudaram a que se concretizasse, com ideias, debates, críticas e incentivos, e até doando o seu tempo para que o pudesse realizar.

Dedico-o, assim, a todas essas pessoas que mereciam ser nomeadas uma por uma.

De forma especial, devo um agradecimento à minha Mãe, cujo exemplo, presença e apoio incondicional são a base de todos os meus sucessos.

Agradeço, também, à minha Madrinha pela sua compreensão, carinho e pelo tempo que me dedicou.

Ao Tiago pela motivação, conhecimentos que partilhou comigo, sugestões e comentários, e, sobretudo, pelo caminho que temos feito juntos.

À Isalda e ao Manuel pela ajuda na revisão do texto.

E, por fim, ao Professor Hugo Flores da Silva pela orientação, disponibilidade e apoio que me concedeu durante a elaboração deste trabalho, apresentado no âmbito da dissertação de mestrado em Direito Administrativo na Escola de Direito da Universidade do Minho.

PREFÁCIO

A Obra que ora se publica, subordinada ao tema "Atos administrativos criadores de obrigações pecuniárias sem natureza tributária: especificidades na sua formação, discussão da legalidade e respetiva cobrança coerciva", corresponde (com mínimas alterações) à dissertação de mestrado defendida com sucesso pela Mestre Ana Cláudia Fernandes Costa, na Escola de Direito da Universidade do Minho.

Porquanto tivemos o privilégio de orientar os seus trabalhos, estamos em condições de atestar que se trata de uma jurista dotada de sólidos conhecimentos teóricos, aliados a um preponderante conhecimento empírico das matérias sobre as quais se debruça na presente obra, para o qual certamente contribuirá o facto de exercer funções públicas na Autoridade Tributária e Aduaneira.

Tudo isto se reflete, naturalmente, ao nível da obra que aqui apresenta, a qual constituirá um importante contributo para o esclarecimento de um tema que, embora se apresente de incontestável relevância, não tem merecido a devida atenção por parte da doutrina.

A circunstância de se tratar de um domínio no qual as respostas raramente se apresentam evidentes ou lineares e muitas vezes pressuporem a articulação de disposições e regimes jurídicos que, para além de não terem sido pensados pelo legislador numa lógica de conjunto, se inserem em diferentes ramos do Direito, levanta sérias dificuldades ao exercício hermenêutico e favorece a emergência de discórdia quanto à conformidade jurídica dos atos sob análise. Atendendo às desvantagens que implicam, acabam os mesmos por constituir um foco de conflitualidade na relação entre Administração e os administrados.

Perante a assinalada inércia da doutrina quanto à elaboração de estudos que sobre eles se dediquem de modo específico e estruturado, a evolução no seu tratamento jurídico tem-se concretizado essencialmente por impulsos jurisprudenciais, que emergem mais da necessidade prática de resolução de problemas do que de (propriamente) um labor cientificamente sustentado.

É, precisamente, esta tendência que a mestre Ana Cláudia Fernandes Costa propõe contrariar com a presente obra, oferecendo uma análise sistematizada dos mais relevantes aspetos da disciplina jurídica dos "atos administrativos criadores de obrigações pecuniárias sem natureza tributária".

Para além de se debruçar – com assinalável profundidade – sobre dimensões de feição essencialmente teoréticas, tais como o conceito de *ato administrativo criador de obrigações pecuniárias sem natureza tributária*, as condições procedimentais, formais e substantivas a que a sua formação se encontra sujeita ou a forma como a sua execução coerciva é assegurada, a autora promove uma cuidadosa identificação e análise dos concretos mecanismos colocados à disposição dos administrados em vista a discutir a legalidade daqueles atos e a obter a suspensão da sua execução.

Por tudo isto, a análise empreendida e as respetivas reflexões apresentam-se de grande utilidade, não apenas numa perspetiva teórica e abstrata, mas também numa perspetiva prática e concreta, constituindo um instrumento essencial para uma adequada compreensão dos "atos administrativos criadores de obrigações pecuniárias sem natureza tributária".

Mantemos a firme certeza de que os leitores o reconhecerão.

Braga, janeiro de 2023

HUGO FLORES DA SILVA
Professor na Escola de Direito da Universidade do Minho

LISTA DE ABREVIATURAS

Ac. – Acórdão.
Acs. – Acórdãos.
Art.º – Artigo.
AT – Autoridade Tributária e Aduaneira.
Cap. – Capítulo.
CC – Código Civil.
CCP – Código dos Contratos Públicos.
Cfr. – Confrontar.
CJA – Cadernos de Justiça Administrativa.
CPA – Código do Procedimento Administrativo.
CPC – Código de Processo Civil.
CPCI – Código de Processo das Contribuições e Impostos.
CPPT – Código de Procedimento e de Processo Tributário.
CPT – Código de Processo Tributário.
CPTA – Código de Processo nos Tribunais Administrativos.
CRP – Constituição da República Portuguesa.
DL – Decreto-Lei.
Ed. – Edição.
ETAF – Estatuto dos Tribunais Administrativos e Fiscais.
LGT – Lei Geral Tributária.
n.º/n.ºs – número/ números.
Op. cit. – *opus citatum* – [obra citada].
Pág./págs. – Página/páginas.
Proc./procs. – Processo/processos.

RGTAL – Regime Geral das Taxas das Autarquias Locais.
RJIES – Regime Jurídico das Instituições de Ensino Superior.
RJUE – Regime Jurídico da Urbanização e Edificação.
RRCEE – Regime da Responsabilidade Civil Extracontratual do Estado e Demais Entidades Públicas.
ss. – seguintes.
STA – Supremo Tribunal Administrativo.
TC – Tribunal Constitucional.
TCAN – Tribunal Central Administrativo Norte.
TCAS – Tribunal Central Administrativo Sul.
TT – Tribunal Tributário.
v.d. – vide.
v.g. – *verbi gratia* [por exemplo].
Vol. – volume.

Ao meu filho Manuel.

Introdução

I. O tema e as questões a abordar

Neste trabalho vamos estudar os atos administrativos criadores de obrigações pecuniárias não tributárias, sem carácter sancionatório, em especial, certas especificidades em relação à sua formação e execução, os meios impugnatórios existentes para discutir a respetiva legalidade, os mecanismos para alcançar a suspensão do processo de execução fiscal enquanto se discute a referida legalidade, e outras vicissitudes, relativas ao âmbito e à tramitação do processo de execução fiscal quando instaurado para a cobrança de dívidas decorrentes dos referidos atos administrativos.

Os temas assim anunciados, encerram várias questões que vamos procurar responder, numa perspetiva de análise do regime jurídico aplicável, mas não só, pois pretendemos abordar criticamente determinados aspetos que, a nosso ver, ainda não foram objeto da devida investigação, procurando, outrossim, propor algumas alterações que deveriam ser feitas à lei.

A lide que se inicia tem, assim, uma parte teórica e claramente conceptual, mas pretendeu-se, sobretudo, revelar aspetos práticos do tema que têm ocupado os tribunais, ao nível tanto da formação dos atos administrativos em referência, como da sua execução.

Desenhamos as questões a abordar numa perspetiva das garantias dos particulares, mas há outra dimensão deste trabalho que não se pode menosprezar, porque também pode auxiliar a Administração Pública ou as entidades que desempenham a função administrativa quando atuem no campo ao qual dedicamos o presente estudo.

II. As razões subjacentes à escolha do tema e respetiva pertinência

A primeira vez que pensamos sobre o tema que irá ocupar as páginas deste trabalho, foi quando no âmbito da nossa atividade profissional tivemos em mãos a função de tramitar um procedimento administrativo de reposição de vencimentos indevidamente recebidos por trabalhador com vínculo de emprego público que, depois de ser notificado da decisão administrativa que ordenou a referida reposição, não a cumpriu voluntariamente, tendo-se seguido, por isso, a respetiva cobrança coerciva das quantias em causa através do processo de execução fiscal.

Não poderíamos antever, nesta primeira fase, o que se seguiu, sobretudo, porque, depois de efetuarmos uma breve consulta do regime procedimental e processual aplicável a estas dívidas, percebemos que a remissão constante do artigo 179.º do CPA para o regime da execução fiscal, enquanto meio processual de cobrança destas obrigações pecuniárias de natureza não tributária, fixadas por ato administrativo, implicava uma tarefa hercúlea por parte do aplicador do Direito na hora de destrinçar as diferenças de regime que se impõem ao nível do procedimento e do processo relativamente às obrigações de natureza tributária, em virtude da aplicação só aparentemente sobreposta dos regimes do CPA, CPPT, LGT e CPTA e que, no final das contas, juntando à tentativa de a debelar, são os alicerces edificantes do trabalho que aqui nos ocupa.

A isto acrescem outros fatores decisivos para a escolha do tema, e que quanto a nós revelam, do mesmo modo, a sua pertinência.

Logo percebemos que, tratá-lo poderia oferecer contributos para quem trabalha estas matérias quando deslindam as questões que vamos analisar, por ser, como se disse, uma área de confluência entre o procedimento e processo administrativo, e o processo tributário, nem sempre fácil de operar, nomeadamente, devido aos meios impugnatórios distintos neles consignados e que merecem tratamento sistemático, que não tem sido dispensado; ao reconhecimento de que o tópico versa sobre uma vertente da atuação administrativa que afeta de forma negativa a situação patrimonial dos particulares, e que os impele a ter uma forte atitude contestatária, porquanto as quantias cuja devolução ou pagamento lhes é imposto por intermédio destas decisões da Administração podem colocar em causa a sua solvibilidade; e, igualmente, tendo em conta o interesse público subjacente à integração eficiente e célere na esfera patrimonial pública das quantias que se exigem através destes atos administrativos.

III. Ordem metodológica e expositiva

Dito isto, ao desenhar o roteiro da presente investigação, fomos constantemente confrontados com hesitações sobre o que nela deveríamos ou não incluir, e nesse labor de construir um plano de trabalhos, fomos orientados pelos seguintes marcos que, de resto, refletem as nossas ambições relativamente a este trabalho. Assim, pretendemos que seja atual, sistemático, mas também prático: partimos do regime normativo em vigor, identificando as questões que se encontram atualmente a ser discutidas na jurisprudência e as soluções encontradas pelos tribunais para as mesmas no esforço de aplicação das normas ao caso concreto; usando as reflexões da doutrina para recortar conceitos e contestar algumas soluções normativas em vigor; e procurando estabelecer uma ordem de precedência de temas numa perspetiva global.

No presente trabalho apresentamos o regime jurídico de formação e execução dos atos administrativos criadores de obrigações pecuniárias sem natureza tributária, analisando em especial duas problemáticas relativas à aplicação destes atos, os meios para discutir a sua legalidade e os mecanismos para obter a suspensão do processo de execução fiscal enquanto se discute aquela. Abordamos, ainda, outras vicissitudes, atinentes ao âmbito e à tramitação do processo de execução fiscal quando instaurado para a cobrança de dívidas decorrentes dos referidos atos administrativos.

Com vista a alcançar os apresentados objetivos, dividimos o nosso trabalho em seis capítulos.

O primeiro capítulo desenvolve-se num plano conceptual. Atendendo às diretrizes da CRP e ao quadro normativo infraconstitucional, começamos por procurar um conceito de ato administrativo criador de obrigação pecuniária, explicando a razão pela qual a Administração Pública ou outras entidades que exerçam a função administrativa, estão investidas no poder de praticar atos administrativos, expondo depois os elementos do ato administrativo e as suas funções. Com isto conseguimos adiantar um conceito de ato administrativo criador de obrigação pecuniária e explicar a que tipologia de atos administrativos este se reconduz.

Atendendo ao interesse que tal assunto reveste, considerando os diferentes regimes jurídicos resultantes das distintas finalidades dos atos administrativos em referência, procedemos ainda neste capítulo à diferenciação dos atos administrativos objeto do nosso trabalho, face aos atos tributários *stricto sensu* ou atos de liquidação de tributos. Apresentando, a seguir, os casos em que a Administração Pública ou outras entidades encarregues do exercício da função administrativa, praticam atos administrativos criadores de obrigações pecuniárias e os fins para que os referidos atos são praticados. Neste plano, é incontornável fazer alusão às obrigações pecuniárias fixadas por ato administrativo no âmbito da execução dos contratos administrativos e dos poderes de autotutela declarativa dos contraentes públicos, e também quando estes apenas emitem meras declarações negociais, que não têm a virtualidade de criar, per si, uma obrigação pecuniária a cargo do cocontratante.

No segundo capítulo ocupamo-nos do regime procedimental, formal e substantivo dos atos administrativos impositivos de obrigações pecuniárias não tributárias. Assim, ordenamos as questões que vamos abordar, por referência à distinção dos atos jurídicos e formalidades que integram, por um lado, o procedimento declarativo de formação dos atos em questão (aspetos relativos à fase de iniciativa do procedimento administrativo tendente à prática destes atos, participação dos interessados no respetivo procedimento da formação, *maxime* a audiência dos interessados, da forma e fundamentação dos atos administrativos e da caducidade do procedimento administrativo), dos atos jurídicos necessários a promover a eficácia e oponibilidade destes atos, e daqueloutros que integram já o respetivo procedimento de execução, dirigidos a concretizar o que neles foi imposto, de uma forma voluntária ou já num plano coercivo (as questões relativas ao ato administrativo exequendo, notificação para cumprimento voluntário da obrigação pecuniária, outros atos jurídicos e/ou operações materiais de execução, emissão da certidão com valor de título executivo e remessa da mesma aos serviços da administração tributária para efeitos de instauração do processo de execução fiscal, requisitos essenciais do título executivo e consequências da sua falta). Falamos ainda neste capítulo, sobre o carácter tendencialmente vinculado da atuação administrativa neste âmbito, e as consequências que desta conclusão pode advir para a desaplicação neste plano dos princípios gerais da atividade administrativa e da aplicação do princípio do aproveitamento do ato administrativo.

O terceiro capítulo é dedicado a identificar os meios impugnatórios existentes que podem ser utilizados para discutir a legalidade dos atos administrativos criadores de obrigações pecuniárias não tributárias, no plano das garantias administrativas e contenciosas, dando a conhecer os respetivos prazos (prestando atenção ao regime de invalidade destes atos; e aos casos em que a jurisprudência tem negado o desvalor da nulidade, ligados à apreciação da (in)tempestividade das ações administrativas de impugnação de ato) e pressupostos. Aqui, damos enfoque a determinados aspetos relativos à utilização destes meios que, caso não sejam respeitados, podem inviabilizar a apreciação do mérito das ações impugnatórias dos atos em causa. Ademais, vamos abordar uma questão que se tem colocado com frequência em juízo, e que se reconduz à impossibilidade de apreciação da legalidade do ato administrativo *sub judice* em sede de oposição à execução fiscal, quando há erro na forma de processo, e identificando os obstáculos que se podem colocar à convolação desta ação para o meio processual adequado.

No quarto capítulo procuramos dar resposta a duas perguntas que podem surgir na fase de execução dos atos administrativos em apreciação, que se prendem, à face do disposto nos artigos 2.º, n.º 1 e 179.º do CPA e 148.º, n.º 2, alínea a) do CPPT, com a possibilidade de pessoas coletivas privadas, mesmo que só, excecionalmente, encarregues do desempenho de tarefas administrativas, poderem usar o processo de execução fiscal, numa fase coerciva, para exigir o pagamento das dívidas de que são credoras, quando as mesmas são impostas por atos administrativos por si praticados; e também sobre se o artigo 179.º do CPA, constitui *uma norma de carácter geral* que habilita a cobrança dos créditos decorrentes da prática de atos administrativos através do processo de execução fiscal, mesmo na ausência de normas especiais, com autorização para o efeito, nos diplomas que disciplinam a organização e atividade das diferentes entidades que desempenham a função administrativa. Reservamos um último ponto deste capítulo para dar a conhecer algumas dessas normas de habilitação especial que reconhecem a diferentes entidades a possibilidade de cobrarem coercivamente os seus créditos, criados por ato administrativo, através do processo de execução fiscal.

Tendo presente que, fora dos casos em que os atos administrativos em análise possam estar sujeitos a impugnação administrativa necessária, que não será a regra, a apresentação dos meios impugnatórios contra os mesmos não tem o alcance de impedir a instauração ou implicar a suspensão do processo de execução fiscal para cobrança coerciva das obrigações pecuniárias impostas por estes, dedicamo-nos no quinto capítulo a apresentar e a analisar os meios ao dispor dos particulares para obstar à instauração ou ao prosseguimento do processo de execução fiscal, enquanto discutem a legalidade da dívida exequenda, para obviar aos efeitos que a normal tramitação deste processo executivo, ligada à demora da decisão dos meios impugnatórios, pode representar para os seus interesses.

Assim, começamos nesta parte por examinar como o pagamento da obrigação pecuniária pode ser empregue para o assinalado fim.

Para depois, analisarmos os demais mecanismos que existem e podem ser usados com a mesma finalidade, e que se encontram ligados à utilização das vias impugnatórias administrativas e processuais disponíveis para discutir a legalidade dos atos administrativos em questão.

Neste contexto, consideramos, em primeiro lugar, o disposto no CPA – pronunciamo-nos sobre os efeitos da apresentação da reclamação/recurso necessários, e dos mecanismos associados à dedução da reclamação/recurso facultativos, problematizando alguns tópicos que nos parecem relevantes – e no CPTA – nesta parte, estudamos os meios previstos neste diploma, e que decorrem da utilização da ação administrativa de impugnação de ato administrativo (artigo 50.º, n.º 2 do CPTA) e do uso da providência cautelar, atendendo aos diferentes termos constantes do artigo 120.º, n.ºs 1, 2 e 6 do CPTA. Ponderando sobre a articulação entre os meios previstos no artigo 50.º, n.º 2 e 120.º, n.º 6 do CPTA.

Seguimos com a reflexão sobre a aplicabilidade às dívidas decorrentes dos atos administrativos em estudo do regime da suspensão da execução fiscal previsto nos artigos 52.º da LGT e 169.º e 170.º do CPPT, não só quando se discute a legalidade dos referidos atos em sede de ação administrativa, como quando se utiliza para o referido efeito, as impugnações administrativas previstas no CPA.

Por fim, atento o disposto no artigo 169.º, n.ºs 1 e 12 do CPPT, observamos se oposição à execução fiscal pode constituir um mecanismo que pode ser usado para obstar ao prosseguimento da execução fiscal, mesmo nos casos em que por via dela se esteja a discutir a exigibilidade da dívida exequenda, e esta dívida tenha origem num ato impositivo de obrigação pecuniária de natureza não tributária.

No derradeiro e último capítulo, vamos deslindar certos aspetos relativos à tramitação do processo de execução fiscal, quando utilizado para a cobrança de dívidas impostas pelos atos administrativos aqui em análise, relativos à competência para a instauração e tramitação deste processo e à competência dos tribunais tributários, à legitimidade ativa, à representação em juízo da entidade credora da dívida e à legitimidade passiva, em especial, neste último segmento, sobre a responsabilidade subsidiária e possibilidade de reversão da execução fiscal das dívidas em investigação no nosso estudo.

Capítulo I

Atos administrativos criadores de obrigações pecuniárias não tributárias

1. Enquadramento

O legislador no artigo 397.º do CC, apresenta uma noção de obrigação, como o vínculo jurídico por virtude do qual uma pessoa fica adstrita para com a outra à realização de uma prestação. A obrigação pecuniária é, assim, uma das mais relevantes categorias das obrigações[1], *"que, tendo por objecto uma prestação em dinheiro, visa proporcionar ao credor o valor que as respectivas espécies possuam como tais."*[2]

Sabemos que as obrigações pecuniárias constituem um instituto transversal ao direito, tendo no direito civil, o seu campo natural de aplicação, muitas podendo ser as suas fontes. Mas logo, quando lemos o título deste Capítulo adicionamos uma nota importante que nos ajuda a encaminhar os leitores do presente trabalho, para aquilo que aqui se pretende estudar. As obrigações pecuniárias que nos ocupam, são aquelas que são criadas por ato administrativo, noção que mais tarde vamos explorar, mas que para já, se pode avançar, se reconduzem às que são impostas por decisão

[1] Vd. LEITÃO, LUÍS MANUEL TELES DE MENEZES, Direito das Obrigações, Vol. I – Introdução. Da constituição das Obrigações, 15.º Edição, pág. 150, Almedina, 2018.

[2] Cfr. VARELA, JOÃO DE MATOS ANTUNES, Das Obrigações em Geral, Vol. I, 10.ª Edição, pág. 845, Almedina, Coimbra, 2000.

unilateral da Administração Pública ou de uma entidade que desempenhe a função administrativa, no exercício de poderes públicos, aos particulares, independentemente do seu consentimento ou do prévio reconhecimento do tribunal.

No entanto, tal não se computa suficiente para logo se desvendar ao que aqui vimos. E, por isso, torna-se imprescindível traçar outros limites – que nos ajudarão, por aproximação, a recortar, concretamente, o âmbito deste trabalho.

Assim, dentro do universo das obrigações pecuniárias impostas por atos administrativos, não cuidaremos aqui de tratar daquelas que são declaradas por atos administrativos de natureza sancionatória (vg. multas contratuais, sanções disciplinares de multa, coimas no âmbito de ilícito contraordenacional), porque considerando os princípios jurídicos e fins que envolvem a sua prática, ligados às garantias de defesa dos particulares, merecem um óbvio tratamento individual, que neste trabalho nos dispensaremos de fazer[3].

Alertando-se, no entanto, para a existência de atos cuja natureza sancionatória não se reputa tão evidente, mas que a jurisprudência tem vindo a considerar enquanto tal, por exemplo, no âmbito da aplicação do disposto nos artigos 50.º, n.º 2 e 120.º, n.º 6 do CPTA, podendo falar-se mesmo de atos sancionatórios em sentido impróprio, como os atos administrativos de redução/revogação de financiamento e resolução de contratos, e respetiva ordem de reposição de quantias recebidas no âmbito destes, porque se entende que a sua prática é consequência do incumprimento contratual por parte dos beneficiários destas verbas.

[3] Veja-se, por exemplo, as questões levantadas em torno da sanção de invalidade que resultará para os atos de aplicação de penas disciplinares, quando há preterição, no procedimento tendente à sua adoção, da audiência dos interessados (Ac. do STA, de 22.06.2010, Proc. n.º 01091/08); ou do início da contagem do prazo de impugnação contenciosa do ato punitivo disciplinar, quando a notificação da decisão do recurso hierárquico necessário é feita após o decurso do prazo de decisão legalmente estabelecido para este meio impugnatório (Ac. do TCAN, de 04.12.2019, Proc. n.º 03251/15.0BEBRG); e ainda, para além do mais, no que toca aos atos de aplicação de coimas, no domínio dos ilícitos de mera ordenação social, as questões relacionadas com competência para conhecer da impugnação destas decisões, que pertence aos tribunais judiciais, excetuando as que são aplicadas por violação de normas de direito administrativo em matéria de urbanismo, conforme artigo 4,º, n.º 1 alínea l) do ETAF.

Nem serão objeto do estudo devido, os atos tributários *stricto sensu* ou atos de liquidação de tributos – a mais importante categoria de atos administrativos criadores de obrigações pecuniárias. Daí a nossa preocupação, de logo na designação deste trabalho, fazermos alusão, ainda que pela negativa, à circunstância de aqui não se tratar dos atos administrativos que imponham o pagamento de obrigação tributária.

Com as informações disponibilizadas, é possível, entretanto, perceber que o objeto deste trabalho é, portanto, o estudo do regime jurídico dos atos administrativos impositivos de obrigação pecuniária, sem carácter sancionatório ou tributário.

Mas há mais distinções a fazer.

Mesmo quando as entidades em referência surjam como credoras de obrigações pecuniárias devidas por particulares, não nos ocuparemos, também cá das obrigações pecuniárias, que não sendo impostas por ato administrativo, tenham natureza civil ou comercial. É indispensável destacá-las, no entanto, para alertarmos para os desafios que se colocam aos aplicadores do direito na análise do âmbito do processo de execução fiscal quando aplicável à eventual cobrança coerciva deste tipo de dívidas, cuja proveniência não é o ato administrativo.

Nem tão pouco serão objeto direto do nosso estudo, os casos, em que se reconheça que as referidas entidades não possuem poderes de autotutela declarativa que as invista no poder de fixar unilateralmente obrigações pecuniárias – vg. casos em que são emitidas meras declarações negociais, no âmbito de relações contratuais de direito público.

Por outro lado, ainda que se coloquem em diferente plano, não trataremos aqui, tal qual, das obrigações pecuniárias que possam ser devidas aos particulares pela Administração Pública ou por uma entidade que desempenhe a função administrativa. É de assinalar que, neste campo, abundam aquilo que vem sendo designado como *meras atuações administrativas*, por se reconhecer que as entidades em questão não possuem poderes de definir unilateralmente se são devidas ou as quantias que são devidas aos particulares – v.g. casos de responsabilidade civil extracontratual, compensação por caducidade do contrato de trabalho em funções públicas. A exigibilidade da obrigação pecuniária, não depende, assim, da prévia emissão de um ato administrativo, e o interessado, para ver satisfeito o seu direito de crédito, pode, se se mostrar necessário, apresentar uma ação administrativa de condenação à quantia devida, junto dos tribunais administrativos[4].

Finalmente, destas situações se distinguem outras em que a Administração Pública ou a entidade que desempenhe a função administrativa, já tenha reconhecido o direito do crédito do interessado, sem que ainda o tenha satisfeito (vg., um crédito de um trabalhador com contrato de trabalho em funções públicas, que resulte do reconhecimento prévio de retribuições devidas pela Administração), ou quando a obrigação pecuniária emerge no âmbito de uma relação jurídica privada, e for passível de ser exigida a uma pessoa coletiva de direito público, ministério ou secretaria regional; nestes casos, aplicar-se-á o processo executivo previsto no CPTA, atento o disposto no artigo 157.º, n.ºs 2 e 4 do citado diploma[5].

O caminho percorrido permite-nos, assim, apresentar melhor os atos administrativos impositivos de obrigações pecuniárias, a favor dos quais decidimos entregar esta tese. Assinalamos, desde já, que as maiores dificuldades quando se pretende estudar este tipo de atos, dizem respeito, não só à sua conceptualização, mas também ao recorte do seu regime substantivo, procedimental e processual, que melhor se faz, como vem sendo prática nos tribunais, comparando-os com os atos administrativos que fixam obrigações pecuniárias de natureza tributária.

Destarte, e por forma a desfazer certos equívocos que vão surgindo aquando da aplicação do regime jurídico dos referidos atos, vamos procurar, em primeiro lugar, uma aproximação ao conceito de ato administrativo criador de obrigação pecuniária.

[4] Vd. ALMEIDA, MÁRIO AROSO DE, Teoria Geral do Direito Administrativo, O Novo Regime do Código do Procedimento Administrativo, 2.ª Edição, págs., 221 a 226, Almedina, 2015.

[5] Vd. ALMEIDA, MÁRIO AROSO DE; CADILHA, CARLOS, Comentário ao Código de Processo nos Tribunais Administrativos, 4.ª Edição, págs. 1196 e 1199, Almedina, 2017. Sobre a aplicação do processo de execução de julgados previsto no artigo 157.º, n.º 2 do CPTA, *ex vi* artigo 146.º, n.º 1 do CPPT e artigo 100.º da LGT, à execução coerciva de atos tributários (em sentido amplo) que a Administração Tributária não dê a necessária execução, vd. SILVA, HUGO FLORES, "A Execução de julgados no processo tributário", Comentários à Legislação Processual Tributária, pág. 249, AAFDL Editora, 2019.

Neste propósito, começamos este capítulo a perceber qual a razão pela qual a Administração Pública, ou outras entidades que exerçam a função administrativa, estão investidas no poder de, por decisão unilateral, estabelecer uma obrigação pecuniária a cargo dos particulares, sem necessidade de obter uma sentença judicial para o efeito. Sendo que esse poder se vai manifestar no ordenamento jurídico por via dos atos administrativos e, por isso, nos ocuparmos também, nesta parte, a conhecer os elementos do ato administrativo e suas funções.

De seguida, vamos então avançar um conceito de ato administrativo criador de obrigação pecuniária, e identificar a que tipologia de atos administrativos este se reconduz.

Pela importância que tal encerra, ainda estabeleceremos a diferenciação destes atos administrativos face aos atos tributários *stricto sensu* ou atos de liquidação de tributos.

Mostrando, depois, os casos e para que finalidades são praticados os atos administrativos aqui em análise.

Dedicamos especial atenção, afinal, aos atos administrativos impositivos de obrigação pecuniária que são praticados no âmbito da execução dos contratos administrativos, alertando para as situações em que há autotutela declarativa do contraente público ou em que este apenas emite meras declarações negociais.

2. Aproximação ao conceito de ato administrativo criador de obrigação pecuniária

2.1. O poder (administrativo) de praticar atos administrativos

A nossa CRP, ao acolher no seu artigo 2.º, o princípio da separação dos poderes, atribuiu à Administração Pública, poderes para cumprir as tarefas fundamentais do Estado, isto é, para prosseguir o interesse público, reconhecendo também outros poderes públicos, funcionalizados ao prosseguimento do mesmo fim, como são o poder político, legislativo e o poder judicial.

No atual Estado de Direito em que vivemos, podemos dizer, então, que a lei reconhece à Administração Pública ou às entidades que exercem a função administrativa, em razão de prosseguirem o interesse público, o poder de definir o direito aplicável ao caso concreto ou, o mesmo é dizer, de produzirem efeitos jurídicos de forma unilateral, num caso concreto, que são vinculativos para si e para os particulares, dispensando não só o acordo destes – sem prejuízo da sua participação –, como também, o controlo prévio dos tribunais[6].

Para percebermos em termos práticos o que este poder significa no campo em que estamos a trabalhar, e como explica FREITAS DO AMARAL, *"compare-se isto com o que passa quando um particular quer levar alguém a adotar um dado comportamento perante o devedor: se o devedor não paga, o credor, para ver definido o seu direito de crédito contra o devedor, tem de recorrer ao tribunal, e tem de obter deste uma sentença que reconheça esse seu direito. A Administração não: perante um caso concreto, ela tem por lei o poder de definir unilateralmente o direito aplicável. E esta definição unilateral é obrigatória para os particulares."*[7].

Ou seja, a Administração Pública ou as entidades que desempenham funções administrativas, no exercício de poderes públicos, não precisam do acordo dos particulares, ou de uma decisão judicial que reconheça que são credoras de uma obrigação pecuniária devida por aqueles.

Este poder, também designado por *autotutela declarativa, poder de decisão unilateral, imperatividade, obrigatoriedade, ou estatuição autoritária*[8], manifesta-se no ordenamento jurídico, por via dos atos administrativos que, segundo o legislador, e para os efeitos de aplicação do CPA, conforme resulta do seu artigo 148.º, se consubstanciam nas *"decisões que, no exercício de poderes jurídico-administrativos, visem produzir efeitos jurídicos externos numa situação individual e concreta."*

Importa dizer que, não nos interessa aqui explorar o debate em torno do conceito de ato administrativo, que tem variado no tempo, espaço e entre autores, e que ainda se mantém aceso. Por isso, e em todos os

[6] Deve-se fazer notar que, o descrito poder não esgota todas as manifestações do poder administrativo. Por isso, e por exemplo, o poder regulamentar e os poderes que os contraentes públicos possuem no âmbito dos contratos administrativos, descritos no artigo 307.º, n.º 2 do CCP – embora aqui se manifestem também por via do ato administrativo-, são outras manifestações do poder administrativo, vd. AMARAL, DIOGO FREITAS DO, Curso de Direito Administrativo, Vol. II, 4.ª Edição, págs. 18 a 26, Almedina, 2021.

[7] Cfr. AMARAL, DIOGO FREITAS DO, Curso ...cit. pág. 19.

[8] Cfr. AMARAL, DIOGO FREITAS DO, Curso ...cit. pág. 21; e ALMEIDA, MÁRIO AROSO DE, Teoria ...cit. pág. 229; GOMES, CARLA AMADO, Contributo para o Estudo das Operações materiais da Administração Pública e do seu controlo jurisdicional, pág. 79, Coimbra Editora, 1999.

momentos em que falamos de atos administrativos, vamo-nos dirigir à noção adotada pelo legislador na referida norma do CPA[9].

2.2. O ato administrativo e os seus elementos

Com efeito, conheçamos agora os elementos do ato administrativo, tendo presente que a nossa exposição vai-se ocupar apenas de destacar as suas características determinantes, atento os seus aspetos e contornos, que permitam isolar os atos administrativos objeto do presente estudo, doutros atos que amiúde são postos em seu contraponto – não se esgotam assim, na análise ulterior, todos os aspetos que se possam associar aos elementos

[9] Isto considerando as seguintes razões: ela reúne os elementos essenciais que ao longo dos anos foram pacificamente reconhecidos ao ato administrativo, pela doutrina e jurisprudência; é por referência a ela que é aplicado o regime substantivo e procedimental previsto nas restantes normas do CPA, montado com a finalidade de garantir a prossecução do interesse público e o respeito pelos direitos e interesses legalmente protegidos dos particulares, vd. MÁRIO AROSO DE ALMEIDA, Teoria ...cit. págs.,181 e 185; AMARAL, DIOGO FREITAS DO, Curso ...cit. pág. 207; o CPA é nos termos do artigo 267.º, n.º 5 da CRP, a lei geral da Administração Pública, e portanto, disciplina a sua atuação, ou seja, embora se diga no artigo 148.º do CPA que o conceito de ato tal como ali está descrito, é recordado para efeitos do referido Código, não se pode negar que o mesmo possa servir de parâmetro da atuação da Administração Pública ou das entidades que desempenham tarefas administrativas, em procedimentos especiais regulados fora deste Código, vd, a propósito dos atos tributários, RIBEIRO, NUNO MIGUEL CERDEIRA, "O controlo jurisdicional dos atos da administração tributária: reflexões em torno da articulação com o processo administrativo", págs. 65, Dissertação de Mestrado, Mestrado em Direito Tributário e Fiscal, Universidade do Minho, Escola de Direito, 2012; e por fim, embora como sabemos o conceito de ato administrativo impugnável possa não ser totalmente coincidente com o conceito previsto na norma do CPA (artigo 51.º, n.º 2, alínea b) do CPTA), é-o no caso dos atos administrativos objeto do presente estudo que fixam obrigações pecuniárias, conforme resulta do disposto no artigo 51.º, n.º 1 do CPTA, o que vale por dizer que, é por referência aos elementos do ato previstos no referido artigo do CPA que "*haverá de ser, em primeira linha, identificado o ato impugnável*", cfr. ALMEIDA, MÁRIO AROSO DE, Manual de Processo Administrativo, 3.ª Edição, pág. 266, Almedina, 2017; Neste ponto, advertimos para o facto de, OTERO, PAULO, Direito do Procedimento Administrativo, Vol. I, 1.ª edição, pág. 321 e 322, Almedina, 2016, pugnar pela inconstitucionalidade da solução atualmente consagrada no artigo 148.º do CPA, considerando que a «*"desprocedimentalização" da regulação dos atos instrumentais e dos atos internos, envolve um retrocesso na implementação que estava em curso do artigo 267.º, n.º 5 da Constituição*». Não deixando, no entanto, de avançar os fundamentos que determinam a aplicação das normas do CPA, aos referidos atos instrumentais e atos internos.

do ato administrativo. Outrossim, as observações que se vão cá fazer estão funcionalizadas aos temas que se vão abordar nesta tese.

a) Decisão unilateral

Em primeiro lugar, o ato administrativo é uma *decisão unilateral.* Concretamente, comporta uma resolução de uma situação concreta imposta pela Administração Pública ou por uma entidade que desempenha a função administrativa aos particulares, mesmo contra a vontade destes, e sem o prévio reconhecimento do tribunal.

Logo, vemos então que, não podem ser considerados atos administrativos, as atuações da administração que não tenham conteúdo decisório, e exercem uma "função auxiliar" relativamente àqueles[10] – sendo o caso por exemplo, dos atos *opinativos* ou *informativos*[11] – v.g. informações, propostas, pareceres não vinculativos-; das *notificações* e *publicações* que visam dar a conhecer os atos administrativos aos respetivos destinatários; dos atos *confirmativos* (artigo 53.º, n.º1 e 2 do CPTA) e *dos atos jurídicos de execução* (artigo 182.º, n.º 1 do CPA e 53.º, n.º 3 do CPTA), na medida em que se limitem a reproduzir ou aplicar o decidido no ato administrativo anterior.

Do mesmo modo, não podem ser considerados atos administrativos, atento o assinalado carácter unilateral, as atuações da Administração em que ela se encontra despedida dos seus poderes de autoridade – que são os que lhe possibilitam decidir por si e só o caso concreto. Neste plano podemos destacar as atuações da Administração Pública reconduzíveis ao direito privado, nas quais atua em condições de paridade com os particulares[12], mas sem que isso signifique que não tenha de respeitar

[10] Vd. AMARAL, DIOGO FREITAS DO, Curso ...cit. pág. 208.

[11] Cfr. OLIVEIRA, FERNANDA PAULA; E DIAS, JOSÉ EDUARDO FIGUEIREDO, Noções Fundamentais de Direito Administrativo, 3.ª Edição, pág. 170, Almedina, 2013.

[12] Sobre este assunto, escreve ALMEIDA, MÁRIO AROSO DE, na esteira de FREITAS DO AMARAL, Teoria ...cit. págs. 21 e 22 *"(...) as entidades que integram a Administração Pública têm capacidade de gozo de direito privado, dentro dos limites que decorrem do princípio da especialidade. Daqui resulta que essas entidades podem ter património privado e dispor dele, e, de uma maneira geral, que podem utilizar os instrumentos jurídicos que o Direito privado coloca à sua disposição, desde que isso não seja incompatível com a sua natureza, nem com a prossecução das necessidades públicas que constituem o quadro das suas atribuições. Elas podem, portanto, tomar parte em relações jurídicas de Direito privado. Estamos, nesse caso, no domínio do que, na nossa ordem jurídica, tem sido designado como atuações de gestão privada da Administração Pública."*

determinadas *vinculações jurídico-públicas*[13], conforme estabelecido no artigo 2.º, n.º 3 do CPA.

E outro exemplo, as declarações negociais, proferidas em relações contratuais de direito público, com consagração hoje expressa no artigo 307.º, n.º 1 do CCP.

De resto, se o ato é uma decisão unilateral, não se confundem com ele os atos bilaterais ou contratos, ainda que administrativos.

Esta unilateralidade do ato administrativo, não se perde pelo facto de, atualmente, estar legalmente garantida a participação dos particulares no procedimento administrativo que antecede a produção do ato – *máxime*, a audiência prévia –, porquanto, a vontade dos particulares exposta nessa participação, ainda que a possa influenciar, não é determinante para alterar o sentido da vontade da Administração.

b) Praticada no exercício de poderes jurídico-administrativos

Outra das características do ato administrativo, tal como resulta do artigo 148.º do CPA, é o facto de ser praticado no uso de poderes jurídico-administrativos.

Assim, como se viu, acolhendo a nossa CRP no artigo 2.º o princípio da separação de poderes, reservou à Administração, para que possa prosseguir o interesse público, o poder de produzir efeitos jurídicos de forma unilateral, num caso concreto, que são vinculativos para si e para os particulares, dispensando não só o acordo destes, como também o controlo prévio dos tribunais.

Portanto, e como se percebe, se tivermos por referência o referido princípio da separação de poderes, este poder público não esgota, no entanto, os poderes públicos consagrados na nossa lei fundamental que também são concebidos para a realização das tarefas públicas, como o são os poderes político, legislativo e judicial.

[13] Cfr. ESTORNINHO, MARIA JOÃO, A fuga para o Direito Privado, Contributo para o Estudo da Atividade de Direito Privado da Administração Pública, pág. 167, Almedina, 1996. A doutrina tem falado a este propósito de um *direito privado administrativo*, significando que mesmo quando a Administração Pública atua no âmbito do direito privado, continua a ter que respeitar os princípios gerais do direito administrativo e os direitos fundamentais, vd. ALMEIDA, MÁRIO AROSO DE, Teoria ...cit. pág. 23.

Daí que nesta parte, ao utilizarmos o elemento do ato administrativo, relativo ao exercício de poderes jurídico-administrativos, excluímos da categoria de ato administrativo, aqueloutros atos que, mesmo sendo praticados por órgãos da Administração Pública, são a manifestação de outros poderes públicos, como, por exemplo, o poder legislativo – é o caso dos atos do governo que mesmo sendo o órgão superior da Administração Pública (182.º da CRP) tem poderes políticos (197.º) e legislativos (198.º da CRP) – vg. através da publicação de decretos-lei[14].

E também se excluam, os atos produzidos pela Administração Pública que sejam disciplinados pelo direito privado, na medida em que através deles esta não se relaciona em termos de superioridade, mas sim, de paridade com os particulares. A sua atuação neste plano não está vocacionada à concretização do interesse público, em razão do qual os poderes públicos lhe são concedidos, sem prejuízo, no entanto, como já vimos, do disposto no artigo 2.º, n.º 3 do CPA.

c) Visam produzir efeitos jurídicos externos

A característica do ato administrativo declarada em epígrafe, que se exterioriza na sua aptidão para produzir efeitos jurídicos externos, é a grande novidade introduzida na noção legal de ato pelo artigo 148.º do CPA[15]. O precedente artigo 120.º do CPA de 91 não lhe fazia referência, o que aconselhava a perceção do ato administrativo como incluindo também os atos internos – que apenas produziam os seus efeitos dentro da Administração.

Pelo menos para efeitos de aplicação do CPA – mas como se viu com implicações fora dele –, hoje, o ato administrativo só inclui aqueles atos que têm aptidão para regular *"relações jurídicas externas"*, cujos efeitos não se esgotam, portanto, no interior das entidades que os praticam[16].

[14] De acordo com o estabelecido no artigo 4.º, n.º 3, alínea a) do ETAF, está excluída do âmbito da jurisdição administrativa e fiscal a apreciação de litígios que tenham por objeto a impugnação de atos praticados no exercício da função política e legislativa.

[15] Conforme resulta do ponto 16 do Preâmbulo do Decreto-lei n.º 4/2015, de 07 de janeiro, *"No capítulo II da parte IV, respeitante ao ato administrativo, o novo Código visa adequar o conceito de ato administrativo ao regime substantivo e procedimental que lhe é aplicável, introduzindo a referência à sua aptidão para produzir efeitos externos (...)."*

[16] Cfr. ANDRADE, JOSÉ CARLOS VIEIRA DE, Lições de Direito Administrativo, 3.ª Edição, pág. 149, Imprensa da Universidade de Coimbra, 2013. Sobre a questão, e para percebermos

d) Numa situação individual e concreta

Este segmento do ato administrativo tem a virtualidade de separar os atos administrativos que visam produzir efeitos jurídicos numa situação individual – relativa *a destinatários determinados ou determináveis* –[17] e concreta, da outra forma de manifestação do poder administrativo[18], que é o poder regulamentar, de editar normas com conteúdo geral – aplicáveis a um conjunto indeterminado de destinatários – e abstrato – aplicável a um número indeterminado de casos.

É também por referência a este traço distintivo dos atos administrativos que se demarcam deles os atos normativos, regulamentos e atos legislativos, mesmo sendo, nesta última situação, praticados por órgãos da Administração Pública (artigos 112.º, n.º 1 e 198.º da CRP).

e) A ausência da referência no conceito de ato à natureza das entidades que o praticam

Como é possível constatar, após uma leitura comparada entre a definição legal de ato administrativo prevista no CPA de 91 (artigo 120.º), e a atual contida no novo CPA (artigo 148.º), desapareceu a menção que, naquela primeira versão, era feita à circunstância dos atos administrativos serem as decisões dos órgãos da Administração. Com tal, pretendeu-se, nas palavras do próprio legislador, "*reconhecer o âmbito atual da figura, eliminando-se a referência ao elemento orgânico da respetiva autoria*"[19].

a importância do destaque dado aos efeitos externos do ato administrativo, diz assim o mencionado Autor "*É importante a definição legal de um regime material próprio (substantivo e também procedimental), aplicável aos atos reguladores de relações jurídicas externas: aqueles que, pelo seu conteúdo – por constituírem decisões de autoridade (unilaterais) constitutivas (diretamente) de efeitos jurídicos nas relações intersubjetivas-, impliquem um determinado procedimento de formação (com direitos de participação, informação e audiência prévia dos interessados) e possam gozar de uma especial força jurídica (obrigatória e executiva), autovinculativa e heterovinculativa) e de uma reforçada estabilidade (assegurada pelos limites à revogação, bem como o ónus de impugnação a cargo dos lesados, e pela consequente força do caso decidido.*" Alertando, no entanto, para a circunstância, como vimos supra, de OTERO, PAULO, Direito ... cit. págs. 321 e 322, defender a inconstitucionalidade da solução integrada no artigo 148.º do CPA, precisamente, por proceder à "desprocedimentalização" da regulação dos atos internos.

[17] Cfr. OLIVEIRA, FERNANDA PAULA; E DIAS, JOSÉ EDUARDO FIGUEIREDO, Noções ...cit. pág. 170.

[18] Vd, *supra*, nota de rodapé 5.

[19] Cfr. ponto 16 do Preâmbulo do Decreto-lei n.º 4/2015, de 07 de janeiro.

A desconsideração da natureza das entidades autores dos atos administrativos, como elemento essencial da sua caracterização, antes mesmo de ser positivada no CPA, já constava da versão original do artigo 51.º, n.º 2 do CPTA, que equiparava a atos administrativos para efeitos de impugnabilidade "*as decisões materialmente administrativas proferidas por autoridades não integradas na Administração Pública e por entidades privadas que actuem ao abrigo de normas de direito administrativo*"; similarmente, no âmbito do contencioso pré-contratual, dispunha o artigo 100.º, n.º 3 do referido diploma, na redação dada pela Lei n.º 4-A/2003, de 19 de fevereiro, que "*para os efeitos do disposto na presente secção, são equiparados a actos administrativos os actos dirigidos à celebração de contratos do tipo previsto no n.º 1 que sejam praticados por sujeitos privados, no âmbito de um procedimento pré-contratual de direito público.*"[20]

Logo, a irrelevância da natureza das entidades para a prática de atos administrativos, ou melhor dizendo, para efeitos de aplicação do âmbito normativo do CPA, nas partes em que a disciplina substantiva e procedimental do ato administrativo está regulada, resulta daquilo que se pode sumariar da seguinte forma: Administração Pública e função administrativa não são, necessariamente, sinónimos. Ou de outro modo, a função administrativa pode ser desempenhada por pessoas coletivas que não integrem a Administração Pública, em sentido formal ou orgânico.

Se a Administração Pública, enquanto conjunto de pessoas coletivas públicas, foi instituída, no essencial, para prosseguir a função administrativa, aqui vista como atividade funcionalmente dedicada ao interesse de toda a comunidade, há muito se percebeu que a Administração Pública tem, igualmente, capacidade de direito privado – como já demos conta supra; a função administrativa também pode ser desempenhada, ainda que a título excecional, por entidades integradas nos outros poderes públicos estaduais (Político, Legislativo e Judicial), conforme resulta do disposto no artigo 4.º, n.º 1, alínea c) e artigo 24.º, n.º 1 alínea a) do ETAF; e sobretudo, o interesse público como o fim para que se desenvolve a função administrativa, pode ser realizado por entidades privadas. Ou o mesmo é dizer, a função administrativa pode ser realizada por privados.

Quanto ao último segmento assinalado, é nosso dever académico observar, no entanto, como explica PEDRO GONÇALVES, que há três

[20] Aqui seguindo, ALMEIDA, MÁRIO AROSO DE, Manual ...cit. pág. 267.

orientações sobre o conceito de Administração Pública: em *sentido formal*, em que se integram na Administração Pública apenas as pessoas coletivas públicas; em *sentido material*, ao lado das pessoas coletivas públicas, fazem parte da Administração Pública as *"entidades formalmente privadas, criadas pela Administração ou que, de qualquer modo, se encontram sob a sua influência dominante, como sucede, v.g. com as empresas de capitais públicos"*; e em *sentido funcional*, incluem-se no conceito de Administração Pública, além das precedentes entidades, ainda *"as entidades particulares, que se dedicam à execução da função administrativa."*.[21]

O legislador, no artigo 2.º, n.º 4 do CPA, assume uma aceção restrita ou orgânica de Administração Pública, que integra no seu âmbito apenas as pessoas coletivas públicas *territoriais* e de fins *múltiplos* – o Estado, as regiões autónomas e as autarquias locais – e as pessoas coletivas públicas *funcionais* – que não têm por substrato o território e prosseguem fins especiais – institutos públicos, entidades públicas empresariais, associações públicas e entidades administrativas independentes. Tradicionalmente, as referidas pessoas coletivas públicas têm sido agrupadas naquilo que se designa de Administração Direta, Indireta e Autónoma.

E percebe-se esta opção legiferante por estes motivos; é em relação às mencionadas pessoas coletivas públicas que se exige a aplicação na globalidade das regras previstas no CPA, relativas aos princípios gerais, ao funcionamento dos seus órgãos, procedimento e atividade administrativa, conforme artigo 2.º, n.º 1 e 2 do CPA; mesmo na sua atividade de gestão privada, se lhes aplica os princípios gerais da atividade administrativa e as disposições do CPA que concretizam preceitos constitucionais, de acordo com o artigo 2.º, n.º 3 do CPA; e se reconhece a favor delas uma

[21] Cfr. GONÇALVES, PEDRO DA COSTA, Entidades Privadas com Poderes Públicos, O Exercício de Poderes Públicos de Autoridade por Entidades com Funções Administrativas, págs. 282 a 288, Almedina, 2005. A título de exemplo, ALMEIDA, MÁRIO AROSO DE, Teoria... cit. pág. 29, defende um conceito restrito ou orgânico de Administração Pública; GONÇALVES, PEDRO DA COSTA, Entidades Privadas...cit. pág. 283 e FARINHO, DOMINGOS SOARES, "O âmbito de aplicação do novo Código do Procedimento Administrativo: regressar a Ítaca", Comentários ao Novo Código do Procedimento Administrativo, pág. 145, AADFL, 2015, numa posição intermédia, defendem um conceito *material* de Administração Pública; e COUTINHO, JULIANA, A Geometria Variável do Direito Administrativo, Revista da FDUP – A. 8 (2011), págs. 125 e 126, disponível em https://repositorio-aberto.up.pt/handle/10216/66169, parece defender uma Administração Pública, em sentido *funcional*.

reserva constitucional do exercício normal ou regular de poderes de autoridade[22].

Isto não significa, contudo, e este é um aspeto absolutamente essencial, que se ignore ou se desvalorize o papel preponderante e destacado que hoje em dia assume o exercício por privados da função administrativa, fenómeno de privatização ao qual a doutrina se tem referido da seguinte forma, e usando os esclarecedores títulos de PAULO OTERO[23], "*privatização das formas organizativas da Administração Pública*" e "*privatização da gestão ou exploração de tarefas administrat*ivas".

No primeiro caso, encontramos pessoas coletivas privadas que são criadas por pessoas coletivas públicas ou que resultam da privatização formal de anteriores pessoas coletivas públicas.

Aqui cabem as empresas públicas de natureza societária (artigo 13.º, n.º 1 a) do Decreto-Lei n.º 133/2013, de 03.10[24], onde se integram vg. as Infraestruturas de Portugal, SA, e as Administrações Portuárias), as associações públicas de direito privado e as fundações públicas de direito privado (vg., as fundações públicas de ensino superior, contempladas nos artigos 129.º e ss do Regime Jurídico das Instituições de Ensino Superior, aprovado pela Lei n.º 62/2007, de 10 de setembro, de que são exemplos a Universidade do Porto, a Universidade de Aveiro e o ISCTE). Integram um setor que vem sendo designado como Administração Indireta Privada.

No segundo caso, o processo de privatização passa por transferir para entidades privadas a gestão e exploração de tarefas administrativas, sendo exemplo, neste campo, as concessões (vg. concessionárias de autoestradas, Brisa Concessão Rodoviária, S.A. e Ascendi Norte, Autoestradas do Norte, S.A., entre outras), ou delegações de serviços públicos (vg. IPSS que contratam com o Estado a prossecução de tarefas administrativas).

No que concerne aos dois tipos de entidades privadas em referência, e em termos similares, para as entidades integradas nos outros poderes

[22] Vd. GONÇALVES, PEDRO DA COSTA, Entidades Privadas...cit. pág. 284; JULIANA COUTINHO, A Geometria...cit. pág. 134.

[23] Cfr. OTERO, PAULO, Legalidade e Administração Pública, O sentido da Vinculação Administrativa à juridicidade, pág. 304, Almedina, 2003.

[24] Encontra-se disponível para consulta, no site do Ministério das Finanças, Direção-Geral do Tesouro e Finanças http://www.dgtf.pt/ResourcesUser/SEE/Documentos/Carteiras_participacoes_Estado/31_12_2020/Carteira_global_31_12_2020.pdf, a carteira de participações do Estado – Carteira Global a 31.12.2020.

públicos estatais (Político, Legislativo e Judicial), diz-nos o artigo 2.º, n.º 1 do CPA que as suas disposições respeitantes aos princípios gerais, ao procedimento e à atividade administrativa lhes são aplicáveis quando exerçam poderes públicos ou a sua atividade se encontre regulada de modo específico por disposições de direito administrativo.

Pelo que, na exata medida dos poderes públicos que lhe são atribuídos, as entidades privadas e as entidades integradas nos outros poderes públicos estatais podem praticar atos administrativos[25]-[26], e para o que interessa aqui, atos administrativos fixadores de obrigações pecuniárias que se encontram sujeitos ao regime substantivo e procedimental previsto no CPA, e bem assim, estão sujeitos à jurisdição administrativa, conforme estabelecido nos artigos 4.º, n.º 1 alíneas c), d) e e) e artigo 24.º, n.º 1 alínea a) do ETAF e artigo 51.º, n.º 1 do CPTA. Quanto às concessionárias, tal regime já resultava, de forma inequívoca, do disposto no artigo 2.º, n.º 3 do CPA de 91[27].

2.3. Funções do ato administrativo

Aos atos administrativos constituídos pelos elementos que acabaram de ser indicados é reconhecido uma *especial força jurídica*, considerando a sua obrigatoriedade. A estatuição neles definida, deve assim ser cumprida não só pelos seus destinatários como também pela própria Administração.

Daqui resulta também, o reconhecimento de que os atos administrativos cumprem um conjunto de funções, destacando-se a sua função

[25] Vd. OLIVEIRA, MÁRIO ESTEVES DE; GONÇALVES, PEDRO; E AMORIM, J. PACHECO DE, Código do Procedimento Administrativo, Comentado, 2.ª edição, págs. 558 e 559, Almedina, 2005, já defendiam uma «*(...) interpretação extensiva (e "objetiva") do conceito "órgãos da Administração"*» do art. 120.º CPA de 91, entendendo que «*este elemento da noção de acto administrativo ficaria mais corretamente delimitado, se se falasse, antes, de "decisões tomadas no exercício de poderes (e deveres) de autoridade administrativa" ou de "decisões tomadas por sujeitos de direito administrativo"*».

[26] Neste sentido, vd. OTERO, PAULO, Direito do Procedimento ...cit. pág. 313; ALMEIDA, MÁRIO AROSO DE, Teoria...cit. págs. 28 e 31; AMARAL, FREITAS DO, Curso...cit. págs. 204 e 205, ANDRADE, J. C. VIEIRA DE, A Justiça Administrativa, Lições, 14.ª edição, pág. 164, Almedina, 2015.

[27] As concessionárias encontram-se submetidas ao regime específico da responsabilidade civil extracontratual da Lei n.º 67/2007, de 31 de dezembro, por via do disposto no respetivo n.º 5 do artigo 1.º, quando as ilicitudes sejam praticadas no domínio de poderes de autoridade ou da atividade regulada pelas normas de direito público.

tituladora – na medida em que, no caso de serem exequíveis, ou seja, incorporando um comando que pode ser objeto de execução coerciva contra os seus destinatários, podem servir de base a uma execução, sem dependência de pronúncia judicial; *procedimental*, porque a sua formação implica que se respeite um procedimento pré-definido, onde se encontram estabelecidas um conjunto de regras, de onde sobressaem as que visam garantir a participação dos destinatários dos atos na sua elaboração; *estabilizadora*, porquanto, os atos administrativos que não sejam nulos (artigos 161.º e 162.º do CPA), consolidam-se num curto espaço de tempo, com força de "caso decidido" (ónus de impugnação a cargo dos lesados), existindo também limites à respetiva revogação e anulação por parte da Administração (artigos 163.º e 168.º do CPA e artigo 58.º, n.º 1, alínea b) do CPTA)[28].

2.4. Os atos administrativos criadores de obrigações pecuniárias

a) Conceito

Atento o que acabou de se expor, podemos então avançar uma definição de atos administrativos criadores de obrigações pecuniárias, como sendo as decisões praticadas pela Administração Pública ou por outras entidades que prossigam a função administrativa, no exercício de poderes jurídico-administrativos, através das quais impõem aos particulares uma obrigação de pagar uma quantia em dinheiro, independentemente, do seu acordo ou prévia declaração judicial.

b) Tipologia

Sendo múltiplas as tipologias que podem ser usadas para distinguir os atos administrativos, interessa-nos aqui, quanto aos atos administrativos criadores de obrigações pecuniárias, classificá-los, num primeiro plano, por referência ao seu carácter *impositivo* e *positivo*, como vamos explicar, sobretudo, e relativamente, a esta última característica, com o propósito de identificar os seus meios de reação impugnatória.

E também destacar, a seguir, o seu carácter *exequível*, *eficaz* e *não executório*, como notas essenciais para perceber o que é que a Administração tem de fazer para reintegrar nos seus cofres o crédito que exige ao particular por força do ato administrativo.

[28] ANDRADE, JOSÉ CARLOS VIEIRA DE, Lições de ...cit. pág. 149. E, OLIVEIRA, FERNANDA PAULA; E DIAS, JOSÉ EDUARDO FIGUEIREDO, Noções ...cit. pág. 177.

i. Atos administrativos impositivos e positivos

Os atos administrativos criadores de obrigações pecuniárias são atos *impositivos* porque impõem um comando, neste caso, positivo, uma obrigação ao seu destinatário.

Distinguem-se dos atos impositivos os atos permissivos que "*possibilitam a alguém a adopção de uma conduta ou a omissão de um comportamento que de outro modo lhe estariam vedados.*" [29]

Dentro da categoria dos atos impositivos, MÁRIO DE AROSO DE ALMEIDA, faz uma subdistinção entre os "*atos puramente impositivos*", que "*assentam na prévia constituição da obrigação cujo cumprimento impõem*", ou, dito de outro modo, "*impõem ao destinatário o cumprimento de uma obrigação que já existia, sem que essa existência tivesse sido, no entanto, ainda formalmente reconhecida*"; o ato impositivo é, nestes casos, um "título executivo"- integrando-se neste grupo, os atos de liquidação ou atos tributários *stricto sensu* – e os atos impositivos de *"conteúdo misto" "constitutivo e impositivo"*, porque constituem a fonte da própria obrigação, que ainda não existia na sua ausência[30].

Positivos, porque introduzem uma alteração na esfera jurídica dos seus destinatários, mas sem que isso signifique, necessariamente, que essa alteração se impute para estes como vantajosa, tal como resulta claro para os atos em análise neste trabalho.

A demarcação desta característica é útil, como já se enunciou, porque diz-nos que a via impugnatória a utilizar contra estes atos é a ação administrativa de impugnação de atos administrativos dirigida à respetiva anulação ou declaração de nulidade, para assim eliminar os efeitos jurídicos destes atos, conforme resulta do disposto nos artigos 2.º, n.º 2, alínea a), 37.º, n.º 1 alínea a), 50.º, n.º 1 e 51.º, n.º 1 do CPTA.

Por contraposição a estes, encontramos os atos administrativos negativos, que recusam a produção das alterações pretendidas pelos particulares, e que podem resultar da omissão de decisão ou do indeferimento das pretensões dirigidas à Administração, cujo meio de reação é hoje a ação administrativa de condenação à prática de atos administrativos

[29] Seguindo aqui a classificação proposta por AMARAL, DIOGO FREITAS DO, Curso ...cit. págs. 234 e 238.

[30] Cfr. ALMEIDA. MÁRIO AROSO DE, Teoria... cit. págs.210 e 211, ver também págs. 196 a 200.

devidos, de plena jurisdição, porquanto o seu objeto é a pretensão do interessado, e não o ato negativo, cuja eliminação da ordem jurídica vai resultar diretamente da pronúncia condenatória, de acordo com o estabelecido nos artigos 2.º, n.º 2, alínea b), 37.º, n.º 1 alínea b), artigo 51.º, n.º 4 e 66.º, n.ºs 1 e 2 do CPTA.

ii. Atos administrativos exequíveis e eficazes

É ainda possível ordenar os atos administrativos criadores de obrigações pecuniárias, por referência a outra classificação, que nos é útil para perceber o que assim se resume: o direito de crédito de que é titular a Administração Pública, ou a entidade que exerce a função administrativa, não fica satisfeito com o reconhecimento da sua existência através da produção do ato administrativo; o fim último de tal declaração é fazer com que o crédito (re)entre nos cofres destas entidades e, por isso, com vista ao revelado fim, ainda é necessário a realização de diligências complementares, por parte das referidas entidades.

Ora, tendo presente o que se disse, os atos aqui em análise podem ser classificados como exequíveis, porque estabelecem uma obrigação *"suscetível de execução coerciva contra os particulares"* – ao contrário dos atos inexequíveis cujo *"conteúdo não integra nenhum comando dirigido ao destinatário, que por incumprimento voluntário deste lhe possa ser administrativamente imposto pela força."* [31]

Também se diz da executividade como sendo a aptidão de o ato administrativo ser suscetível de constituir, *per se*, um título executivo e, por isso, sem necessidade de a Administração se dirigir ao Tribunal em ordem a obter uma prévia declaração judicial do seu "direito".

De seguida, os atos administrativos devem ser eficazes, para produzirem *"atualmente os efeitos característicos do seu tipo legal ou outros que a lei*

[31] Aqui seguimos, como já temos feito, AMARAL, DIOGO FREITAS DO, Curso ...cit. pág. 265. SOUSA, MARCELO REBELO; E MATOS, ANDRÉ SALGADO DE, Direito Administrativo Geral, Atividade Administrativa, Tomo III, 2.º Edição, pág. 101, D. Quixote, 2016, propõem a seguinte distinção entre atos exequíveis e inexequíveis: os primeiros, *"(...) não produzem por si todas as modificações, físicas ou jurídicas, visadas pelo seu conteúdo, carecendo, para que tal aconteça, de uma atividade complementar de execução, que pode traduzir-se em actos administrativos ou em actos materiais"*, *os segundos, "produzem por si todos os efeitos visados pelo seu conteúdo, dispensando qualquer execução subsequente."*.

lhes atribua"[32]. Nesta parte, reconhecendo que outras situações podem diferir ou condicionar a eficácia dos atos administrativos, interessa-nos perceber quais são as diligências que as entidades públicas devem realizar para que os atos administrativos criadores de obrigações pecuniárias produzam os seus efeitos ou possam ser oponíveis aos seus destinatários (artigo 157.º, alínea c) do CPA) – no caso de provirem de deliberações de órgãos colegiais (artigo 34.º, n.º 6 do CPA) ou de terem de ser objeto de publicidade, através de publicação ou notificação aos seus destinatários (artigos 114.º *ex vi* artigo 160.º e 158.º, n.º 2 do CPA), e quais são os meios administrativos e contenciosos que os destinatários destes atos podem lançar mão para suspender a sua eficácia ou suster a execução do ato, enquanto discutem a respetiva legalidade (artigo 189.º do CPA e artigos 50.º, n.º 2 e 112.º, n.º 2, alínea a) do CPTA).

iii. Atos não executórios (?)

Por fim, diz-se que são atos *executórios* aqueles atos administrativos que, sendo exequíveis e eficazes, em caso de incumprimento voluntário pelos particulares, são suscetíveis de execução coerciva pela Administração, sem prévia intervenção judicial[33], e não *executórios* aqueles atos com as mesmas características que, pelo contrário, são insuscetíveis de execução coerciva por via administrativa.

Devemos começar neste ponto a explicar que, tradicionalmente, no nosso ordenamento jurídico, tal como resulta integrado no sistema de administração do tipo francês, era reconhecido à Administração, além do poder de *autotutela declarativa*, de definir o direito aplicável ao caso concreto, sem o acordo dos particulares e prévia intervenção judicial, o poder de *autotutela executiva*, que também já foi designado como privilégio de execução prévia, de executar a referida decisão, em caso de incumprimento voluntário, por via administrativa e, portanto, sem recurso, também nesta parte, à intervenção prévia do tribunal.

No entanto, o novo CPA, trouxe mudanças ao nível da autotutela executiva dos atos administrativos, que agora só é possível, nos casos, e segundo, as formas e termos, expressamente previstos na lei ou em

[32] Cf. AMARAL, DIOGO FREITAS DO, Curso ...cit. pág. 265.

[33] Vd. AMARAL, DIOGO FREITAS DO, Curso ...cit. págs. 265 e 266, e SOUSA, MARCELO REBELO; E MATOS, ANDRÉ SALGADO DE, Direito Administrativo ... cit. págs. 101 e 102.

situações de urgente necessidade pública, devidamente fundamentada (artigo 176.º, n.º 1). Fora destes casos, a Administração pode solicitar a respetiva execução ao tribunal administrativo competente, nos termos do disposto na lei processual administrativa (artigo 183.º do CPA), não servindo o CPA, como dantes acontecia, como norma de habilitação geral para as entidades públicas executarem coercivamente as suas decisões (artigo 149.º, n.ºs 1 e 2 do CPA de 91).

A este propósito, no entanto, diga-se em primeiro lugar que, pese embora o disposto no artigo 8.º, n.º 2 do Decreto-lei n.º 4/2015, de 07 de janeiro, ainda não foi publicada a lei a que se refere o artigo 176.º, n.º 1, do CPA, que vai disciplinar os casos, as formas e os termos em que se vai processar a autotutela executiva da Administração e, por isso, por força do disposto no artigo 6.º do mencionado Decreto-Lei, mantém-se em vigor, ainda que a título transitório, o disposto no artigo 149.º, n.º 2 do CPA de 91.

Ao que acresce que, como alertam alguns autores, apesar de o CPA na sua nova redação já não possuir uma norma de habilitação genérica que possibilite à Administração executar as suas decisões, tal pode não se traduzir no fim do modelo de autotutela executiva no nosso ordenamento jurídico, porquanto isso vai depender do modo como a legislação especial venha a disciplinar esta matéria. [34]

Partindo do que acabamos de expor, a disciplina da execução das obrigações pecuniárias, decorrentes de atos administrativos, não sofreu, todavia, alterações com a entrada em vigor do CPA de 2015, à face do que já constava do CPA anterior, porque de acordo com o estabelecido no artigo 176.º, n.º 2 do CPA, é *"sempre possível"*.

E isto é assim porque, em conformidade com o que já resultava do disposto no artigo 155.º do CPA de 91 (pelo menos, de forma mais clara desde a respetiva revisão de 1996), e que se mantém na redação do artigo 179.º do CPA, alguma doutrina[35] vem entendendo (posição que

[34] Vd. FONSECA, RUI GUERRA, O fim do modelo de administração executiva?, Comentários ao Novo Código do Procedimento Administrativo, págs., 116 e 117, AADFL, 2015.

[35] Vd. AMARAL, DIOGO FREITAS DO, Curso ...cit. pág. 266; ALMEIDA, MÁRIO AROSO DE, Teoria... cit. 250; MACHETE, RUI, A Execução do Ato Administrativo, Estudos de Direito Público, pág. 23 e ss, Coimbra, Editora, 2004; CAUPERS, JOÃO, Introdução ao Direito Administrativo, 11.º edição, pág. 240, Âncora Editora, 2013.

a lei parece ter assumido), que a execução coerciva com esta finalidade "*está excluída do âmbito competencial da Administração*"[36], porquanto se vai desenvolver pela via do processo de execução fiscal, tal como regulado na legislação do processo tributário, que é um processo supervisionado pelos tribunais fiscais (artigos 103.º, n.º 1 da LGT e 148.º, n.º 2, alínea a) e 151.º do CPPT).

Opção legislativa que se pode justificar para acautelar o princípio da proteção jurisdicional da propriedade privada[37], e dentro do paradigma atual relativo à matéria da execução dos atos administrativos que, pelo menos no plano dos princípios, parece não manter a autotutela executiva da Administração Pública, da integração legislativa nesta nova conceção, da execução coerciva dos atos administrativos criadores de obrigações pecuniárias, que vê o processo de execução fiscal como um processo jurisdicionalizado[38], e, por isso, legitimado pela intervenção do juiz.

Daí poder-se concluir, com os argumentos apresentados, que os atos administrativos impositivos de obrigações pecuniárias são atos não executórios, na aceção apresentada em cima.

Todavia, há objeções que abalam esta conclusão, e que levam a que do ponto de vista do destinatário do ato administrativo fixador de obrigação pecuniária seja, compreensivelmente, difícil assimilar a ideia de que, neste plano, a Administração atua, afinal, despida de poderes de autotutela executiva[39].

Como já vimos, cabe desde logo à Administração Pública, ou às entidades que realizam tarefas administrativas, o poder de definir o valor que lhe é devido pelo particular, através do ato administrativo (o poder de autotutela declarativa).

Além disso, a Administração Pública conserva, em determinados casos, já em sede de execução do ato administrativo, prerrogativas como a compensação de créditos (vd. o disposto no artigo 36.º do DL n.º 155/92, de 28.07, na sua versão atual e o artigo 174.º da LTFP), que, ativadas, podem constituir-se como violadoras dos direitos e interesses legalmente

[36] Cfr. GOMES, CARLA AMADO, Contributo ...cit. pág. 133.

[37] Vd. AMARAL, DIOGO FREITAS DO, Curso ...cit. pág. 437.

[38] Vd. FONSECA, RUI GUERRA, O fim do modelo...cit. pág. 88.

[39] CALVÃO, FILIPA URBANO, "O regime (...)" ...cit. pág. 111.

protegidos dos destinatários do referido ato, cujo controlo judicial só pode ser feito à posteriori.

Depois, e parece-nos o aspeto central, embora o processo de execução fiscal tenha por definição legal natureza judicial (artigo 103.º da LGT), verifica-se na sua tramitação a forte participação da administração tributária. A esta compete, nos termos dos artigos 10.º, alínea f), 149.º, 150.º e 152.º do CPPT, a instauração do processo de execução fiscal, bem como, a realização dos atos a este respeitante, sendo a intervenção do juiz residual, que apenas acontecerá, para os efeitos previstos no artigo 151.º do CPPT, podendo mesmo nunca ocorrer[40].[41]

Ao que acresce, o facto de o processo de execução fiscal ser um processo de *contraditório limitado*, em que os fundamentos de oposição à execução são taxativos, conforme prevê o artigo 204.º do CPPT, apenas estando prevista a possibilidade de discussão da legalidade do ato administrativo do qual deriva a obrigação pecuniária, nos casos em que a lei não assegure meio judicial de impugnação ou recurso contra este (artigo 204.º, n.º 1, alínea h) do CPPT), o que não é o caso dos atos administrativos aos quais dedicamos este trabalho, porque como se vai analisar, a lei assegura um meio processual para discutir a sua legalidade, que é a ação administrativa de impugnação de ato administrativo.

Pelo que, bem vistas as coisas, o processo de execução fiscal está longe de se assemelhar ao processo de execução comum[42], e por isso se defenda

[40] Vd. SILVA, HUGO FLORES DA, "As nulidades do processo de execução fiscal", Coleção Formação Contínua, Execução Fiscal, Jurisdição Administrativa e Fiscal, março de 2019, CEJ, pág. 85 a 88;

[41] Colocando em causa a própria natureza judicial do processo de execução fiscal, a este respeito, vd. ROCHA, JOAQUIM FREITAS, "Sobre a natureza dos atos praticados em execução fiscal" e SILVA, HUGO FLORES DA, "As nulidades do processo de execução fiscal", Coleção Formação Contínua, Execução Fiscal, Jurisdição Administrativa e Fiscal, março de 2019, CEJ, respetivamente, págs. 33 a 59 e 83 a 99; E sobre a pertinente discussão concernente à natureza jurídica dos atos praticados no processo de execução fiscal e respetivas consequências jurídicas, vd. os referidos autores nos textos citados, e ainda NETO, DULCE, "A natureza da execução fiscal na jurisprudência do STA", na obra em referência, págs. 11 a 21.

[42] Vd. SOUSA, MARCELO REBELO; MATOS, ANDRÉ SALGADO DE, Direito Administrativo ...cit. pág. 234; OLIVEIRA, MÁRIO ESTEVES DE; GONÇALVES, PEDRO; AMORIM, J. PACHECO DE, Código ...cit. pág. 713; NABAIS, JOSÉ CASALTA, Direito Fiscal, 7.ª Edição, pág. 93, Almedina, Coimbra, 2014, quando aos atos de liquidação, mas aqui com total aplicação; e mais recentemente, CALVÃO, FILIPA URBANO, "O regime da execução

que a Administração não perdeu, afinal, aqui, a sua posição de privilégio face aos particulares[43].

E o que vem de ser dito, não fica prejudicado, a nosso ver, mesmo considerando a circunstância particular, quanto aos atos administrativos aqui em estudo da entidade que fixa o *quantum* em dívida ser, em regra, distinta da entidade – que a seguir vai tramitar a sua execução, que é a administração tributária – conforme resulta do artigo 179.º, n.º 2 do CPA e artigos 149.º, 150.º e 152.º do CPPT.

2.5. A diferenciação face aos atos tributários *stricto sensu* ou atos de liquidação de tributos

Pese embora – como se disse –, não constitua o objeto direto do nosso estudo, há um interesse prático na delimitação conceptual entre as obrigações pecuniárias impostas por atos tributários *stricto sensu* ou atos de liquidação de tributos e as obrigações pecuniárias criadas por ato administrativo, sem natureza sancionatória, que aqui se encontram em análise, considerando a regularidade com que tal questão se tem colocado nos nossos tribunais, a propósito, o mais das vezes, da dicotomia entre *dívidas de natureza tributária* e *dívidas de natureza não tributária.*

A falta de compreensão das diferenças relativas aos tipos de atos anunciados, enquanto fonte de obrigações pecuniárias, tem acarretado claros equívocos, principalmente, no que diz respeito ao controlo da legalidade destes últimos atos administrativos, nomeadamente, quanto ao regime substantivo, procedimental e processual que lhes é aplicável, com relevância destacada para a errada utilização dos meios administrativos e jurisdicionais previstos para a sua impugnação, temas que, como já foi anunciado, nos ocupamos no presente trabalho.

Tal parece-nos que resulta, desde logo, porque ambas as obrigações enunciadas são cobradas, numa fase coerciva, por meio do processo de

do ato administrativo no Projeto de Revisão do Código do Procedimento Administrativo", Projeto de revisão do Código do Procedimento Administrativo, livro digital que reúne as intervenções do Colóquio de 25 de Junho de 2013 que teve lugar na Escola de Direito de Lisboa da Universidade Católica, coord. de Rui Machete, Luís Sousa Fábrica e André Salgado Matos, Lisboa, 2013, pág. 111; e FONSECA, RUI GUERRA, O fim do modelo ...cit. pág. 110.

[43] Vd. OLIVEIRA, MÁRIO ESTEVES DE; GONÇALVES, PEDRO; AMORIM, J. PACHECO DE, Código ...cit. pág. 713.

execução fiscal regulado no CPPT, considerando a remissão contida no artigo 179.º do CPA, ou noutras normas que regulam esta matéria de forma especial, o que contribui para as indicadas confusões, pois não é pelo facto de partilharem o referido meio processual, na fase de cobrança coerciva das referidas obrigações, que apaga a suas singularidades, ou como se tem pronunciado o STA, *"lhes muda a natureza transformando-as em dívidas tributárias"*[44], permitindo que se lhe apliquem, indiscriminadamente, quer a uma quer a outra, as distintas disciplinas jurídicas que as enquadram.

Assim, podemos dizer que o ato de liquidação do tributo ou ato tributário *stricto sensu* é um ato administrativo especial[45], que se reconduz, adotando aqui um conceito restrito de liquidação[46], ao ato de "quantificação da obrigação tributária"[47], ou, por outras palavras, ao ato de determinação concreta da dívida tributária[48].

A relação jurídica tributária terá, assim, como obrigação principal o pagamento da dívida tributária (artigos 30.º e 31.º da LGT), que é

[44] Neste sentido, Acs. do STA de 21.11.2012, Proc. n.º 0714/12; de 27.02.2012, Proc. n.º 97/12; e de 01.06.11, Proc. n.º 214/11.

[45] Cfr. NABAIS, JOSÉ CASALTA, Direito ...cit. pág. 98, parecendo-nos que o Autor, na passagem citada, se está a referir à noção ampla de ato tributário ou ato tributário *lato sensu*, que inclui não só o ato de liquidação do tributo ou ato tributário *stricto sensu*, como também os atos administrativos em matéria tributária. A propósito da importância da autonomização dos dois referidos atos, ROCHA, JOAQUIM FREITAS DA, Lições de Procedimento e Processo Tributário, 4.ª Edição, págs. 32 a 35, Coimbra Editora, 2011; e da polissemia do conceito de ato tributário, RIBEIRO, NUNO MIGUEL CERDEIRA, O controlo jurisdicional dos atos da administração tributária: reflexões em torno da articulação com o processo administrativo, Dissertação de Mestrado, Mestrado em Direito Tributário e Fiscal, Universidade do Minho, Escola de Direito, págs. 86 a 102, 2012.

[46] A doutrina também distingue entre liquidação em sentido amplo e em sentido restrito, a primeira reconduz-se ao procedimento de liquidação, visto enquanto o conjunto ordenado de atos que incluem a determinação do sujeito passivo e da matéria tributável, que são produzidos com vista à quantificação da obrigação tributária, entendida então, como o ato de liquidação em sentido restrito, ou *"ato que torna uma concreta obrigação líquida e exigível"*, através de uma operação aritmética, que levará em conta os elementos anteriormente determinados. ROCHA, JOAQUIM FREITAS DA, Lições ... cit., págs. 201 e 202 e RIBEIRO, NUNO MIGUEL CERDEIRA, ...cit., págs. 89 e 90.

[47] Cfr. RIBEIRO, NUNO MIGUEL CERDEIRA, ...cit. págs. 86.

[48] Vd. ROCHA, JOAQUIM FREITAS DA, Lições ... cit. pág. 33.

classificada como uma *obrigação legal*[49], porque tem como fonte a lei, e nasce do encontro do facto tributário com a norma legal (artigo 36.º, n.º 1 da LGT) – daí se defender a *natureza meramente declarativa* do ato de liquidação[50], porquanto o mesmo só quantifica a obrigação assim previamente constituída. E *indisponível*[51], porque a sua extinção ou redução não se encontra na disponibilidade da administração tributária (artigos 30.º da LGT).

De forma simplista, podemos dizer então que, os atos tributários em sentido estrito são aqueles que fixam obrigações pecuniárias que resultam dos tributos, e embora a lei não os defina, são tributos, por sua vez – adotando-se uma noção que sintetiza as características comuns partilhadas por todos os tributos – as *prestações pecuniárias impostas por lei, exigidas por uma entidade pública ou que desempenha a função pública, com o fim de cobrar as receitas com vista a cobrir as despesas públicas* [52].

Os tributos têm então como características a sua natureza *derivada*, visto que, ao contrário das receitas patrimoniais e de crédito, não resultam da exploração dos bens do próprio Estado aqui entendido em sentido amplo, mas antes da *"participação do Estado na riqueza gerada pelos particulares"*[53]; e também natureza *coativa* ou *impositiva*, isto é, são unilateralmente impostos pelo Estado sem o acordo dos particulares, o que, representando uma agressão ao património destes, explica a importância que os princípios da legalidade, da reserva de lei parlamentar e da igualdade – capacidade contributiva e equivalência – assumem na sua conceção e distinção. Têm como sujeito ativo o Estado ou outro ente que desempenha uma função pública. E, por fim, visam a obtenção das receitas para a satisfação de necessidades coletivas públicas, distinguindo-se, nessa medida, das

[49] Cfr. NABAIS, JOSÉ CASALTA, Direito...cit. pág. 238.

[50] Cfr. RIBEIRO, N. M. CERDEIRA, ...cit. pág. 94 e 95.

[51] Cfr. NABAIS, JOSÉ CASALTA, Direito...cit. pág. 239 e VASQUES, SÉRGIO, Manual de Direito Fiscal, pág. 358, Almedina, 2014.

[52] Seguimos aqui, embora numa versão composta, a noção de tributo avançada por CAMPOS, D. LEITE DE; RODRIGUES, BENJAMIM SILVA; SOUSA, JORGE LOPES DE, Lei Geral Tributária, Anotada e Comentada, 4.ª Edição, págs. 69 e 70, Encontro da Escrita, Editora, 2012.

[53] Cfr. VASQUES, SÉRGIO, Manual ...cit. pág. 180.

prestações com outras finalidades, por exemplo, as "*ressarcitórias, sancionatórias ou outras*"[54-55].

No quadro legal português, integrando o labor da doutrina nesta matéria, de acordo com o estabelecido no artigo 165.º, n.º 1, alínea i) da CRP e artigo 3.º, n.º 2 da LGT, "*os tributos compreendem os impostos, incluindo os aduaneiros e especiais, e outras espécies tributárias criadas por lei, designadamente as taxas e demais contribuições financeiras a favor de entidades públicas.*" [56] Estabelecendo, na sua vez, o artigo 4.º da LGT, os respetivos pressupostos.

Destarte, os *impostos* recortam-se como os mais importantes tributos, de entre os assinalados, por representarem a categoria, através da qual, ainda hoje, e apesar do peso relativamente maior que as outras categorias têm vindo a adquirir, o Estado arrecada mais receitas.

São reconhecidas aos impostos, as seguintes características: são *prestações pecuniárias, com carácter impositivo ou coativo e unilateral, exigidas por uma entidade pública com vista a angariação de receitas*[57].

De entre os seus traços característicos, e de forma a distingui-los dos demais tributos, destacam-se o seu carácter *unilateral*, ou seja, o pressuposto que origina o imposto releva factos relativos à vida dos contribuintes (os seus rendimentos ou a utilização dos mesmos, ou titularidade

[54] ROCHA, J. FREITAS DA, Lições ... cit. pág. 13.

[55] Isto posto, e antes de começarmos a nossa digressão no mundo dos tributos, é necessário dizer que a análise que aqui se vai efetuar, está funcionalizada à economia do presente trabalho, e, portanto, não reflete toda a problemática envolta na demarcação e regime jurídico das figuras, que tradicionalmente, integram os tributos. Aliás, a complexidade apontada é tanto maior num tempo em que a arrecadação de tributos se diversifica e multiplica para suportar as também diversas e múltiplas funções a cargo do Estado, e dos entes menores que desempenham funções públicas, e tem amiúde ocupado os trabalhos da doutrina e dos tribunais, destacando-se, quanto a estes últimos, o papel do Tribunal Constitucional.

[56] SÉRGIO VASQUES, Manual ...cit. págs. 179 e 180, chama a atenção para o facto de a criatividade do legislador testar hodiernamente os limites destas três categorias, sendo aconselhável reconhecer espaço para *tributos atípicos*, que não se reconduzam a elas. Não obstante o exposto, e citando ANTÓNIO DE SOUSA FRANCO, acaba por concluir que estas três categorias, embora não esgotando todo o universo dos tributos públicos, arrumam o que nele há de mais importante.

[57] Cfr. CAMPOS, D. LEITE DE; RODRIGUES, BENJAMIM SILVA; SOUSA, JORGE LOPES DE, Lei...cit. pág. 70 e VASQUES, SÉRGIO, Manual ...cit. págs. 181, 211 e 212; NABAIS, JOSÉ CASALTA, Direito..., cit. pág. 38.

de património) que manifestam a sua riqueza, não visando, por isso, a compensação de uma prestação administrativa específica realizada em seu favor por uma entidade pública, mas apenas difusa.

Do ponto de vista *finalista* ou *teleológico*, os impostos procuram a angariação das receitas que suportam a satisfação das *necessidades financeiras gerais do Estado* – v.g. educação, saúde, defesa nacional, diplomacia – que este está encarregue de garantir. Hoje em dia, também se reconhecem aos impostos, além da mencionada finalidade, outras que extravasam o âmbito fiscal, e que servem objetivos de carácter redistributivo ou de orientação de comportamentos sociais e económicos (artigos 66.º, n.º 2 alínea h) e 67.º, n.º 2, alínea f) e 103.º da CRP e artigos 5.º e 7.º da LGT). De realçar também que, as finalidades que estão associadas aos impostos, servem, igualmente, para demarcar a sua natureza unilateral, ou dito de outro modo, os pressupostos que estão na origem do imposto e as finalidades que prosseguem, concorrem para caracterizar os impostos, na hora de os contrapor aos tributos bilaterais, na medida em que, o imposto mesmo que seja arrecadado aquando de uma prestação administrativa, não deixa por isso de ser imposto, porquanto não visa compensar os custos associadas à referida prestação[58], mas sim custear as despesas públicas gerais.

Noutras palavras, aos impostos está associada uma "*contraprestação geral traduzida no conjunto dos diversos serviços públicos que os mesmos suportam*", e não uma *contraprestação específica*, associada a uma atividade pública especialmente dirigida ao particular[59].

Da leitura conjugada do disposto nos artigos 103.º, n.º 2 e 165.º, n.º 1 alínea i) da CRP, resulta que a criação e a disciplina dos elementos essenciais do imposto – a incidência, a taxa, os benefícios fiscais e as garantias dos contribuintes – terão de constar de lei formal, emitida pela Assembleia da República ou decreto-lei autorizado. Corporizando as referidas normas, o princípio da legalidade fiscal, na sua dupla vertente, o "*princípio da reserva de lei formal, que implica a* (anunciada) *reserva à lei ou ao decreto-lei autorizado*

[58] VASQUES, SÉRGIO, Manual ...cit. págs. 188, dá o exemplo do "*imposto sobre os automóveis que seja cobrado no ato da respetiva matrícula ou um imposto sobre a importação de mercadorias que seja cobrado no momento do seu desalfandegamento*", casos segundo o autor, "*em que o pressuposto tributário é formado por uma prestação administrativa, sendo certo, ainda assim, que estes tributos não se dirigem à respetiva compensação*".

[59] Cfr. NABAIS, JOSÉ CASALTA, Direito ...cit. pág. 39 e 40.

da matéria fiscal referenciada' e o '*princípio da reserva material ou conteudística*', ou '*princípio da tipicidade*', o qual exige que '*a lei ou o decreto-lei autorizado contenha a disciplina completa da matéria reservada*".[60]

No nosso ordenamento jurídico, são exemplos de impostos, o Imposto sobre o Rendimento das Pessoas Singulares (IRS), o Imposto sobre o Rendimento das Pessoas Coletivas (IRC), o Imposto sobre o Valor Acrescentado (IVA), o Imposto Municipal sobre Imóveis (IMI), o Imposto Municipal sobre as Transmissões Onerosas de Imóveis (IMT), o Imposto Único de Circulação (IUC) e o Imposto de Selo (IS).

As *taxas*, por sua vez, são tratadas pela doutrina, considerando os seguintes traços distintivos, uns que partilha e outros que não partilha com os demais tributos. Assim, as taxas são prestações pecuniárias, *com carácter impositivo ou coativo, devidas a uma entidade que exerça funções públicas, em contrapartida de uma prestação administrativa provocada ou aproveitada pelo sujeito passivo*[61].

Podemos dizer que, o que delimita concetualmente as taxas em relação aos impostos e, como a seguir vamos explicar, em alguma medida, às contribuições, é a sua natureza *sinalagmática* ou *bilateral*[62] ou *comutativa*[63], ou seja, o facto de as mesmas serem geradas como contrapartida de uma prestação administrativa que é dirigida ao sujeito passivo, enquanto *efetivo* causador ou beneficiário da referida prestação.

Conforme resulta do artigo 4.º da LGT e também do artigo 3.º do RGTAL, a atividade administrativa que serve de base à cobrança das taxas pode-se reconduzir à prestação de um serviço público, à utilização de

[60] Cfr. NABAIS, JOSÉ CASALTA, Estudos sobre a Jurisprudência do Tribunal Constitucional, págs. 265 e 266, Editorial Notícias, 1993. E ainda, a este propósito, VASQUES, SÉRGIO, Manual ...cit. págs. 277 a 289; DOURADO, ANA PAULA, Direito Fiscal, Lições, págs. 121 a 166, Almedina, 2015. O Tribunal Constitucional tem se pronunciado muitas vezes sobre o referido princípio, por exemplo, nos seguintes Acs. n.ºs 70/2004, Proc. n.º 57/2003, de 28 de janeiro de 2004; 603/2020, Proc. n.º 172/20, de 11 de novembro de 2020; e 516/2020, Proc. n.º 480/19, de 20 de outubro de 2020.

[61] Cfr. VASQUES, SÉRGIO, Manual ...cit. pág. 203; CAMPOS, D. LEITE DE; RODRIGUES, BENJAMIM SILVA; SOUSA, JORGE LOPES DE, Lei...cit. pág. 70.

[62] Cfr. DOURADO, ANA PAULA, Direito ...cit. pág. 56; NABAIS, JOSÉ CASALTA, Direito ...cit. págs. 39 e 40.

[63] Cfr. VASQUES, SÉRGIO, Manual ...cit. pág. 205.

um bem do domínio público ou à remoção de um obstáculo jurídico ao comportamento dos particulares.

São exemplos das primeiras, as taxas cobradas pelos serviços de registo e notariado (emolumentos), de educação (propinas), de saúde (taxas moderadoras), de justiça (taxa de justiça); das segundas, as taxas cobradas pela utilização das autoestradas (taxas de portagem) ou pela ocupação da via pública; e das últimas, as taxas devidas pelas licenças de uso e porte de arma e de caçar.

Sob a perspetiva finalística, podemos dizer que as taxas visam a compensação da prestação administrativa causada ou de que é beneficiário o sujeito passivo; é, portanto, o seu pressuposto e fim, mas podem também ser utilizadas com objetivos não fiscais (v.g. as taxas moderadoras servem também o propósito de dissuadir o recurso aos hospitais nas situações de saúde menos graves e as *taxas agravadas*[64] lançadas pelos municípios para atividades mais poluentes), reconhecendo-se-lhes, por fim, igualmente, propósitos de angariação de receitas, mas indissociáveis ao seu carácter comutativo.

Na criação das taxas mostra-se indispensável parametrizá-las de acordo com *o princípio da equivalência*, que nos diz que, assumindo o sujeito passivo os encargos que resultam da prestação administrativa de que é causador ou beneficiário, ele deve contribuir "*na medida do custo ou valor dessas prestações*"[65], devendo-se salientar ainda que, nos termos do artigo 165.º, n.º 1 alínea i), da CRP, o regime geral das taxas encontra-se sob reserva de lei parlamentar ou decreto-Lei autorizado.

Por fim, as *contribuições* têm sido limitadas nos seus contornos, por se colocarem a meio caminho entre os impostos e as taxas, ou como uma *categoria intermédia* de tributos públicos. Longe vão, assim, os tempos em que se diluíam entre os demais tributos, encontrando-se agora, plenamente autonomizáveis, tendo para isso contribuído a Revisão Constitucional de 1997, com a referência expressa a elas feita no artigo 165.º, n.º 1, alínea i) da CRP, e ocupando um lugar de destaque na moderna fiscalidade.

Assim, as contribuições são prestações pecuniárias, *com carácter impositivo ou coativo, devidas a uma entidade que exerça funções públicas, em*

[64] Vd. VASQUES, SÉRGIO, Manual ...cit. pág. 207.

[65] Cfr. VASQUES, SÉRGIO, Manual ...cit. pág. 260.

contrapartida de uma prestação administrativa presumivelmente provocada ou aproveitada pelo sujeito passivo[66].

O que individualiza os referidos tributos é o facto de, digamos assim, integrarem aspetos que caracterizam tanto os impostos – não são cobradas em contrapartida de uma prestação administrativa específica dirigida individualmente ao sujeito passivo – como as taxas – são a contrapartida de serviços prestados por entidades que exercem a função pública a um grupo de pessoas ou entidades, que beneficiam coletivamente das referidas prestações administrativas[67].

São exemplos deste tipo de tributos as contribuições a cargo dos trabalhadores para a segurança social (quotizações), as taxas das entidades reguladoras, as quotas para as ordens profissionais e os tributos ambientais.

O aflorado princípio da equivalência – tal como foi explicado em cima – tem ainda mais preponderância na criação das contribuições – porque por representarem a contrapartida de prestações administrativas presumidamente provocadas ou aproveitadas pelo sujeito passivo – mais exigente se torna medir o custo ou valor dessas prestações[68].

O regime geral das contribuições também está sob reserva de lei parlamentar ou decreto-lei autorizado, de acordo com o estabelecido no artigo 165.º, n.º 1, alínea i) da CRP.

Aqui chegados, e feito o trilho dos tributos, podemos para já concluir o seguinte: o que os atos tributários *stricto sensu* e os atos administrativos fixadores de obrigação pecuniária não tributária, e sem carácter sancionatório, têm em comum, é o facto de imporem, ambos, uma obrigação de pagar uma quantia em dinheiro a cargo dos particulares, sem o seu acordo ou prévia declaração judicial, a favor de uma entidade que, independentemente da natureza, pública ou privada, pratica os referidos atos no exercício de poderes jurídico-administrativos.

Por outras palavras, um e outro são atos administrativos impositivos de obrigações de idêntica natureza. Os particulares por força dos referidos atos administrativos ficam constituídos na obrigação de proceder ao pagamento de uma quantia certa, percebendo-se assim, porque nos dois

[66] Cfr. VASQUES, SÉRGIO, Manual ...cit. pág. 221.

[67] Vd. CANOTILHO, GOMES, VITAL MOREIRA, Constituição da República Portuguesa Anotada, Vol. I, 4.ª Edição, pág. 1095, Coimbra Editora.

[68] Cfr. VASQUES, SÉRGIO, Manual ...cit. pág. 261.

casos, a sua cobrança é feita, numa fase executiva, através do processo de execução fiscal, regulado no CPPT (artigo 148.º).

O que os separa, no entanto, e que vai marcar as dissemelhanças de regimes que os enquadram, é o facto de os atos administrativos fixadores de obrigações pecuniárias aqui sob escrutínio, não estarem funcionalizados, como estão os atos tributários *stricto sensu*, à cobrança de tributos, isto é, das receitas necessárias para suprir as despesas públicas. E por isso, *"trata*[rem]*-se de uma receita patrimonial (crédito), relativamente ao qual não resulta que os seus pressupostos estejam fixados na lei independentemente de vínculos anteriores, contrariamente ao que tem de ocorrer no caso dos tributos."*[69]

2.6. Os atos administrativos criadores de obrigações pecuniárias de natureza não tributária e respetivas finalidades

Partindo exatamente do ponto onde atrás ficamos, podemos dizer então que os atos administrativos criadores de obrigações pecuniárias de natureza não tributária, vão ser praticados com a finalidade de exigir o pagamento de prestações pecuniárias devidas pelos particulares a entidades que exercem a função administrativa e em virtude do exercício das referidas funções (artigo 179.º, n.ºs 1 e 3 do CPA), em ordem a:

- Reintegrar/repor, nos cofres destes entes, dinheiro público, com origem (ou não) na arrecadação de tributos, distribuído no Orçamento Geral do Estado e da União Europeia, que foi transferido para a esfera dos particulares, através de um vínculo previamente constituído que fundamenta essa deslocação de verbas, mas que, por vários motivos, se veio a demonstrar ter sido feito indevidamente. Por isso, muitas vezes, os tribunais se refiram às dívidas provenientes destes atos, como tendo natureza contratual, por contraposição às dívidas tributárias;
- Ressarcir estes entes por despesas relativas a intervenções efetuadas e cuja responsabilidade é legalmente imputada aos particulares. Nestes casos, a imposição da prestação pecuniária sucede ao incumprimento de uma prestação de facto fungível (artigos 179.º, n.º 3 e 181.º do CPA).

[69] Cfr. Ac. STA. de 17.06.2020, Proc. n.º 0740/12.1BEBRG 0338/18.

Concretamente, os Tribunais da jurisdição administrativa e fiscal têm sido chamados com regularidade a pronunciar-se sobre a legalidade dos atos administrativos *sub judice* e sobre a exigibilidade das dívidas constituídas com base nestes.

Por exemplo, entre outras, nestas situações: quando através de um ato administrativo foi ordenada a reposição de vencimentos ou de abonos recebidos indevidamente por trabalhadores públicos ou com vínculo de emprego público; [70] foi imposta a reposição do montante atribuído a título de bolsa de estudo[71]; ou de valores indevidamente creditados pela Caixa Geral de Aposentações, I.P., por perda do direito à pensão de sobrevivência[72]; foi determinada a reposição de montantes recebidos a título de subsídio social de desemprego[73]; e, ainda, as decorrentes da fixação de uma indemnização pela exclusão, por falta de aproveitamento, da frequência da Academia Militar[74]; por despesas relacionadas com intervenções realizadas por autarquia local em imóveis, como medida de tutela da legalidade urbanística[75].

Mas também quando os atos administrativos que obrigam os particulares ao pagamento de quantias em dinheiro são praticados por entidades no exercício de poderes jurídico-administrativos, no domínio da execução de contratos administrativos, celebrados entre ambos, por exemplo, originadas pela execução indevida de um contrato de associação celebrado entre um colégio privado e o Ministério da Educação[76;]; que

[70] Acs. STA, de 11.02.2009, Proc. n.º 0924/08 (reposição de vencimentos em virtude da inexistência de vínculo laboral que legitimasse o direito ao respetivo pagamento); de 31.03.2016, Proc. n.º 019/16 (reposição de despesas de representação); de 01.06.2016, Proc. n.º 0300/14(reposição de ajudas de custo); de 02.07.2020, Proc. n.º 01048/08.2BELSB 0685/18 (reposição da quantia correspondente a vencimentos e subsídios – refeição, férias e Natal); Ac. TCAN de 04.03.2016, Proc. n.º 0249/15.0BEPNF (reposição de abonos recebidos enquanto juíza em regime de estágio);

[71] Ac. TCAN, de 14.04.2016, Proc. n.º 2633/15.1BEBRG.

[72] Acs. TCAS, de 10.07.2015, Proc. n.º 07577/14; e de 03.10.2013, Proc. n.º 06942/13; Ac. STA, de 20.04.2020, Proc. 0592/07.3BESNT – recebidas por terceiro não beneficiário;

[73] Ac. TCAN, de 02.10.2020, Proc. n.º 01193/17.3BEBRG;

[74] Acs. STA, de 06.02.2013, Proc. n.º 041/13; e de 29.01.2014, Proc. n.º 01805/13;

[75] Acs. STA, de 16.09.2020, Proc. n.º 0529/11.5BEPRT 01455/17; e de 07.04.2022, Proc. n.º 03478/14.1BEPRT;

[76] Ac. STA (pleno da Secção do Contencioso Administrativo), de 23.01.2007, Proc. n.º 0300/03; Ac. TCAN, de 12.12.2012 Proc. n.º 00178/06.0BECBR;

emergem do incumprimento de contratos de concessão de apoios financeiros em que prefiguram como entidades credoras das dívidas o IFAP, I.P. – Instituto de Financiamento da Agricultura e Pescas, I. P.[77], o IAPMEI, I.P.– Agência para a competitividade e Inovação, I.P.[78], o IEFP, I.P. – Instituto de emprego e formação profissional, I.P.[79], e ainda as relativas a comparticipações financeiras provenientes do Fundo Social Europeu[80].

Sobre os atos administrativos que obrigam os particulares ao pagamento de obrigações pecuniárias praticados no domínio da execução de contratos administrativos, vamo-nos ocupar, em especial, no ponto subsequente.

2.7. Obrigações pecuniárias criadas por ato administrativo no âmbito da execução dos contratos administrativos – autotutela declarativa e as declarações negociais do contraente público

No âmbito da execução dos contratos administrativos, os contraentes públicos, possuem poderes de conformação da relação jurídica contratual que lhes permitem definir, unilateralmente, considerando o que aqui nos ocupa, o seu direito de crédito contra os cocontratantes, através de ato administrativo, sem necessidade de recorrer aos tribunais para ver reconhecido aquele direito.

Este é um domínio em que os Tribunais têm sido chamados amiúde a resolver os litígios emergentes da impugnação de atos administrativos por força dos quais é exigido aos particulares o pagamento de obrigações pecuniárias. E isto é assim, porque os contratos administrativos têm-se assumido como o meio/instrumento através do qual chegam aos particulares os fundos da União Europeia, segundo esquemas de financiamento das suas atividades, que são apoiadas por beneficiarem o interesse público associado às atribuições das entidades públicas financiadoras. Mas a verdade é que, de forma idêntica, podem ser aplicadas as receitas públicas oriundas das dotações do Orçamento do Estado.

[77] Ac. TCAN, de 30.10.2014, Proc. n.º 00278/13.0BEVIS; Ac. STA de 13.05.2009, Proc. n.º 0187/09;

[78] Ac. STA, de 16.10.2003, Proc. n.º 047543; Ac. TCAN, de 29.09.2016, Proc. n.º 1325/08.2BEVIS; Ac. do STA, de 02.12.2020, Proc. n.º 0745/15.0BECBR;

[79] Ac. TCAN, de 20.04.2017, Proc. 00754/13.0BEBRG; Ac. STA, de 02.12.2020, Proc. 0775/10.9BEALM;

[80] Ac. TCAS, de 03.12.2020, Proc. n.º 494/07.3BECTB;

Os financiamentos das atividades dos particulares oneram-nos na observância de determinadas obrigações, convencionadas nos contratos administrativos, cujo incumprimento, pela sua parte, pode gerar a modificação das prestações contratuais, a resolução dos contratos ou a aplicação de sanções contratuais, pelo contraente público, e a eventual, e consequente, obrigação de reposição do financiamento outorgado e pagamento da sanção aplicada[81].

[81] Tendo por referência o mencionado quadro legal, o TC no Ac. de 23.03.2007, recurso n.º 859/03, considerou que reveste natureza jurídico-administrativa a relação jurídica que emerge dos contratos de ajuda financeira celebrados pelo IFADAP (atual IFAP) com particulares e os actos de execução dos mesmos contratos, designadamente, os atos de resolução ou modificação no caso de incumprimento do referido contrato, e subsequente ordem de reposição de verbas.
Idem, o STA, no Ac. de 21.10.2009, Proc. n.º 0462/09, chamado a pronunciar-se sobre a questão de saber se "*os contratos de atribuição de ajuda celebrados entre o IFADAP (...) e os respetivos beneficiários dos subsídios neles mencionados são ou não contratos administrativos e, em consequência, se a dívida daquele instituto pode ou não ser cobrada através do processo de execução fiscal*", concluiu que "*(...) no caso, o pagamento da quantia exequenda «é exigido por força de uma decisão, ou estatuição autoritária, emitida pelo Instituto ao abrigo de normas de direito público»......que neste caso o IFADAP «actuou investido de prerrogativas de autoridade» (...). Na verdade, foi no uso de poderes público-administrativos desse tipo que «o beneficiário foi notificado pelo IFADAP de que deveria proceder à reposição considerada indevidamente recebida (...), pelo facto de se ter verificado a cessação de actividade agrícola e a ausência de comprovação da totalidade de investimentos aprovados», a respeito de um "Contrato de Atribuição de Ajuda ao Abrigo do Regulamento (CEE) 797/85" (...) Todavia...a cobrança de créditos de natureza não tributária através do processo de execução fiscal, como é o caso, depende sempre da existência de lei que expressamente preveja tal cobrança, nos termos da alínea a) do n.º 2 do artigo 148.º do Código de Procedimento e de Processo Tributário. E o que é certo é que essa lei expressa existe e é, como acima se viu, o n.º 1 do artigo 155.º do Código do Procedimento Administrativo (...).*" No mesmo sentido, Acs. do STA, de 25.06.2009, Proc. n.º 416/09; de 20.05.2009, Proc. n.º 427/09; de 26.08.2009, Proc. n.º 609/09; de 23.09.2009, Proc. n.º 650/09; e de 06.03.2014, Proc. 01804/13.
Ver, em termos idênticos, o Ac. do STA, de 02.12.2020, Proc. n.º 0775/10.9BEALM, no qual o colendo Tribunal sufragou o seguinte entendimento: "*Os créditos originados pelo despacho que ordenou a devolução de apoios financeiros concedidos pelo IEFP (...), não são créditos tributários, não são créditos em que estejam em causa interesses financeiros da União Europeia e não são créditos provenientes de despesas correntes do Estado; são créditos resultantes do acto administrativo que, verificando o incumprimento das condições acordadas, ordenou a devolução desses apoios financeiros e cuja cobrança coerciva em execução fiscal é autorizada pelo disposto no art. 148.º, n.º 2, alínea a), do CPPT e no art. 179.º, n.ºs 1 e 2, do CPA, constituindo título executivo, nos termos do art. 4.º, n.º 1 do Decreto-Lei n.º 437/78, de 28 de Dezembro, a certidão de dívida passada pelo serviço processador, acompanhada dos documentos pertinentes. (...) Os contratos de concessão de incentivos financeiros são contratos administrativos e as declarações de resolução unilateral dos contratos administrativos têm a natureza de actos administrativos.*"

Citando outras decisões dos Tribunais Superiores: O Pleno da Secção do Contencioso Administrativo do STA, no Ac. de 23.01.2007, Proc. n.º 0300/03, integrou os contratos de associação outorgados pelo Ministério da Educação na categoria de contratos administrativos, firmando a seguinte jurisprudência: "*I – No contrato administrativo de associação entre os serviços do Ministério da Educação e um Colégio para este prestar serviços de ensino em substituição do ensino público, a Administração tem, nos termos da alínea a) do artigo 180.º do CPA, o poder de modificar unilateralmente o conteúdo da sua prestação como contrapartida da modificação da prestação do Colégio que não realizou o serviço nos termos da estrutura de custos prevista no orçamento que serviu de base ao cálculo das importâncias entregues como preço. II – O artigo 186.º do CPA não obsta ao exercício do poder da parte pública de alterar a sua prestação e ordenar a reposição do indevidamente pago, porque não está em causa uma controvérsia sobre a validade do contrato ou a interpretação de cláusulas contratuais, mas a decisão vinculativa de reposição do indevidamente prestado em dinheiros públicos, como modificação unilateral da prestação, dentro do objecto do contrato e decorrente da antecedente alteração das condições estabelecidas no contrato para a prestação do serviço devido à gestão da execução do contrato que foi efectuada pelo Colégio. (...)*". Concluindo-se, noutros arestos que se pronunciarem no mesmo sentido que, não ocorre o vício de usurpação de poder, porque esta não é uma matéria reservada aos Tribunais quando a Administração ordena, através de ato administrativo, a reposição das quantias recebidas com fundamento em não terem sido utilizadas no segmento para o qual foram atribuídas nos contratos de associação. Vd. também, os Acs. do STA, de 22.04.2004, Proc. n.º 02025/02; de 12.01.2005, Proc. n.º 020/03; de 04.05.2006, Proc. n.º 01985/02 (do Pleno da Secção do Contencioso Administrativo); e de 29.03.2007, Proc. n.º 02004/02. Em sentido dissonante com a corrente maioritária, apresenta-se o Ac. do STA, de 22.01.2004, Proc. n.º 059/03.

O STA, em Ac. do Pleno da Secção do Contencioso Administrativo, de 16.10.2003, Proc. n.º 047543, chamado a pronunciar-se sobre a natureza do despacho ministerial que homologou proposta de rescisão de um contrato de atribuição de incentivo financeiro outorgado pelo IAPMEI, e que determinou a desativação do incentivo aprovado, com base numa invocada violação do contrato por parte do contratante privado, concluiu que o mesmo possuía a natureza de ato administrativo, para tanto afirmando que: "*(...) uma ponderada orientação jurisprudencial tem vindo a ser seguida, a tal respeito, por este Supremo Tribunal, fazendo eco, justamente, da necessidade de uma apreciação casuística para se poder discernir, em cada situação concreta, se a pronúncia rescisória traduz uma declaração de vontade negocial, integrando um direito potestativo de génese contratual, ou se, pelo contrário, traduz uma estatuição autoritária aplicadora do direito no caso, devendo tal dúvida ser dissipada através de critérios de ordem material, como sejam as causas jurídicas da conduta adoptada, o seu conteúdo dispositivo e o sentido e efeitos a que naturalmente tende (...). Não se contesta que a regra é a de que a Administração, ao intervir na execução dos referidos contratos, o faz através do exercício de direitos potestativos de génese contratual. Mas nem sempre assim é, pois casos há em que a Administração pratica actos administrativos relativos à execução dos contratos, exercitando uma verdadeira autorictas geral, ou seja, uma estatuição unilateral e autoritária definidora de uma situação individual e concreta. Por isso a lei prevê, no art. 9º, nº 3 do ETAF a impugnação contenciosa de "actos administrativos destacáveis respeitantes à execução dos contratos administrativos". (...) Como se afirmou no citado Ac. de 20.12.2000, "os contratos administrativos têm uma natureza «sui generis», derivada do interesse público que prosseguem, pelo que frequentemente ocorre que os seus termos negociais acolham quaisquer posições de supremacia*

Assim, neste plano, quando dizemos que os contraentes públicos têm poderes de conformação da relação contratual, é o mesmo que dizer que gozam de autotutela declarativa, a qual resulta da circunstância, como bem explica RODRIGO ESTEVES DE OLIVEIRA[82], de existir *"(...) no contrato administrativo, especificidades directamente decorrentes do facto de ele, além de definir, em obediência à lógica do pacto, os direitos e obrigações das partes, se traduzir simultaneamente num instrumento ou mecanismo votado à prossecução de interesses públicos (...)."*

Os poderes de autoridade conferidos aos contraentes públicos, inadmissíveis num contrato de direito privado ou *"que extravasa[m] os limites normais da atuação potestativa no âmbito dos contratos"*, dão-lhes, assim, *"a flexibilidade necessária para que a prossecução do interesse público* [possa] *estar assegurada, seja pela via da modificação das prestações contratuais ou pela resolução do contrato, quando especiais razões de interesse público* [imponham] *uma alteração do paradigma negocial fixado pelas partes".* [83]

Os poderes de conformação da relação contratual do contraente público encontram-se definidos no artigo 302.º do CCP, e são os seguintes: dirigir o modo de execução das prestações; fiscalizar o modo de execução do contrato; modificar unilateralmente as cláusulas respeitantes ao conteúdo e ao modo de execução das prestações previstas no contrato por razões de interesse público; aplicar as sanções previstas para a inexecução do contrato; resolver unilateralmente o contrato; e ordenar a cessão da posição contratual do cocontratante para terceiro. Por seu turno, nos termos do artigo 307, n.º 2 do CCP, o exercício dos referidos poderes públicos na relação contratual reveste a natureza de ato administrativo.

Conforme resulta do artigo 309.º do CCP, os *atos administrativos contratuais*[84] constituem títulos executivos que podem ser impostos, sem

que à Administração compitam – caso em que a própria estipulação expressa um poder de autoridade cuja origem é, obviamente, contratual. (...)." Sobre atos de rescisão de contratos de concessão de incentivos financeiros do IAPMEI e que ordenaram a devolução das quantias recebidas, ver também, os Acs., do STA de 29.03.2006, Proc. n.º 0478/03; de 21.05.2009, Proc. n.º 0839/08; e de 11.04.2018, Proc. n.º 0281/14.

[82] Cfr. OLIVEIRA, RODRIGO ESTEVES DE, O acto administrativo contratual, CJA, n.º 63, pág. 3, 2007.

[83] Cfr. Ac. STA, de 20.12.2000, Proc. n.º 046372.

[84] Cfr. OLIVEIRA, RODRIGO ESTEVES DE, O acto administrativo ...cit. pág. 3.

declaração judicial prévia, ao cocontratante que, por sua vez, tem o ónus de os impugnar, tempestivamente, junto dos tribunais administrativos (artigos 2.º, n.º 2, alínea a), 37.º, n.º 1, alínea a) e 58.º do CPTA).[85-86]

[85] Em bom rigor, este artigo 309.º do CCP até é redundante porque esse privilégio de autotutela já decorria do CPA, porque sendo atos administrativos, nos termos do artigo 307.º n.º 2 do CCP, beneficiam do regime previsto no CPA e CPTA para esta categoria de atos jurídicos. Vd. ALMEIDA, MÁRIO AROSO DE, Teoria Geral...cit. pág. 421. O ilustre Autor, noutro texto, "Atos de aplicação de Sanções Contratuais: Sua Natureza Jurídica e Regime Processual, Comentário ao Acórdão do Tribunal Central Administrativo Sul de 11 de fevereiro de 2016, Rec. n.º 11777/15", p. 97, Católica Law Review, Vol. I\n.º 1\jan. 2017, ainda que sobre a aplicação de sanções contratuais, mas que a nosso ver, em sentido que resulta para os demais atos previstos no artigo 307.º, n.º 2 do CCP, escreve o seguinte: *"Ora, uma vez que o CCP os qualifica como atos administrativos, os atos de aplicação de sanções contratuais estão sujeitos ao regime comum que, para aquela categoria de atos jurídicos se encontra definido no Código do Procedimento Administrativo (CPA) e no CPTA. Resulta, assim, deste regime que a anulabilidade é o regime-regra de invalidade dos atos administrativos (cfr. artigos 161.º e 163.º do CPA), pelo que, quando os interessados entendam que um ato administrativo é ilegal e pretendam promover a fiscalização da sua legalidade, sobre eles recai, por regra, o ónus de procederem à respetiva impugnação dentro dos prazos que, para o efeito, se encontram legalmente estabelecidos, sob pena de não mais poderem obter a remoção do ato da ordem jurídica e, portanto, subtrair-se aos efeitos que por ele foram determinados."*

[86] Vd. Acórdão do TCAN, de 11.02.2011, Proc. n.º 00147/09.8BECBR, nesta ação peticionava-se a condenação do IAPMEI a reconhecer que o contrato de concessão de incentivos financeiros celebrado entre este e a Autora permanecia válido e eficaz e se considerasse ilegal e sem validade a declaração de rescisão efetuada pelo Réu, e ainda que se restituísse à Autora determinada quantia, que o Réu recebeu pela execução da garantia bancária. Este Tribunal Superior, em sumário, apresentou os fundamentos que se transcrevem: *"I. Por princípio a acção administrativa comum é forma processual na qual são dirimidos os litígios da competência tribunais administrativos. II. Quando estão em questão litígios sobre questões de validade e interpretação de contratos a Administração não dispõe do poder de dizer unilateral o Direito, pelo que não pode decidir através de acto administrativo se os contratos em que é parte são válidos ou não, nem pode interpretar o respetivo clausulado. III. O CPTA não permite, todavia, que a acção administrativa comum sobre contratos seja utilizada como meio, ainda que indireto, para impugnar acto administrativo prolatado em execução do contrato já que nesse caso o meio contencioso adequado será a ação administrativa especial. IV. Assim, o acto proferido pelo contraente público de resolução/rescisão unilateral de contrato de concessão de incentivo financeiro outorgado no quadro do sistema de incentivos a projectos integradores da função comercial (...) por alegado incumprimento por parte do contraente privado configura-se como acto administrativo relativo à execução do contrato que é contenciosamente impugnável pela via da acção administrativa especial. V. O objecto da acção administrativa comum tem-se como incompatível com a figura do acto administrativo e litígio que em torno do mesmo se estabeleça, pelo que a mesma não pode ser utilizada para obter a invalidação de acto administrativo, a condenação à prática dum acto administrativo ou, ainda, o efeito que resultaria da anulação acto administrativo."*

Não obstante o reconhecimento dos poderes de conformação da relação contratual, exercidos pelos contraentes públicos através do ato administrativo, o certo é que, em bom rigor, a regra é a de que, em matéria dos contratos administrativos regulados pela Parte III do CCP, as declarações emitidas pelo contraente público consubstanciam meras declarações negociais, dado que só aquelas que se subsumam à previsão do n.º 2 do artigo 307.º do CCP é que poderão ser qualificadas como atos administrativos no domínio da execução contratual. O que significa que, fora do âmbito dos poderes de conformação da relação contratual, tais declarações não assumem a natureza de ato administrativo e, assim, não têm a virtualidade de criar, per se, uma obrigação pecuniária a cargo do cocontratante.

Resulta, assim, do disposto no artigo 307.º, n.º 1 do CCP, que as declarações do contraente público, sobre interpretação e validade do contrato ou sobre a sua execução, são meras declarações negociais, pelo que, na falta de acordo do cocontratante, o contraente público apenas pode obter os efeitos pretendidos através do recurso à ação administrativa (artigos 2.º, n.º 2, alínea l), 37.º, n.º 1 alínea l) e 41.º do CPTA)[87].

[87] Neste sentido, é significativo o decidido pelo TCAN, no Ac. de 27.06.2014, Proc. n.º 00272/14.3BEPRT, em que a questão de fundo que estava na origem do litígio entre a Metro do Porto, S.A. e a Recorrente, prendia-se com a aplicação de fórmula constante de cláusula do Contrato de Subconcessão da Operação e Manutenção do Sistema do Metro do Porto, referente ao apuramento da componente da retribuição da subconcessão designada por "bónus/málus"- a qual foi incluída no Contrato como forma de retribuição da Recorrente, sendo o Bónus um acréscimo de remuneração e Málus uma dedução, calculada em função da evolução da procura e apurada e cobrada anualmente, uma vez publicados todos os índices necessários para o cálculo respetivo. O Tribunal firmou o seguinte entendimento: *"(...) É pacífico que o contraente público, em matéria de interpretação de contratos administrativos, não detém nenhum poder de autotutela declarativa. Isso mesmo resulta do disposto no n.º1 do artigo 307.º do CCP (...). A referida norma é clara ao determinar que as decisões pelas quais o contraente público se pronuncie sobre a interpretação ou validade de cláusulas contratuais não consubstanciam atos administrativos vinculativos para o contraente privado mas meras declarações negociais. (...) tais decisões mais não são do que «actos opinativos», pelo que, «em caso de falta de acordo do co-contratante sobre aquelas declarações, a administração só pode obter os efeitos por si pretendidos através da acção administrativa comum [art.37.º, 2, h) CPTA]. Não existe, portanto, autotutela da administração quanto à fixação do sentido e da validade ou invalidade do contrato administrativo». (...) Deste modo, não subsistindo dúvidas que nos presentes autos se está perante um conflito interpretativo entre os contraentes sobre a aplicação da fórmula constante da cláusula 37.2 do Contrato, a aplicação da referida fórmula nos termos preconizados pela Recorrida à Recorrente, havendo discordância da última, não lhe pode ser imposta pela Recorrida."*

Vd., outrossim, o Ac. do TCAN, de 28.01.2017, Proc. n.º 03172/16.0BEVIS-A, em ação proposta contra o Município do Porto em que se pretendia *"obstar à operacionalidade oponibilidade ou eficácia das declarações de oposição à renovação contratual (...), por, entre outros argumentos, terem sido proferidas para além da data limite e contra a melhor interpretação a dar à cláusula 16.º n.º 2, da qual resulta o direito da Recorrente à execução do Contrato de Concessão, pelo menos, até ao final do ano 2021 (...)"*, revogou, parcialmente, a decisão recorrida, por considerar que não se verificava, ao contrário desta, a caducidade do direito à ação principal intentada pela Recorrente por ultrapassagem do prazo previsto no artigo 58.º, n.º 1, alínea b) do CPTA. Assim, fundamentando: *"I – Nos termos do disposto no artigo 307.º do CCP – aplicável ao contrato de concessão celebrado entre a Recorrente e o Recorrido Município, de recolha de resíduos sólidos e limpeza pública no Município do Porto-Zona A, ex vi do artigo 31.º do Decreto-Lei n.º 194/2009, de 20 de Agosto – com excepção dos casos expressamente previstos no seu n.º 2, todas as declarações do contraente público sobre a interpretação e a validade do contrato ou sobre a execução são meras declarações negociais. II – Constitui declaração negocial e não acto administrativo, a declaração de oposição à renovação do referido contrato de concessão, comunicada ao concessionário pelo concedente, nos termos previstos na cláusula 16ª do contrato "mediante declaração expressa, escrita, recebida com uma antecedência mínima de oito meses sobre a data do fim do período inicial de vigência" do contrato, já que tal denúncia – passível de ser efectivada por qualquer das partes – não convoca o exercício de poderes especiais de interesse público ou de supremacia, manifestando-se em termos de vinculação paritária "no contexto de uma típica lógica de contrato, de consenso ou de pactum, em que as partes manifestam as suas vontades e interesses através de declarações negociais". III – Tendo o Recorrente formulado pedido cautelar de "inoperacionalidade" de tal declaração negocial, o meio jurisdicional principal adequado para reagir contra a mesma não é a acção administrativa de impugnação de actos administrativos, mas sim a acção administrativa relativa à interpretação e execução do contrato de concessão em causa, que o mesmo propôs, ao abrigo do disposto nos artigos 37.º, n.º 1, alínea l) e 41.º do CPTA, inexistindo, assim, o fundamento de indeferimento liminar da requerida providência, invocado pelo Tribunal a quo, de manifesta ausência de pressupostos processuais da acção principal, previsto no artigo 116.º, n.º 2, alínea f) do CPTA. (...)"*

Capítulo II
Regime procedimental, formal e substantivo dos atos administrativos criadores de obrigações pecuniárias não tributárias

1. Enquadramento

Passado o capítulo em que procuramos dar um conceito de ato administrativo criador de obrigação pecuniária, e apresentamos as suas finalidades e os casos em que é praticado, agora vamos analisar alguns aspetos relativos ao procedimento administrativo tendente à sua formação, manifestação e execução.

Arrumamos as questões que vamos abordar, por referência à distinção dos atos jurídicos e formalidades que integram, por um lado, o procedimento declarativo de formação dos atos em questão, daqueloutros que integram já o respetivo procedimento de execução, dirigidos a concretizar, em caso de incumprimento, o que ficou naqueles determinado.

Chamamos a atenção, para a circunstância de que o particular conspecto em análise, faz-se considerando o disposto no CPA, cujas normas cedem perante normas especiais contempladas em diferentes diplomas legais. Mas também importa ter presente o que se encontra estabelecido no artigo 2.º, n.º 5 do CPA, no sentido de que *"As disposições do presente Código, designadamente as garantias nele reconhecidas aos particulares, aplicam-se subsidiariamente aos procedimentos administrativos especiais."*

A isto acresce, o que resulta do expendido anteriormente, de que não estando aqui em causa atos de liquidação de tributos, não se lhes vão aplicar as normas procedimentais relativas à formação deste tipo de atos, previstas nas leis tributárias.

Assim, neste Capítulo, abordaremos alguns temas relativos à fase de iniciativa do procedimento administrativo que, em regra, tem carácter oficioso, por estarem em causa atos desfavoráveis aos particulares, uma vez que afetam a sua esfera patrimonial, gerando para eles uma obrigação, neste caso, de natureza pecuniária.

Por isso, olharemos, em particular, para pontos associados à tramitação deste tipo de procedimentos administrativos: o ato inicial do procedimento; o dever legal de iniciar o procedimento, e as consequências de não o fazer; a natureza, tendencialmente, vinculativa do agir administrativo neste domínio, e o reflexo que tal constatação pode trazer ao nível da desaplicação neste âmbito dos princípios gerais da atividade administrativa e da aplicação do princípio do aproveitamento do ato administrativo; a notificação do início do procedimento aos destinatários.

Vamos apresentar, além do próprio regime da participação dos interessados no procedimento de formação do ato administrativo, dos requisitos de forma deste, certas discussões levadas à decisão do tribunal, concernentes com a falta da audiência de interessados e da fundamentação formal do ato administrativo (relativas, essencialmente, ao desvalor do ato administrativo impositivo de obrigação pecuniária, quando não sejam cumpridas as referidas formalidades e à possibilidade de aplicação do princípio do aproveitamento do ato administrativo, atento o disposto no artigo 163.º, n.º 5 do CPA).

Seguimos, para falar um pouco sobre a novel figura jurídica da caducidade do procedimento administrativo, introduzida no artigo 128.º, n.º 6 do CPA, pelo legislador de 2015.

Com a prática do ato administrativo criador de obrigação pecuniária, termina o procedimento administrativo declarativo, seguindo-se os trâmites necessários para que o referido ato produza os seus efeitos e seja oponível ao seu destinatário. Neste contexto, estudaremos as regras atinentes com a eficácia e oponibilidade dos atos administrativos em estudo, dedicando especial atenção ao tema da perfeição das notificações, considerando o estabelecido nos artigos 112.º, n.º 1 alínea a) e 113.º, n.ºs 1 e 2 do CPA.

Fechamos este capítulo, desenvolvendo a análise sobre os aspetos essenciais do procedimento de execução do ato administrativo *sub judice*, a saber, o ato administrativo exequendo, a notificação para cumprimento voluntário da obrigação pecuniária, outros atos jurídicos e/ou operações materiais de execução, certidão com valor de título executivo, dando-se neste último ponto destaque à matéria relativa à falta de requisitos essenciais do título executivo, suas consequências, e meios de arguição dessa falta.

2. Aspetos relativos à fase de iniciativa do procedimento administrativo e natureza tendencialmente vinculativa da atuação da Administração

Com efeito, como entretanto se adiantou, considerando que são prejudiciais à esfera jurídica dos destinatários, porquanto comprimem, oneram ou restringem a sua esfera jurídico-patrimonial, a regra é que os procedimentos que culminam com a prolação de um ato administrativo criador de obrigação pecuniária, não sejam despoletados a requerimento dos particulares, e tenham iniciativa oficiosa (artigo 53.º do CPA), *"(...) cujo início é determinado pela entidade que tem competência dispositiva no âmbito da decisão a que o procedimento tende (...)"*[88].

Tal natureza oficiosa da iniciativa do procedimento não se transmuta pelo facto de o mesmo ser eventualmente originado por uma denúncia, queixa ou exposição de particulares ou até por participações apresentadas por outras entidades públicas[89].

Os procedimentos administrativos em questão podem surgir, na sequência de outros procedimentos administrativos, como por exemplo, um procedimento disciplinar em que se aplica uma sanção disciplinar a um trabalhador em funções públicas, que estando a faltar por motivo de doença, exerça funções privadas remuneradas, e se determina a abertura de um procedimento administrativo destinado à reposição das prestações que lhe foram atribuídas para compensar a perda de remuneração resultante

[88] Cfr. OLIVEIRA, MÁRIO ESTEVES; GONÇALVES, PEDRO; AMORIM, J. PACHECO DE, Código...cit. pág. 294.

[89] Vd. ALMEIDA, MÁRIO AROSO DE, Teoria... cit. págs. 105 e 106. E, também, OLIVEIRA, MÁRIO ESTEVES; GONÇALVES, PEDRO; AMORIM, J. PACHECO DE, Código...cit. pág. 294.

do impedimento para o trabalho, que afinal veio a revelar-se não existir (note-se, que como vamos ver, há autores que entendem que este ato tem natureza sancionatória, para efeitos, por exemplo, de aplicação do artigo 50.º, n.º 2 e 120.º, n.º 6 do CPA e, dizemos nós, do artigo 38.º, n.º 3 do DL n.º 155/92, de 28 de julho); ou resultar, no seguimento de ações de fiscalização do modo de execução de contratos administrativos ou outras.

Normalmente, não é possível identificar um ato jurídico autónomo que formalize o início do procedimento de iniciativa oficiosa e, por isso, o ato através do qual o órgão competente para decidir designa o órgão responsável pela direção do procedimento, nos termos do artigo 55.º do CPA, acaba por ser o primeiro *"ato visível do procedimento de iniciativa oficiosa"*[90]

Parece-nos que as entidades públicas quando confrontadas com a existência dos factos que possam fundamentar a emissão de uma decisão que imponha a obrigação de pagamento de uma quantia pecuniária a um particular têm o dever legal (e não a faculdade) de iniciar um procedimento administrativo com vista a tomar a decisão em questão e, se confrontados com a notícia da existência dos referidos factos, têm o dever de abrir um procedimento para determinar da sua efetiva existência.

Isto, a nosso ver, resulta desde logo, da circunstância de neste domínio a lei determinar tendencialmente todos os aspetos da atuação da Administração, ou seja, o ato administrativo criador de obrigação pecuniária vai revelar-se em regra de conteúdo estritamente vinculado, sem prejuízo, no entanto, de não se poder descartar, em absoluto, que a lei permita também aqui alguma margem de autonomia decisória à Administração.

Conclusão a que se encontram ligadas importantes consequências, como sejam a da inaplicabilidade neste sector de atuação dos princípios gerais da atividade administrativa[91], seja chamando a aplicação do

[90] Cfr. ALMEIDA, MÁRIO AROSO DE, Teoria...cit. pág. 104.

[91] Vd. entre outros, Ac. do TCAN, de 20.11.2014, Proc. n.º 01388/07.8BEBRG, estava em causa a impugnação de uma decisão do Gestor do Programa Operacional Emprego, Formação e Desenvolvimento Social (POEFDS), que aprovou o pedido de pagamento de saldo final e determinou a restituição de montante considerado não elegível: *"Convém atentar, ademais, que a convocação de princípios, como balizadores do agir administrativo, só pode ser feita quando se trate de actuação discricionária, não quando, como no caso vertente, a mesma está vinculada ao cumprimento da lei. Verificados os requisitos (falta deles) de que a lei faz depender a redução/modificação (e até resolução – cfr. art. 23º da Portaria) do contrato, a actuação do R. é basicamente vinculada. É, portanto, legal*

princípio do aproveitamento do ato, na modalidade prevista no artigo 163.º n.º 5 alínea a) do CPA.

Além disso, a nosso ver, o interesse público, fim pelo qual se rege a atuação da Administração (artigo 4.º do CPA), igualmente, exigir a integração na esfera patrimonial pública das quantias que vão ser impostas através destes atos administrativos.

Sempre que não se dê início ao procedimento administrativo conducente à prática do ato administrativo em análise, ou estando preenchidos os respetivos pressupostos, o mesmo não seja praticado, conforme dispõe o artigo 65.º, n.º 1, alínea m) da Lei n.º 98/97, de 26 de agosto, o Tribunal de Contas pode aplicar multas às entidades públicas no caso de não acionamento dos mecanismos legais relativos a restituições devidas ao erário público.

E, entendemos que há, igualmente, fundamento para responsabilizar disciplinarmente os trabalhadores ou dirigentes em funções públicas, quando tendo conhecimento dos referidos factos, não atuem, mais não seja, por violação dos deveres de prossecução do interesse público e de zelo (artigo 73.º, n.ºs 2, alíneas a) e e), 3 e 7 da LTFP e artigo 4.º da Lei n.º 2/2004, de 15 de janeiro).

Outra questão, coloca-se a propósito do cumprimento da formalidade prescrita no artigo 110.º do CPA, relativa à notificação do início do procedimento aos particulares cujos direitos ou interesses legalmente protegidos possam ser lesados pelos atos a praticar. Entende-se que esta norma se apresenta como *"corolário do princípio da participação dos interessados no procedimento (...)"*, desempenhando *"uma importante função instrumental em relação ao direito fundamental, que é reconhecido aos interessados, de exigirem informação sobre o andamento dos procedimentos em que sejam*

e, consequentemente, imparcial. É proporcional (é a lei que determina as opções) e, consequentemente, justa." Tratando-se, no caso, de um acto estritamente vinculado, não se podem considerar violados os referidos preceitos legais"; e no mesmo sentido, o Ac. do TCAN, de 22.10.2015, Proc. n.º 00651/09.8BEAVR, cujo ato impugnado se consubstanciava na decisão do IAPMEI que anulou o financiamento concedido e ordenou a reposição dos benefícios pagos; e o Ac. do TCAN, de 15.12.2017, Proc. n.º 01526/09.6BEBRG, impugnava-se neste processo o ato do Gestor do Compete que determinou a revogação da decisão de aprovação do financiamento concedido no âmbito de protejo de formação profissional e a restituição de determinada quantia objeto do referido financiamento.

diretamente interessados (cfr. artigo 268.º, n.º 1 da CRP e artigo 82.º do CPA) e de neles participarem."[92]

Todavia, a eventual falta de cumprimento ou preterição da formalidade supra descrita no âmbito do procedimento administrativo em questão acabará, por via de regra, por se revelar desprovida de qualquer eficácia invalidante do ato final do procedimento (o ato fixador de obrigação pecuniária).

E assim será, porque, a seguir a esse momento, a entidade terá de dar cumprimento, conforme se verá adiante, ao direito de participação dos interessados (artigos 121.º do CPA e 267.º n.º 5 da CRP), cuja finalidade é, em tudo semelhante, àquela que preside à notificação do início do procedimento.

E, portanto, se antes da emissão do ato final o interessado participar, por qualquer meio, no procedimento, alegando argumentos de defesa e requerendo a produção de prova, tudo indicará, pois, que se mostrará cumprida a finalidade legal para a qual se mostra legalmente consagrada a notificação do início do procedimento prevista no artigo 110.º do CPA[93].

O que naturalmente levará, como se disse, na grande maior parte dos casos, à aplicação do princípio do aproveitamento do ato, na modalidade que se mostra prevista no artigo 163.º, n.º 5 alínea b) do CPA.

3. Participação dos interessados no procedimento de formação do ato administrativo, *maxime* a audiência dos interessados

O artigo 267.º, n.º 5 da CRP estabelece o princípio segundo o qual no processamento da atividade administrativa deve ser assegurada a participação dos cidadãos na formação das decisões que lhes disserem respeito. Princípio que veio a encontrar consagração, infraconstitucional, nos artigos 12.º e 121.º a 125.º do CPA.

Como decorre, desde logo, do último artigo citado, a audiência dos interessados, disciplinada no artigo 121.º e seguintes do CPA, impõe-se como a mais importante expressão do mencionado princípio, por ser uma

[92] Cfr. ALMEIDA, MÁRIO AROSO DE, Teoria...cit. págs. 107 e 108.

[93] Vd. OLIVEIRA, MÁRIO ESTEVES DE; GONÇALVES, PEDRO; E AMORIM, J. PACHECO DE, Código...cit., pág. 304. A este propósito se pronunciou o STA, Ac. de 18.03.2003, Proc. n.º 0730/01.

diligência procedimental que deve ter lugar em todos os procedimentos administrativos, porque é concebida como uma garantia de defesa dos particulares a uma justa e correta decisão final do procedimento, exceto ocorrendo as situações prescritas no artigo 124.º do CPA[94], com projeção mesmo nos procedimentos administrativos especiais, como se reconhece através do disposto no artigo 2.º, n.º 5 do CPA.

E, por isso, a emissão de um ato administrativo impositivo de obrigação pecuniária tem de ser precedida da audiência do destinatário do referido ato, momento em que este pode dar a sua versão dos factos e do quadro jurídico que os enquadram, que pode não ser coincidente com o apresentado pela Administração no projeto de decisão[95].

Pese embora a importância da audiência dos interessados, a verdade é que não é o único momento em que os destinatários do ato administrativo podem intervir no procedimento administrativo tendente à sua formação, daí o arranjo da norma do artigo 124.º, n.º 1 da alínea e) do CPA.

Com efeito, outras manifestações do princípio da participação dos particulares nas decisões que lhes digam respeito, decorrem dos termos do disposto no artigo 117.º n.º 1 do CPA, em que o responsável pela direção do procedimento pode determinar aos interessados a prestação de informações, a apresentação de documentos ou coisas, a sujeição a inspeções e a colaboração noutros meios de prova, e considerando o que resulta da leitura conjugada do disposto nos artigos 11.º, 82.º a 84.º, 107.º e 116.º do CPA, reconhece-se aos interessados, o direito à informação procedimental e a possibilidade de, a qualquer momento, apresentar exposições,

[94] De acordo com o estabelecido no artigo 124.º do CPA, sempre que ocorra alguma das circunstâncias que possam fundamentar a dispensa da audiência dos interessados, a decisão final deve indicar as razões da não realização da audiência.

[95] De acordo com GORDILHO, AGUSTIN, Introducion al derecho administrativo, Teoria general del derecho, págs. 679 a 682, citado por BOTELHO, JOSÉ MANUEL DA S. SANTOS; ESTEVES, AMÉRICO JOAQUIM PIRES; PINHO, JOSÉ CÂNDIDO DE, Código do Procedimento Administrativo, Anotado-Comentado, Jurisprudência, 4.ª Edição, Almedina, 2000, pág. 379, o direito a ser ouvido no procedimento administrativo pressupõe, para o que aqui nos interessa: (i) a oportunidade do interessado exprimir as suas razões antes de ser praticado o ato final; (ii) a consideração por parte da Administração de tais razões; (iii) a obrigação de fundamentação das decisões analisando os pontos apresentados pelo interessado; (iv) o direito a oferecer e a produzir prova;

reclamações, respostas e outros escritos, que devem ser considerados pela Administração na decisão a tomar[96].

Regressando ao instituto da audiência dos interessados, os particulares têm o direito de ser ouvidos no procedimento antes de ser tomada a decisão final, devendo ser informados, nomeadamente, sobre o sentido provável desta (artigos 121.º do CPA). A Administração, com a notificação para o exercício da audiência prévia, deve fornecer o projeto de decisão e demais elementos necessários para que os interessados possam conhecer todos os aspetos relevantes para a decisão, em matéria de facto e de direito, indicando também as horas e o local onde o processo pode ser consultado (artigo 122.º, n.º 2 do CPA). E os interessados podem pronunciar-se sobre todas as questões com interesse para a decisão, em matéria de facto e de direito, bem como requerer diligências complementares e juntar documentos. A realização da audiência suspende a contagem de prazos em todos os procedimentos administrativos (artigo 121.º, n.ºs 2 e 3 do CPA).

A doutrina e jurisprudência maioritárias posicionam-se no sentido de que a falta ou insuficiência em que é feita a audiência dos interessados apenas é sancionável com o desvalor máximo da nulidade, no âmbito dos casos dos procedimentos sancionatórios a que se alude o artigo 32.º, n.º 10 CRP, para efeitos do disposto no artigo 161.º, n.º 2 alínea d) do CPA, nos restantes casos, computando-se como uma ilegalidade procedimental do ato, a preterição da referida formalidade, determina apenas a anulabilidade do ato em causa (artigo 163.º do CPA)[97].

[96] Neste sentido, ALMEIDA, MÁRIO AROSO DE, Teoria... cit. págs. 114 e 115.

[97] Vd. Acs. STA de 21.03.1995, Proc. n.º 032515, de 17.02.2012, Proc. n.º 0187/12, de 20.11.2014, Proc. n.º 01166/14, de 06.04.2016, Proc. n.º 07/16, de 31.05.2017, Proc. n.º 0975/16, de 11.10.2017, Proc. n.º 01029/15, e de 13.01.2021, Proc. n.º 0351/12.1BESNT, e Ac. do TC, n.º 594/2008, de 10.12.2008, Proc. n.º 1111/07, que *"(...) não julga inconstitucional a interpretação dos artigos 100.º e 133.º, n.º 1, do Código do Procedimento Administrativo, no sentido de não ser a audiência prévia elemento essencial do acto administrativo, gerando a sua falta a nulidade deste acto"*; e na doutrina, MACHETE, PEDRO, A audiência dos interessados no Procedimento Administrativo, Universidade Católica Editora, pág. 512 e ss, 1995, AMARAL, DIOGO FREITAS DO, Curso...cit., pág. 369; ALMEIDA, MÁRIO AROSO DE, Teoria...cit. págs. 116, 117 e 288; OLIVEIRA, MÁRIO ESTEVES; GONÇALVES, PEDRO; AMORIM, J. PACHECO DE, Código...cit., pág. 454. Em sentido diverso, vd. Ac. STA de 07.04.2022, Proc. n.º 03478/14.1BEPRT que declarou a nulidade do ato administrativo impositivo de obrigação pecuniária sucedâneo às intervenções operadas por município, em estado de necessidade, em

A firmada conclusão tem consequências a vários níveis, como resulta para o prazo de impugnação dos atos que possam padecer do referido vício (artigo 58.º, n.º 1 do CPTA)[98].

A falta de audiência prévia nos procedimentos com vista à prática de um ato administrativo criador de obrigação pecuniária, não vai originar, em regra, a nulidade do mesmo. Entendemos que a única forma que a preterição da mesma pode originar a nulidade do ato administrativo, por ofensa de conteúdo essencial de um direito fundamental (artigo 161.º, n.º 2 alínea d) do CPA), é se o destinatário alegar e provar na ação administrativa que, por exemplo, o ato que lhe impõe aquele pagamento vai fazer com que ele não possa satisfazer as suas necessidades básicas[99].

Será importante fazer notar que, quando um ato administrativo seja praticado sem audiência dos interessados, os Tribunais têm sido chamados para decidir, se ainda assim, a coberto do disposto no artigo 163.º, n.º 5 do CPTA, o ato pode ser aproveitado não se consumando o referido efeito anulatório[100].

edificado, por preterição da audiência prévia do interessado, atento o disposto nos artigos 161.º, n.º 2, alínea d) do CPA e 267.º, n.º 5 da CRP.

[98] O TCAN, no Ac. de 02.02.2018, Proc. n.º 002737/15.0BEPRT, confirmou a decisão do Tribunal *a quo*, que absolveu da instância o Instituto da Segurança Social, I. P. por procedente a exceção de caducidade do direito de agir, prevista no art.º 89º, nº 1, alínea h), do CPTA, na redação dada pela Lei n.º 15/2002, de 22 de Fevereiro, porquanto a preterição da audiência de interessados antes da prolação da nota de reposição relativa à concessão da prestação inicial de desemprego, não enferma o ato em causa de nulidade, cuja impugnação não esteja sujeita a prazo.

[99] Vd. por exemplo, o Ac. do TCAN de 09.11.2012, Proc. n.º 00893/08.3BECBR, no qual o Tribunal decidiu que considerando os comprovados baixos rendimentos das Autores, a verificar-se as ilegalidades imputadas ao ato administrativo que determinou a suspensão das pensões de sobrevivência, tais ilegalidades fundamentariam a nulidade do referido ato administrativo, por violação do conteúdo de um direito fundamental à segurança social, por isso a ação destinada a declarar essa nulidade podia ser intentada a todo tempo (artigos 133.º, n.º 2 alínea d) e 134.º, n.º 2 do CPA, à data em vigor).

[100] Vd. o Ac. do STA de 20.06.2012, Proc. 01013/11, sobre o instituto do aproveitamento do ato administrativo, diz o seguinte: "*Trata-se, pois, de reconhecer ao tribunal o poder de não anular um acto inválido quando for seguro que a decisão administrativa não podia ser outra, uma vez que em execução do efeito repristinatório da sentença não existe "alternativa juridicamente válida" que não seja a de renovar o acto inválido, embora sem o vício que determinou a anulação. Pergunta-se, pois, (...), para quê anular um acto se o novo acto não iria introduzir nenhuma modificação significativa na situação existente e se, no essencial, tudo iria ficar na mesma? E não se diga que o poder de anular um acto inválido põe em*

Ora, se o ato for nulo, não é suscetível de aproveitamento[101], se o ato for anulável, e considerando o que dissemos em cima, no sentido de que o agir administrativo encontra-se neste plano, em princípio, estritamente vinculado à lei, o ato irá muito provavelmente poder ser aproveitado, seja porque é vinculativo, para efeitos do disposto no artigo 163.º, n.º 5 alínea a) do CPA[102], seja porque o interessado pode ter participado

perigo o Estado de Direito, a separação de poderes, ou que limita as "garantias dos contribuintes". É que, se o conteúdo do acto é estritamente vinculado, ele sempre teria de ser praticado, e por isso mesmo, o direito à anulação por vícios que não afectam a sua legitimidade substancial, em certos casos, pode e deve ceder perante o princípio da eficiência, que, em certa medida, também é um princípio constitucional."

[101] Vd. por exemplo, o Ac. do Pleno do STA, de 21.01.2021, Proc. n.º 094/09.3BEPRT.

[102] O TCAS em Ac. de 18.10.2018, Proc. n.º 646/15.2BECTB, julgando um recurso interposto pelo IFAP, entendeu que se verificavam os pressupostos da aplicação do disposto no artigo 163.º, n.º 5 alíneas a) e c) do CPA, que determina que não se produza o efeito anulatório do ato impugnado, mesmo ocorrendo a inobservância da audiência dos interessados. O ato impugnado nos autos por considerar existir um lapso dos serviços, anulou anterior ato que determinou o arquivamento do procedimento administrativo, repondo o primeiro ato administrativo que havia fixado a reposição das verbas indevidamente recebidas pelo particular. Considerou o citado Tribunal que, *"(...) a matéria sobre que versam os atos prende-se com a atividade de controlo ou fiscalização de uma candidatura apresentada pelo Autor a apoios financeiros provenientes de fundos europeus, de que resultou apurado o incumprimento dos compromissos assumidos, com a consequente obrigação de restituição das verbas recebidas. Está em causa matéria cujos pressupostos são estritamente vinculados, pelo que o conteúdo do ato não pode ser outro. Assim, apurando-se o erro dos pressupostos em que assentou a prática do ato dado como assente no ponto 7) do probatório [o do arquivamento], outra decisão não pode ser tomada senão a da sua anulação administrativa, sendo substituída por outra decisão que reponha o ato anterior, que determinou a reposição das verbas indevidamente recebidas, para cujo ato o Autor logrou ser notificado em audiência prévia e cujos pressupostos não lograram ser postos em causa, por esse ato, que impôs ao Autor a obrigação de restituição da verba no valor de (...), não ter sido impugnado."*. Chama-se, no entanto, a atenção para o Ac. do TCAS, de 24.11.2016, Proc. 05079/09 que estando em apreciação no autos o despacho do Secretário de Estado do Trabalho, homologatório da deliberação da Comissão Executiva do IEFP, que determinou a resolução do acordo de cooperação, com vista à concessão de apoios técnico-financeiros por parte deste Instituto para formação profissional, celebrado com a Autora, bem como o imediato reembolso, por esta, de quantia recebida, considerou ao contrário da primeira instância, que não se aplicava em concreto, o princípio do aproveitamento do ato administrativo, no sentido de que mesmo cumprindo a formalidade em falta, a audiência dos interessados, o ato impugnado não poderia jamais ter outro sentido. Tendo concluído da seguinte forma, *"(...) estamos perante não só um acto manifestamente lesivo, mas também de cariz sancionatório, como aliás vem expressamente reconhecido pela Entidade Recorrida nas suas contra-alegações e resulta da cláusula 11ª do acordo de cooperação o que se traduz numa maior necessidade de o destinatário do acto ser ouvido sobre os motivos que conduzem à prolação do acto. Trata-se, na verdade, dum direito fundamental dos administrados que tem a ver com a*

no procedimento para efeitos no disposto na alínea b) do normativo citado. Sem prejuízo do que se disse, no entanto, relativamente, à eventual existência, no caso concreto, de espaços de valoração própria da Administração.

4. Da forma e fundamentação formal dos atos administrativos

A lei impõe regras relativamente à forma como os atos administrativos se exteriorizam no mundo jurídico, que não se podem confundir com os requisitos essenciais do ato administrativo, que se vem identificando como sendo aqueles que estão descritos no artigo 155.º, n.º 2 do CPA, e que se associam à sua própria existência. Ambos, devem constar como menções obrigatórias do ato administrativo (artigo 151.º do CPA), no entanto, as consequências da respetiva inobservância são distintas, mais graves no último caso.

Os atos administrativos devem ser praticados por escrito, salvo se outra forma estiver prevista na lei, ou for imposta pela natureza e circunstâncias do ato. As deliberações dos órgãos colegiais são, por norma, praticadas de forma oral, mas a produção dos seus efeitos, depende de estarem consignadas em ata (artigos 150.º e 34.º, n.º 6 do CPA).

Decorre da diretriz constitucional prevista no artigo 268.º, n.º 3 da CRP, um dos aspetos mais importantes relativamente à forma dos atos, que diz respeito à exigência da respetiva fundamentação. Nos termos da norma citada, os atos administrativos *"carecem de fundamentação expressa e acessível quando afetem direitos ou interesses legalmente protegidos."*

O dever legal de fundamentação dos atos administrativos é reconhecido como um *"sustentáculo da legalidade administrativa e instrumento fundamental da respetiva garantia contenciosa, para além de elemento fundamental da interpretação do ato administrativo.*[103]"

Logo, apresentando-se os atos administrativos impositivos de obrigação pecuniária, como atos de conteúdo desfavorável para a esfera jurídica dos seus destinatários, impõe-se assim para estes, o cumprimento da referida exigência formal de fundamentação, considerando também os termos do

sua participação nas decisões que lhes dizem directamente respeito e que só em casos excecionais de manifesta desnecessidade ou impossibilidade poderá ser dispensado. Não é, porém, o caso dos autos."

[103] Cfr. OLIVEIRA, MÁRIO ESTEVES; GONÇALVES, PEDRO; AMORIM, J. PACHECO DE, Código ...cit., pág. 589.

artigo 152.º, n.º 1 alínea a) do CPA, que dispõe que devem ser fundamentados os atos administrativos que *"neguem, extingam, restrinjam ou afetem por qualquer modo direitos ou interesses legalmente protegidos, ou imponham ou agravem deveres, encargos, ónus, sujeições ou sanções"*.

A fundamentação deve ser expressa, através de sucinta exposição dos fundamentos de facto e de direito da decisão, admitindo-se a fundamentação *"per remissionem"*, ou seja, podendo consistir em mera declaração de concordância com os fundamentos de anteriores pareceres, informações ou propostas, que constituem, neste caso, parte integrante do respetivo ato. Equivale à falta de fundamentação a adoção de fundamentos que, por obscuridade, contradição ou insuficiência, não esclareçam concretamente a motivação do ato (artigo 153.º, n.º 1 e 2 do CPA).[104]

[104] O STA no Ac., de 14.09.2011, Proc. n.º 0255/11, dispõe a este propósito nos seguintes termos: "(...) *essa fundamentação deve ser contextual e integrada no próprio acto (ainda que o possa ser de forma remissiva), expressa e acessível (através de sucinta exposição dos fundamentos de facto e de direito da decisão), clara (de modo a permitir que, através dos seus termos, se apreendam com precisão os factos e o direito com base nos quais se decide), suficiente (permitindo ao destinatário do acto um conhecimento concreto da motivação deste) e congruente (a decisão deverá constituir a conclusão lógica e necessária dos motivos invocados como sua justificação), equivalendo à falta de fundamentação a adopção de fundamentos que, por obscuridade, contradição ou insuficiência, não esclareçam concretamente a motivação do acto."* No contexto da matéria que nos movemos, veja-se o Ac. do TCAN de 20.03.2015, Proc. n.º 00047/08.9BEMDL, estando em causa a impugnação da decisão do Conselho Diretivo do IFADAP que determinou a reposição de determinada quantia, considerada como indevidamente recebida pelo Autor, decidiu que o referido ato padecia de falta de fundamentação, na vertente da insuficiência, com base na seguinte conclusão: *"Com efeito, o acto em causa (...) limita-se a referir que "... atendendo às irregularidades detectadas e, bem assim, à legislação aplicável ao caso em apreço, determina-se a reposição da quantia de (...) considerada como indevidamente recebida (...)", não permitindo ao seu destinatário – à luz dos critérios de experiência comum e da lógica do homem médio colocado na posição do ora Recorrido – apreender como foi obtido o valor que lhe foi exigido. A mera referência de tal montante a "valor indevidamente" pago mostra-se conclusiva porque despida de elementos factuais explicativos do porquê de ser aquele valor, e não outro, o exigido enquanto montante pago alegadamente indevido. Lido e analisado o acto em causa dele não resulta tal valor por simples cálculo aritmético, nem os critérios usados para o alcançar. Aliás, e como também refere a decisão recorrida, no próprio contrato prevêem-se vários valores a pagar, não se conseguindo delimitar com exactidão, dentro daqueles, e face às razões avançadas para justificar a verificação de "pagamentos indevidos" à Recorrida, o montante identificado e reclamado no acto impugnado (...), nem como se procedeu ao cálculo do mesmo."*. Com interesse, também, para o que aqui nos ocupa, o TCAN, no Ac. de 07.05.2021, Proc. n.º 00156/14.5BEMDL, em que se impugnava o despacho do Secretário de Estado do Ensino e da Administração Escolar (Ministério da Educação), que, relativamente aos contratos de associação dos anos letivos de 2009/2010 e 2010/2011, determinou à Recorrente, por

A doutrina[105] tem veiculado o entendimento, segundo o qual, o conceito de fundamentação integra duas exigências distintas: uma, relativa à justificação da decisão, que exige que os autores do ato identifiquem os pressupostos de facto e de direito da mesma; e outra, relacionada com a motivação do conteúdo da decisão, caso lhe sejam conferidos poderes discricionários de conformação a este nível[106].

Para estar cumprido o dever de fundamentação dos atos administrativos, não chega, no entanto, que se indiquem as razões de facto e de

inexecução indevida desses contratos, a reposição aos cofres do Estado de determinada quantia, acompanhou a sentença do tribunal a quo, no sentido da inexistência de fundamentação do referido ato administrativo, cujo desfecho em parte aqui se transcreve *"(...) Ao contrário do sustentado pela entidade demandada, o ato impugnado não remete para um processo, mas para uma informação muito concreta, que identifica, sendo essa, e apenas essa, que contém a fundamentação do ato. E, de qualquer modo, mesmo a admitir a tese da entidade demandada de que o ato impugnado remete para o processo, ainda assim seria de concluir pela falta de fundamentação. Na verdade, o dever de fundamentação não se encontraria cumprido com uma mera referência a uma adesão a um processo, desde logo porque seria contraditória e obscura, pelo que não poderia ter-se como fundamentado: contraditório, porque significaria também uma adesão à tese do interessado vertida na audiência prévia; obscura, porque atendendo à generalidade de atos e formalidades cumpridos num procedimento administrativo, a mera indicação do processo, impossibilitaria o controlo da legalidade, reduzindo a nada a função da fundamentação, exigindo-se dos interessados e do Tribunal que formassem uma fundamentação subjetiva a partir de elementos dispersos. A fundamentação "per relationem", como resulta de modo claro do artigo 125°, n° 1 do CPA, só pode ser realizada em relação a informações, pareceres ou propostas. O sentido teleológico desta norma é o de permitir ao decisor do ato incorporar a instrução já realizada, isto é, pressupõe-se que alguém na Administração verificou os pressupostos legais e fácticos e informou das conclusões que retirou e qual o sentido que daria à decisão se lhe coubesse emiti-la. É essa verificação prévia que permite ao autor do ato concordar totalmente com tal informação, proposta ou parecer, bastando-se com uma remissão para tal documento, que passa, por essa via, a integrar a própria decisão. Ora, admitir-se a mera remissão para um processo reduziria o sentido e alcance da fundamentação. Bastaria ao autor do ato fazer referência ao processo e decidir sem se cuidar de um prévio elencar dos pressupostos de facto e de direito necessários à tomada de decisão: o interessado e o Tribunal que os procurassem no processo."*

105 Vd. ALMEIDA, MÁRIO AROSO DE, Teoria... cit. pág. 291; OLIVEIRA, MÁRIO ESTEVES; GONÇALVES, PEDRO; AMORIM, J. PACHECO DE, Código ...cit., pág. 591, citando Rogério Soares e Vieira de Andrade.

106 OLIVEIRA, MÁRIO ESTEVES; GONÇALVES, PEDRO; AMORIM, J. PACHECO DE, Código ...cit., pág. 592, alertam-nos para a circunstância de que a separação das suas exigências, pode não ser estanque. Segundo estes Autores, a Administração também pode ter poderes de conformação discricionária ao nível do preenchimento dos pressupostos da decisão, ligados à justificação do ato e não à sua motivação, v.g. pense-se no uso de conceitos indeterminados na definição desses pressupostos.

direito que subjazem à prolação da referida decisão; é necessário que se exponha o "*itinerário cognoscitivo e valorativo*" que permita perceber o raciocínio seguido pelo autor do ato na tomada da decisão, de molde a permitir ao destinatário do mesmo o controlo do ato, conformando-se com a respetiva estatuição ou decidindo-se pela sua impugnação[107].

O STA debruçando-se, sobre esta matéria, tem entendido, uniformemente, que a fundamentação se assume como um conceito relativo que varia em função do tipo concreto de cada ato e das circunstâncias concretas em que é praticado, e o ponto de observação para sua verificação é a "*compreensibilidade por parte do destinatário normal, colocado na situação concreta, de modo que deve dar-se por cumprido tal dever se a motivação contextualmente externada lhe permitir perceber quais as razões de facto e de direito que determinaram o autor do acto a agir ou a escolher a medida adoptada*".[108]

Além da função exógena identificada – dar a conhecer ao destinatário as razões da decisão, também se reconhece ao dever legal de fundamentação dos atos administrativos uma função endógena "*consistente na própria ponderação do ente administrador, de forma cuidada, séria e isenta*", dos termos da decisão.[109]

A falta, obscuridade, incongruência ou insuficiência da fundamentação, constituindo um vício de forma, gera em regra a anulabilidade dos atos administrativos – o que se reflete logo no prazo de impugnação jurisdicional dos mesmos (artigo 58.º, n.º 1 do CPTA)[110]. Não se podendo,

[107] Vd. neste sentido, Acs. STA (Pleno), de 16.03.2001, Proc. n.º 040618, e de 06.12.2005, Proc. n.º 1126/02; Ac. do TCAS, de 13.09.2012, Proc. n.º 08785/12; e Ac. do TCAN, de 14.07.2017, Proc. n.º 00290/11.3BEMDL.

[108] Cfr. Acs. STA de 27.05.2009, Proc. n.º 0308/09; (Pleno) 25.01.2005, Proc. n.º 01423/02; e de 02.12.2010, Proc. n.º 0554/10;

[109] Cfr. Ac. STA, de 02.02.2006, Proc. n.º 1114/05.

[110] O TCAN, no Ac. de 29.03.2019, Proc. n.º 01026/14.2BEAVR – sendo que o STA em Acórdão de 29.06.2020, não admitiu a revista do mesmo--, negou o desvalor da nulidade ao ato administrativo de reposição de abonos indevidamente recebidos, com base na violação do dever de fundamentação, confirmando a procedência da exceção de caducidade do direito de ação. Neste aresto, expõem-se os casos em que, excecionalmente, a falta de fundamentação pode levar à nulidade do acto: "*Na verdade, o dever de fundamentação, por regra, como preterição de um direito instrumental, gera a mera anulabilidade; só gera a nulidade, nos termos do disposto no nº.1 e alínea f) do n.º 2 do artigo 133º do Código de Procedimento Administrativo [de 1991; alíneas d) e g) do n.º 2 do artigo 161º do Código de Procedimento Administrativo de 2015] se a fundamentação assumir, ou uma natureza própria de elemento essencial do ato, acabando por cair debaixo do critério legislativo*

no entanto, confundir a correção dos fundamentos materiais da decisão – as razões de facto e de direito que justificam a decisão – cujo desacerto releva ao nível do conteúdo ou pressupostos do ato-, com a ausência ou inexatidão da respetiva exteriorização, pois só nesta parte é que se pode falar de vício de forma por falta de fundamentação ou de ilegalidade externa do ato[111].

constante do nº1 do artigo 133º do CPA, ou uma natureza paralela à de ofensa ao conteúdo essencial de um direito fundamental [artigo 133º nº2 alínea d) do CPA]." Vd. Também o Ac. do TC n.º 594/2008, de 10.12.2008, Proc. n.º 1111/07.

111 Na matéria em apreço neste trabalho, tal conclusão extrai-se, igualmente, do Ac. do TCAN de 03.07.2020, Proc. n.º 02372/15.3BEBRG, que analisando da verificação do vício de forma por falta de fundamentação do ato impugnado, que se consubstanciava na decisão administrativa de revogação de um ato anterior pelo qual o IFAP havia concedido ao Autor um apoio financeiro para renovar uma embarcação de pesca artesanal, entendeu o seguinte: "*Ora, extrai-se do teor do ato impugnado que o Réu/apelante decidiu revogar o financiamento concedido ao apelado por ter considerado que os trabalhos realizados que levaram ao aumento do tamanho da embarcação determinaram, por essa razão, um aumento da capacidade de captura da embarcação do autor, o que, nos termos legais viola o art.º 10.º da Portaria 823/2010, determinando a revogação do apoio concedido. Refere-se na sentença recorrida (...), que o apelante se limitou a uma "formulação redundante, conclusiva e cíclica", salientando-se que na fundamentação do ato impugnado "...não se concretiza o porquê de assim ser, não se diz qual a capacidade de captura anterior e posterior às obras de modernização, não se estabelece a relação entre o aumento de dimensões e o aumento de capacidade de captura". É certo que na fundamentação do ato impugnado o apelante não indicou qual era a capacidade de captura da embarcação e com que capacidade aumentada ficou depois da realização das obras autorizadas pela DGPA, não tendo igualmente revelado as razões que o fazem crer que do aumento do tamanho da embarcação resulte o aumento da sua capacidade de captura. Mas a partir do momento em que o apelante faz constar do ato impugnado que a sua prática decorre da consideração que das obras realizadas pelo apelado na sua embarcação, aprovadas pela DGPA, resulta um aumento do tamanho daquela embarcação que determina um aumento da respetiva capacidade de captura, tal como entendido pela DGPA, o apelado ficou a conhecer a razão de facto em que a administração se apoiou para a prolação do ato impugnado. Assim, independentemente da correção dessa motivação, não podemos concordar que o ato não se encontre fundamentado, quer de facto, quer de direito. A decisão impugnada é clara e congruente, encontrando-se devidamente estribada no parecer técnico emitido pela DGPA, não enfermando de falta de fundamentação. Note-se que a existência de fundamentação não significa que as razões invocadas pelo apelante para a prática do ato impugnado sejam válidas á luz dos factos apurados e do quadro legal aplicável. (...) A fundamentação do ato pode até ser errada, mas daí não decorre que o ato careça de fundamentação se a administração teve o cuidado de externalizar a ou as razões de facto e de direito que a levaram a prolatar o ato, que podem não ser "boas" razões. Apreciar a relevância da correção dos fundamentos em que a decisão administrativa assentou, é questão que contende com a apreciação dos pressupostos do ato impugnado. O erro nos pressupostos de facto, que também constitui uma das causas de invalidade do ato administrativo, consubstancia um vício de violação de lei que configura uma ilegalidade de natureza material, pois é a própria substância do ato administrativo que contraria*

Em planos distintos da falta de fundamentação, como veremos num próximo ponto deste trabalho, coloca-se, outrossim, a falta de notificação dos fundamentos do ato ao seu destinatário (artigo 60.º, n.º 2 do CPTA).

A fundamentação dos atos orais deve constar da ata, mas caso assim não aconteça, os interessados podem requerer, para efeitos de impugnação, a sua redução a escrito, e posterior comunicação (artigo 154.º, n.º 1 do CPA).

Como já se deixou consignado, a propósito da audiência prévia, os Tribunais têm-se ocupado, particularmente, também no que concerne à fundamentação formal dos atos administrativos, com a questão relativa ao preenchimento dos pressupostos previstos no artigo 163.º, n.º 5 do CPA, que possam levar a que, mesmo quando um ato administrativo não esteja fundamentado, o mesmo não seja anulado, por aplicação do princípio do aproveitamento do ato administrativo[112].

a lei. Este vício consiste na divergência entre os pressupostos de que o autor do ato partiu para proferir a decisão administrativa final e a sua efetiva verificação na situação em concreto, resultando do facto de se terem considerado na decisão administrativa factos não provados ou desconformes com a realidade. Saber se do aumento do tamanho da embarcação do apelado resultou como consequência um aumento da respetiva capacidade de captura, é questão que tem de ser tratada ao nível dos pressupostos em que assentou a prática do ato administrativo impugnado mas que tem de se considerar suficiente como fundamentação do ato impugnado na medida em que permite ao apelado perceber a decisão e reagir contra ela, demonstrando que a premissa de que se parte não conduz ao resultado que lhe é associado pelo apelante."

[112] Veja-se o Ac. do TCAN de 17.04.2020, Proc. n.º 00240/10.4BEMDL, nos autos em que se impugnava o ato administrativo proferido pelo IFAP, que determinou ao Autor a reposição de verbas, confirmou a anulação do referido ato sentenciada no tribunal de 1.º instância, com fundamento em vício de forma por falta de fundamentação de direito, descartando que no caso se aplicava o princípio do aproveitamento do ato administrativo, com base na seguinte fundamentação, que sumariamente, aqui se replica: " (...) *O facto de constar da decisão final que essa decisão encontra fundamento nas conclusões da visita de acompanhamento técnico ao projeto (...) «a qual permitiu apurar uma situação de incumprimento da legislação aplicável à medida/ação acima identificada» não constitui fundamentação de direito na medida em que não fornece qualquer indicação ao recorrido sobre as normas legais ou sobre o(s) diploma(s) em que o IFAP se terá suportado para decidir a reposição das ajudas que foram atribuídas ao autor. O ato recorrido enferma do vício de falta de fundamentação de direito, na medida em que não indica qual o preceito legal ou regulamento desrespeitado que o suporte. Assim sendo, não constando da decisão final que determinou o recorrido à reposição de verbas, a menção expressa dos preceitos legais, sequer do diploma ou diplomas legais de que decorre a possibilidade de ordenar a reposição de verbas, sequer qualquer referência às cláusulas contratuais violadas, apenas se referindo na decisão «nos termos da legislação aplicável», sem qualquer concretização adicional, não pode considerar-se que a decisão impugnada esteja fundamentada de direito, nos termos dos artigos 124.º e 125.º do CPA. (...)*

Considerando o quadro normativo que em princípio conforma, neste plano, a atuação da Administração, parece-nos que a ausência de cumprimento desta formalidade na prolação dos atos administrativos em análise, poderá não implicar a invalidade dos referidos atos, a coberto do normativo citado.

5. Da caducidade do procedimento administrativo

Sobre a disciplina dos procedimentos de iniciativa oficiosa, o legislador de 2015, introduziu uma inovação com a figura jurídica da caducidade do procedimento, conforme decorre do disposto no artigo 128.º, n.º 6 do CPA, que na última redação da norma resultante da Lei n.º 72/2020, de 16 de novembro, prevê que *"Os procedimentos de iniciativa oficiosa, passíveis de conduzir à emissão de uma decisão com efeitos desfavoráveis para os interessados caducam, na ausência de decisão, no prazo de 120 dias."*

Apesar da norma em causa ter criado um vício de incompetência *ratione temporis*, que pode fundamentar a invalidade do ato administrativo, não se pode deixar de reportar algumas considerações que já foram feitas a propósito desta matéria, pela doutrina, embora, cremos nós, ainda insuficientes para explicar todos os problemas que se podem colocar a propósito desta norma – como, por exemplo, a questão relativa à falada irrelevância da produção do efeito anulatório do ato administrativo, nos termos da disciplina prevista no artigo 163.º, n.º 5 do CPA.

Neste campo, concorda-se com o entendimento sufragado por CARLA AMADO GOMES, quando esta, na parte em que para aqui releva, esclarece que, *"(...) se o órgão decisor, por incúria, deixa protelar por mais do que 180 dias* [atendendo às alterações legais, agora 120 dias] *um procedimento a que ele próprio se autodeterminou, isso não obsta que, em princípio, no dia seguinte ao da caducidade do procedimento, um novo procedimento, conducente ao exercício da mesma competência e com o mesmo destinatário, se possa iniciar. (...) Porque*

Assim, afigura-se-nos que neste domínio o IFAP não atua no exercício de poderes totalmente vinculados, não podendo afirmar-se que a alteração do contrato com a imposição de devolver a totalidade do subsidio ou o concreto montante que foi ordenado ao autor restituir, seria a única decisão legalmente possível, não fornecendo o procedimento administrativo nenhum elemento que demonstre que essa ponderação, em função das concretas circunstâncias do caso e tendo em conta o quadro legal, foi efetuada de tal modo que a decisão tomada se apresente como sendo a única que o IFAP poderia tomar, mesmo que tivesse cuidado de fundamentar devidamente a decisão anulável. Deste modo, não sendo seguro que a concreta decisão de restituição das ajudas não podia ser outra, não estão reunidas as condições para o aproveitamento do ato."

a actuação da Administração é de interesse público, o órgão decisor não se pode ver inibido de iniciar um novo procedimento decisório só porque, negligentemente, deixou caducar a competência decisória num determinado procedimento. O que significa que uma decisão (meramente certificativa) de caducidade não constitui, para o particular destinatário do acto desfavorável, uma blindagem ou preterição da competência decisória – apenas um ganhar tempo relativamente a um acto que vai afectar a sua esfera jurídica, e eventualmente uma vantagem em termos de construção da estratégia impugnatória que virá a desenvolver caso a Administração repita o procedimento e a decisão. Tal quadro só não ocorrerá nos casos – e não serão os habituais – em que a Administração dispõe de um limite temporal para o exercício da competência. Pense-se, por exemplo, nas hipóteses de obrigação de reembolso de fundos europeus indevidamente pagos, no âmbito dos quais se constata uma prescrição da competência que é, em regra, de quatro anos após a detecção da irregularidade. Se o órgão competente deixar caducar o procedimento decisório tendente à imposição da obrigação de reembolso, ainda que iniciado dentro do prazo de quatro anos mas a terminar já após estes volvidos, não poderá desencadear novo procedimento, uma vez que aí a competência é atribuída dentro de um lapso temporal definido – ou seja, é desde logo uma competência em razão do tempo por determinação legal, o que torna a caducidade uma causa de extinção definitiva da competência decisória (e não apenas temporária). Assim, ressalvadas as consequências disciplinares que possam incidir sobre titulares de órgãos e agentes que, pela sua pouca diligência, levaram à caducidade do procedimento, esta solução constitui uma norma quase platónica, na medida em que, por si só, não impede a repetição do procedimento para, em tempo hábil, emitir a decisão pretendida." [113]

Em face do entendimento que se acaba de expor, afigura-se que é de se concluir que se o ato que fixa uma obrigação pecuniária de natureza não tributária for praticado após o decurso do prazo de caducidade do procedimento administrativo de iniciativa ofidiosa previsto no artigo 128.º, n.º 6 do CPA, este será ilegal para efeitos do artigo 163.º do CPA pela simples razão de que, uma vez decorrido o prazo de 120 dias úteis aí previsto, tal procedimento caduca *op legis*[114].

[113] GOMES, CARLA AMADO, A caducidade do procedimento administrativo...cit. págs. 200 a 201.

[114] ANTUNES, TIAGO, "A decisão no Código do Procedimento Administrativo", Comentários ao Novo Código do Procedimento Administrativo, , vol II, 3.ª Edição, pág. 175, AAFDL, 2016; MONCADA, LUÍS CABRAL, Novo Código do Procedimento Administrativo, Anotado,

No entanto, essa caducidade do procedimento por via da Lei não tem o condão de operar a extinção do direito material da Administração em obter a declaração do seu direito de crédito. Na verdade, transcorrido que se encontre aquele prazo procedimental, a Administração deverá iniciar um novo procedimento administrativo tendente à prática de novo ato administrativo que vise fixar a obrigação pecuniária de natureza não tributária que almejava declarar com o anterior procedimento.

Daí, por isso, que, nesta sede, assuma relevância a discussão quanto à questão de saber até que ponto é que, também aqui, não se poderá chamar à colação o princípio do aproveitamento de tal ato anulável, na modalidade prevista no artigo 163.º. n.º 5 alínea a) do CPA, à qual não se pode deixar de responder afirmativamente, pelo menos nos casos em que, como já dissemos, o bloco normativo aplicável à atuação em questão permita concluir pela natureza vinculada do ato a proferir[115].

6. Da eficácia e oponibilidade do ato administrativo

Findo o procedimento administrativo, com a prática do ato administrativo impositivo de obrigação pecuniária, para o mesmo surtir efeitos na esfera jurídica do seu destinatário ou lhe ser oponível, a Administração tem, ainda, de desenvolver diligências no sentido de dar a conhecê-lo àquele.

Isso mesmo resulta do disposto no artigo 157.º, alínea c) do CPA, que faz depender a produção dos efeitos do ato administrativo de trâmite procedimental ou da verificação de qualquer requisito que não respeite à validade do próprio ato.

Como adiantamos em outro momento deste trabalho, e no que contende com o objeto deste, são exemplos, desses trâmites ou formalidades de

págs. 447 e 448, Coimbra Editora, 2015; e, bem assim, o Acórdão da formação de apreciação preliminar do STA, de 18.02.2021, Proc. n.º 0804/17.5BEPRT.

[115] Conforme se admitiu, além do mais, no Ac. do TCAN de 14.02.2020, Proc. n.º 02121/19.7BEPRT; em sentido contrário, porém, o STJ, no Ac. de 16.05.2018, Proc. n.º 76/17.1YFLSB, abordou esta questão, parecendo concluir, salvaguardando o devido respeito em termos não muito convincentes que, a caducidade do procedimento administrativo não permite a aplicação da disciplina prevista no artigo 163.º, n.º 5 do CPA. Ver as reflexões feitas por Carla Amado Gomes, sobre o referido acórdão, que em parte neste trabalho se transcrevem, GOMES, CARLA AMADO, "A caducidade do procedimento administrativo: uma solução inócua? Reflexões em torno do Acórdão do SJT de 16 de maio de 2018 (Proc. n.º 76/17.1YFLSB)", Revista do Cej, 2.º Semestre 2019, número 2, págs. 193 a 201.

cuja lei faz depender a eficácia ou oponibilidade do ato administrativo a necessidade de redução a escrito das deliberações dos órgãos colegiais, com a aprovação da respetiva ata (artigo 34.º, n.º 6 do CPA); a publicação dos atos administrativos quando exigida por lei (artigo 158.º do CPA), cujos termos o CPA define subsidiariamente – devendo a mesma ser feita no Diário da República ou na publicação oficial da entidade pública, e na Internet, no sítio institucional da entidade em causa, no prazo de 30 dias, e conter todos os elementos referidos no n.º 1 do artigo 151.º (artigo 159.º do CPA); e a notificação aos seus destinatários (artigos 114.º, n.º 1 b) *ex vi* artigo 160.º e 158.º, n.º 2 do CPA).

A omissão dos trâmites assinalados não integra vício do ato administrativo, ou seja, não implica a sua invalidade, pois que, em bom rigor, tais formalidades já são *externas e posteriores*[116] ao ato administrativo e, assim, a sua falta apenas implicará a sua ineficácia ou inoponibilidade (artigos 157.º, alínea c) e 158.º, n.º 2 do CPA).

Neste contexto, mostra-se de particular importância a matéria relativa à notificação dos atos administrativos, por isso lhe dedicamos especial atenção.

Concretizando o que decorre do artigo 268.º, n.º 3 da CRP, o artigo 160.º do CPA estabelece que, independentemente da sua forma, os atos que imponham deveres, encargos, ónus, sujeições ou sanções, que causem prejuízos ou restrinjam direitos ou interesses legalmente protegidos, ou afetem as condições do seu exercício, só são oponíveis aos destinatários a partir da respetiva notificação.

Esclarecendo os artigos 188.º, n.º 1 do CPA e 59.º, n.º 2 do CPTA que, a notificação é condição indispensável da oponibilidade dos atos administrativos aos destinatários que tenham direito a ser notificados, ainda que o ato tenha sido objeto de publicação, mesmo que obrigatória.

Integrando-se os atos administrativos criadores de obrigação pecuniária na estatuição da citada norma do CPA, não deve haver qualquer dúvida de que só após a notificação dos mesmos ao respetivo destinatário é que se poderá exigir deste o seu cumprimento.

E é a partir deste momento que se inicia o prazo para que este, caso assim o pretenda, leve a cabo a sua impugnação, deduzindo, por exemplo, a ação prevista no artigo 37.º, n.º 1 alínea a) do CPTA e, particularmente,

[116] Cfr. Ac. TCAN de 19.12.2014, Proc. n.º 01291/10.4BEAVR.

lance mão dos meios cautelares legalmente disponíveis, nomeadamente, no artigo 112.º, n.º 2 do CPTA, para o efeito de obstar à execução do ato, enquanto discute a sua legalidade.

Por conseguinte, o regime jurídico das notificações dos atos administrativos aqui em análise é o que se encontra previsto no CPA, e não o relativo aos atos tributários constante no CPPT. Mas como iremos defender adiante, podemos apoiar-nos na proficiente jurisprudência já emitida a propósito destas últimas, para interpretar as normas estabelecidas no CPA.

Em concreto, tal regime está disciplinado nos artigos 111.º a 114.º do CPA, nos quais se encontram consignadas as regras relativas aos destinatários[117], forma, perfeição e conteúdo das notificações.

Em particular, convém não olvidar que, nos casos em que a notificação do ato administrativo criador de obrigações pecuniárias de natureza não tributária seja levada a cabo através de carta registada, manda o artigo 112.º, n.º 1 alínea a) do CPA que a notificação seja feita por *"carta registada, dirigida para o domicílio do notificando ou, no caso de este o ter escolhido para o efeito, para outro domicílio por si indicado"*. Sendo que, por seu turno, o

[117] Sobre esta matéria veja-se a seguinte jurisprudência do STA, no Ac. de 02.12.2020, Proc. n.º 0745/15.0BECBR, "(...) *Sendo a dívida em cobrança coerciva mediante execução fiscal proveniente de acto administrativo que determinou a resolução do contrato celebrado entre a executada e o IAPMEI e a devolução do apoio financeiro que este concedeu àquela, as regras a atender na notificação desse acto são as do CPA, e não às regras sobre notificação de actos tributários contidas no CPPT. (...) Tal decisão tinha de ser notificada à interessada, mediante comunicação oficial e formal, nos termos da lei, tendo a falta de notificação como consequência legal a ineficácia do acto, que pode ser invocada como fundamento de oposição à execução fiscal, subsumível à previsão da alínea i) do n.º 1 do art. 204.º do CPPT. (...) Porque a interessada constituiu advogado seu mandatário no procedimento, juntando a pertinente procuração, a notificação não pode considerar-se efectuada enquanto não for feita na pessoa desse advogado, ainda que a decisão tenha sido notificada à interessada na sua própria pessoa."* E o TCAS, no Ac. de 21.01.2021, Proc. 52/17.04BECTB (com um voto de vencido) *"(...) Carece de acolhimento o entendimento propugnado pela Recorrente, pretendendo que o Recorrido estava obrigado a notificar o respetivo mandatário, apenas porque foi constituído no âmbito de qualquer outro processo, judicial ou administrativo. Se não foi constituído como tal no âmbito do procedimento administrativo que esteve na génese dos presentes autos, corporizado no P.A. apenso, então o Recorrido apenas tinha de notificar a Recorrente, nos termos e para os efeitos previstos no nº 2 do artº 59º do CPTA, acima transcrito. Este preceito é claro quando diz que o prazo para a impugnação pelos destinatários a quem o ato administrativo deva ser notificado só corre a partir da data da notificação ao seu mandatário, quando este tenha sido como tal constituído no procedimento. Como tal, esteve bem a decisão em crise, quando entendeu que o prazo de 3 (três) meses previsto no nº 2 do artº 58º do CPTA começou a correr (...), com a notificação do ato impugnado à Recorrente."*

n.º 1 do artigo 113.º do CPA, estabelece que *"a notificação por carta registada presume-se efetuada no terceiro dia útil posterior ao registo ou no primeiro dia útil seguinte a esse, quando esse dia não seja útil"*, e o respetivo n.º 2 que esta presunção *"só pode ser ilidida pelo notificando quando não lhe seja imputável o facto de a notificação ocorrer em data posterior à presumida, devendo para o efeito a Administração ou o tribunal, a requerimento do interessado, solicitar aos correios informação sobre a data efetiva da receção."*

As citadas normas do artigo 113.º, n.ºs 1 e 2 do CPA, tiveram como clara inspiração as normas constantes do artigo 39.º, n.ºs 1 e 2 do CPPT, que disciplinam a matéria relativa à perfeição das notificações dos atos tributários que devem ser realizadas por carta registada, nos termos do artigo 38.º, n.º 3 do CPPT[118].

E, por isso, defendermos que a jurisprudência firmada, e que se tem vindo a consolidar ao longo dos anos, a propósito das notificações dos atos tributários feitas ao abrigo das aludidas normas, deve ser utilizada na interpretação dos artigos 112.º, n.º 1 alínea a) e 113.º, n.ºs 1 e 2 do CPA.

A referência nestas normas a carta registada pressupõe a utilização da modalidade de carta registada[119], sem aviso de receção[120].

[118] Vd. PINHEIRO, ALEXANDRE SOUSA; SERRÃO, TIAGO; CALDEIRA, MARCO; COIMBRA, JOSÉ DUARTE, Questões fundamentais para a aplicação do CPA, págs. 194 e 200, Almedina, 2016

[119] A jurisprudência do STA sufragada a propósito da interpretação dos artigos 38.º, n.º 3 e 39.º, n.ºs 1 e 2 do CPPT, tem-se posicionado no sentido de que a modalidade de correio registado que ativa a presunção de notificação prevista no artigo 39.º, n.º 1 do CPPT, é a que é feita por correio registado e não por registo simples, entre outros, Acs. de 08.01.2020, Proc. n.º 01639/17.0BELRA e de 29.05.2013, Proc. n.º 0472/13: *"A presunção de notificação prevista no n.º 1 do art. 39.º do CPPT está conexionada com a forma de notificação consagrada no art. 38.º n.º 3 daquele diploma legal, preceito que se refere à notificação por carta registada, a qual coenvolve um mecanismo que assegura a certeza e a segurança de que o acto notificado chega à esfera de cognoscibilidade do destinatário, através de recibo assinado pelo próprio ou por outrem por ele mandatado para o efeito, nos termos do estatuído no art. 28.º do Regulamento do Serviço Público de Correios, aprovado pelo Decreto-Lei nº 176/88, de 18 de Maio. O registo simples, em que a única certeza que existe é que a expedição terá ocorrido em determinada data, não oferece suficientes garantias de assegurar que o acto de notificação foi colocado na esfera de cognoscibilidade do destinatário e acarreta um ónus desproporcionado por impossibilidade de ilisão da presunção de depósito da carta no receptáculo, quando existe risco de extravio, não podendo servir para fundar a presunção estabelecida no n.º 1 do art. 39.º do CPPT"*; e ainda, Ac. do TCAS, de 10.02.2022, Proc. n.º 1698/12.2BELRS.

[120] PINHEIRO, ALEXANDRE SOUSA; SERRÃO, TIAGO; CALDEIRA, MARCO; COIMBRA, JOSÉ DUARTE, Questões fundamentais para a aplicação do CPA, págs. 194 e 200,

Neste conspecto, caso o ofício de notificação seja devolvido ao remetente, a jurisprudência vem entendendo que não se poderá aplicar aqui a presunção de notificação estabelecida no atual artigo 249.º, n.º 2 do CPC[121].[122]

E este entendimento mantém-se, de igual forma, na nossa perspetiva, face ao disposto no artigo 113.º, n.º 1 do CPA, uma vez que a presunção aqui estabelecida pressupõe, por via de regra, que tal ofício de notificação não seja devolvido[123].

Ou dito de outro modo, quando ocorrer a devolução dos ofícios de notificação não se poderá aplicar a presunção prevista nesta norma (à semelhança, de resto, com o que sucede no domínio do contencioso tributário para efeitos da presunção aí estabelecida no artigo 39.º, n.º 1 do CPPT, conforme, entre outros, o Acórdão do STA, de 31.01.2012, proferido no Processo n.º 017/12[124] e também já assim o entendia a jurisprudência no âmbito da aplicação do anterior CPA[125].

Daqui resulta, pois, que se o ofício de notificação do ato que criou uma obrigação pecuniária de natureza não tributária for devolvido ao

Almedina, 2016. Os referidos autores afirmam na obra citada que *"o n.º 2 do artigo 113.º, está pensado essencialmente para o correio registado sem aviso de recepção, porque este não está, em princípio, abrangido pela necessidade da presunção do n.º 1."* Veja-se que o artigo 39.º, n.º 3 do CPPT, prevê que *"Havendo aviso de recepção, a notificação considera-se efectuada na data em que ele for assinado"*, não se aplicando a presunção prevista no n.º 1 do referido artigo e as regras em que essa presunção pode ser ilidida contempladas no respetivo n.º 2.

[121] Cfr. entre outros, Acs. do STA, de 14.01.2015, Proc. n.º 1618/13 e de 28.01.2015, Proc. n.º 0309/14 e do TCAS, de 06.12.2017, Proc. n.º 862/16.0BESNT.

[122] Ac. STA, de 14.01.2015, Proc. *01618/13*, *"Recaindo o dever de notificação sobre a administração pública, sobre a qual impende o ónus de diligenciar pela sua efectiva concretização, de forma a levar o acto ao conhecimento do seu destinatário, não pode dar-se como concretizada a notificação efectuada através de carta que comprovadamente veio devolvida e que não chegou à esfera de cognoscibilidade do respectivo destinatário."*

[123] Em idêntico sentido, PINHEIRO, ALEXANDRE SOUSA; SERRÃO, TIAGO; CALDEIRA, MARCO; COIMBRA, JOSÉ DUARTE, ...ob. cit pág. 201; SOUSA, JORGE LOPES DE, Código de Procedimento ...cit. Vol. III, pág. 382.

[124] No mesmo sentido, entre outros, Ac. do TCAS, de 28.01.2021, Proc. n.º 2208/13.0BELRS.

[125] Cfr., entre outros, Acs. do STA, de 14.01.2015, Proc. n.º 1618/13 e de 28.01.2015, Proc. n.º 0309/14 (dívidas provenientes de ato administrativo que determinou a conversão em reembolsável da totalidade do apoio financeiro concedido pelo IEFP, IP), e Ac. do TCAS, de 21.05.2020, Proc. n.º 206/12.0BELRA (dívidas relativas ao reembolso de subsídios pagos pelo IFAP, IP);

remetente pelos serviços de distribuição postal, a Administração não poderá, sem mais, dar por efetivada a regularidade de tal notificação.

Para o efeito, impõe-se, a nosso ver que, seguidamente, a Administração verifique qual é efetivamente a morada ou sede do destinatário do ato e, nesse caso, repita a realização de nova notificação através de correio postal registado, situação essa em que, aí sim, verificando-se uma nova devolução do objeto postal, se deverá indagar se e em que termos é que o particular visado poderia e deveria ter tido conhecimento da mesma, nos termos e para os efeitos do artigo 113.º, n.º 1 do CPA.

Só, por isso, depois de, numa segunda tentativa, a Administração comprovar que diligências efetuou em ordem a levar a cabo a regular notificação do destinatário é que se afigura ser de cogitar, nesse momento, a aplicação da presunção prevista no artigo 113.º, n.º1 do CPA, à semelhança, enfim, daquilo que se mostra estatuído no domínio do contencioso tributário, no artigo 39.º, n.ºs 5 e 6 do CPPT (isto, na certeza de que a presunção estabelecida nos n.ºs 5 e 6 do citado normativo se aplica, de igual forma, às notificações por carta registada, conforme se entendeu, além do mais, no Acórdão do Supremo Tribunal Administrativo já aqui citado).

Do que vai dito, resulta, assim, que a Administração tem o dever de, perante a devolução, por não reclamado, do ofício de notificação, indagar sobre a efetiva residência ou sede do respetivo destinatário e, consequentemente, de expedir nova carta registada com esse objetivo, pois, caso contrário, não haverá dúvidas de que tal notificação se não poderá ter por regularmente efetivada.

Note-se, porém, que o que se acaba de dizer apenas vale para os casos em que a devolução do objeto postal haja sido precedida do depósito no recetáculo do destinatário de um aviso para o seu levantamento em prazo razoável[126], já que só assim é possível assegurar que o mesmo se encontrou do domínio da esfera de cognoscibilidade daquele, que é, segundo se crê, a lógica inerente ao disposto no artigo 113.º, n.º 1 do CPA.

No entanto, se, ao invés, os serviços de distribuição postal não deixarem qualquer tipo de aviso ao destinatário para que este possa levantar a correspondência enviada – o que poderá acontecer, nomeadamente, quando o distribuidor não consiga entrar dentro do prédio onde se

[126] Vd, SOUSA, JORGE LOPES DE, Código de Procedimento ...cit. Vol. III, pág. 386.

localiza o recetáculo ou quando o endereço seja insuficiente-, afigura-se evidente que, na esteira da jurisprudência que supra se citou, nenhuma dessas notificações postais se poderá ter por regularmente efetivada.

Em todo o caso, como se disse, se o mesmo ofício de notificação for dirigido para a única e verdadeira morada ou sede do destinatário, vindo sempre devolvido, com a menção de não reclamado (menção esta que naturalmente pressupõe que o aviso para levantamento haja sido depositado no recetáculo postal daquele)[127], afigura-se que a segunda notificação poderá ter-se por regularmente efetivada (quando muito, por aplicação analógica do disposto no artigo 39.º, n.ºs 5 e 6 do CPPT, atenta a constatação de que, nesta sede, existe uma lacuna do CPA que carece de integração, para efeitos do artigo 10.º, n.º 1 do CC, e que, no caso, se mostra viabilizada pelas exatas mesmas razões justificativas atinentes à realização das notificações no procedimento tributário).

Caso em que então ao destinatário passará a assistir a faculdade de demonstrar que nunca chegou a receber tal notificação para efeitos do artigo 350.º, n. º2 do CC.

Esta é leitura da lei que, quanto a nós, melhor se compatibiliza com a garantia constitucional da notificação atento o disposto no artigo 268.º nº 3 da CRP.

Agora, sobre o conteúdo das notificações, o artigo 114.º do CPA dispõe que, da notificação devem constar, obrigatoriamente, os seguintes elementos: o texto integral do ato administrativo, incluindo a respetiva fundamentação, quando deva existir; a identificação do procedimento administrativo, incluindo a indicação do autor do ato, com a menção do uso de delegação de poderes, caso exista (artigo 48.º do CPA) e a data deste; a indicação do órgão competente para apreciar a impugnação administrativa do ato e o respetivo prazo, no caso de o ato estar sujeito a impugnação administrativa necessária.

Se a notificação ou publicação do ato forem realizadas de forma deficiente, ou o mesmo é dizer, não contiverem os elementos enumerados nos artigos 114.º, n.º 2 e 151.º, n.º 1 do CPA, dispõe o artigo 60.º do CPTA que o particular destinatário do ato administrativo tem a faculdade de requerer, no prazo de 30 dias, que lhe sejam notificados os elementos em falta ou passada certidão que os contenha, bem como, se necessário,

[127] Ac. STA, de 12.05.2010, Proc. n.º 130/10.

de pedir a correspondente intimação judicial, nos termos previstos nos artigos 104.º e ss do CPTA. A apresentação, no referido prazo, do referido requerimento dirigido ao autor do ato, interrompe o prazo de impugnação, mantendo-se a interrupção, se vier a ser pedida a mencionada intimação judicial.

Deverá aqui destacar-se que, na senda da jurisprudência que vamos ter oportunidade de citar, o ato administrativo só não é oponível ao interessado quando a notificação ou a publicação, quando exigível, não deem a conhecer o sentido da decisão (artigo 60.º, n.º 1 do CPTA), ou seja, nestes casos, o prazo para a impugnação do ato administrativo não começa a correr, o que é lógico, porque desconhecendo o sentido da decisão, o particular não sabe se tem interesse ou não em impugnar o ato.

Situação diferente ocorre quando da notificação ou publicação do ato não constem a indicação do autor, da data ou dos fundamentos da decisão; nestas situações, o prazo de impugnação do ato só se interrompe, se o interessado usar das faculdades já expostas no prazo referido – no prazo de 30 dias, apresentar requerimento a pedir os elementos em falta ou pedir a passagem de certidão que os contenha, bem como, se necessário, de pedir a correspondente intimação judicial, nos termos previstos nos artigos 104.º e ss do CPTA (artigo 60.º, n.ºs 2 e 3 do CPTA)[128].

[128] O TCAS, no Ac. de 03.12.2020, Proc. n.º 494/07.3BECTB, manteve a sentença do TAF que julgou improcedente a oposição deduzida, no âmbito de processo de execução fiscal, instaurada para a cobrança coerciva de dívidas de verbas indevidamente recebidas no âmbito do Programa Operacional Emprego, Formação e Desenvolvimento Social, por ações de formação realizadas ao abrigo dos programas do Fundo Social Europeu. Sobre as diferenças entre a falta de notificação e deficiente notificação da dívida exequenda, considerou que andou bem o tribunal *a quo* quando em relação à falta de notificação da liquidação, decidiu que a *"inexigibilidade da dívida exequenda com tal fundamento, apenas ocorre em caso de ausência de notificação do acto declarativo ou constitutivo da dívida, e não nos casos de deficiente notificação do acto. (...), sendo que, in casu, "a oponente foi notificada quer do acto que procedeu à revisão do saldo final, quer do concreto valor a restituir, sendo que a eventual omissão dos elementos que devam constar da notificação não é equiparável à falta de notificação da liquidação da dívida exequenda, nos termos e para os efeitos da alínea i) do n.º 1 do artigo 204.º, n.º 1, do CPPT, não se verificando-se, assim, a invocada inexigibilidade da dívida exequenda, pelo que tem de improceder a alegação."* Acrescentando ao que discorreu da 1.ª instância, que "*a, eventual, deficiente notificação do ato constitutivo da dívida, concatena-se com a falta de fundamentação da notificação do ato que determinou a reposição da quantia em contenda, logo poderia/deveria ter sido sindicada em sede própria e mediante o mecanismo contemplado no artigo 60.º, do CPTA. Com efeito, a eventual omissão dos elementos que devam constar da notificação dos atos administrativos*

Não são oponíveis ao interessado eventuais erros contidos na notificação ou na publicação, no que se refere à indicação do autor, da data, do sentido ou dos fundamentos da decisão, bem como eventual erro ou omissão quanto à existência de delegação ou subdelegação de poderes (artigo 60.º, n.º 4 do CPTA)[129].

Como se disse, enquanto o ato administrativo criador de obrigação pecuniária não for notificado ao destinatário, a referida obrigação não lhe pode ser exigível e, por isso, caso o processo de execução fiscal seja instaurado, a falta de cumprimento de tal formalidade, pode ser invocada como fundamento da oposição à execução fiscal, nos termos e para os efeitos do artigo 204.º, n.º 1, alínea i) do CPPT, porque sem tal notificação (artigo 160.º do CPA), o ato exequendo (que fixou a obrigação pecuniária) não é eficaz (artigo 157.º alínea c)) e, como tal, não pode dar azo à prática das consequentes operações materiais e/ou atos de execução (artigo 177.º, n.º 4 do CPA)[130]

em geral, desde que não contendam com o sentido da decisão, não determina a inoponibilidade do ato ao interessado, porquanto nessas situações a lei confere ao interessado a faculdade de requerer à entidade que proferiu o ato a notificação das indicações em falta ou a passagem de certidão que as contenha."
Vide, outrossim, o Ac. STA, de 08.03.2017, Proc. n.º 0489/15, relativo à cobrança de dívida ao IFAP, IP *"(...) Por outro lado também se mostra que contrariamente ao alegado pela recorrente, no caso concreto não contende nem com a validade nem com a eficácia da notificação do acto administrativo que determinou a reposição das ajudas recebidas a circunstância de não haver a recorrente sido dele notificada com expressa referência ao órgão competente para apreciar a impugnação administrativa do ato e o respetivo prazo, no caso de o ato estar sujeito a impugnação administrativa necessária, como se estabelece no actual art.º 114.º do Código do Procedimento Administrativo actual e se estabelecia no seu art.º 68.º da redacção vigente à data da notificação de tal acto. A decisão proferida no procedimento administrativo que determinou a reposição das ajudas era contenciosamente impugnável, sem necessidade de qualquer reclamação ou recurso administrativo necessário, e, só nesta situação a indicação do órgão competente para a apreciar teria sentido, e seria legalmente exigível. (...)"*

[129] Para, ALMEIDA, MÁRIO AROSO, Manual ...cit, pág. 306 *"Significa isto que o interessado não pode perder o prazo de impugnação e deve ser, portanto, admitido a suprir as falhas de que possa enfermar a petição apresentada, sempre que essas falhas sejam imputáveis a erros ou omissões cometidas na notificação ou na publicação do acto. O suprimento das falhas pode ter de passar apenas pela correção ou substituição da petição (cfr., a propósito, artigo 87.º)."*

[130] Vd. Acs. do STA de 02.12.2020, Proc. n.º 0745/15.0BECBR TCAS, e do TCAS, de 03.12.2020, Proc. n.º 494/07.3BECTB, já citados. O STA, no Ac. de 28.10.2020, Proc. n.º 0539/13.8BEBRG, no qual estava em causa oposição à execução fiscal instaurada para cobrança coerciva de dívida ao IGFSE, I.P., relativa à restituição de incentivos financeiros, com interesse para a matéria em conspecto neste ponto, sustenta que *"(...) é jurisprudência uniforme*

7. Do procedimento de execução do ato administrativo

Depois de o particular conhecer o ato administrativo por via do qual a Administração lhe exige o cumprimento de uma obrigação pecuniária, segue-se uma nova fase, a executiva, onde o que se pretende é fazer com que o crédito ali determinado ingresse na esfera patrimonial pública, portanto efetivar o que ficou estabelecido/declarado no referido ato administrativo.

Embora em termos não tão extensos como o procedimento relativo à formação do ato administrativo que cria a obrigação pecuniária que, neste contexto, pode ser designado como ato administrativo exequendo, esta etapa seguinte, também se encontra procedimentalizada (artigo 1.º do CPA).

7.1. Ato Administrativo exequendo

Começando pelo ato administrativo exequendo, ele é entendido como um pressuposto ou condição de legalidade do procedimento executivo, pois que, como dispõe o artigo 177.º, n.º 1 do CPA, os órgãos da Administração Pública não podem praticar qualquer ato jurídico ou operação material de execução sem terem praticado previamente o ato administrativo exequendo (vd. também o artigo 182.º, n.º 3 alínea a) do CPA)[131].

dos tribunais tributários, designadamente do Supremo Tribunal Administrativo, que não é possível discutir em sede de oposição à execução fiscal a legalidade da liquidação que deu origem ao tributo, nem a legalidade do acto administrativo que esteja na origem da dívida exequenda, uma vez que a lei assegura meio judicial de impugnação desses actos. Salienta ainda a jurisprudência que não se equipara à ausência de meio judicial de impugnação ou recurso contra o acto aquela em que o executado não foi oportunamente notificado para exercer o direito de impugnar; nesta situação, a falta de notificação apenas determinará a não abertura do prazo para exercer o direito de impugnação e já não a possibilidade de transferir a discussão da legalidade da liquidação do meio próprio para a oposição à execução fiscal – Ac. do S.T.A. de 16-01-2019, Proc. nº 011/16.4BEAVR 0654/16, www.dgsi.pt."

[131] A este propósito, o STA no Ac. de 19.10.2011, Proc. n.º 0578/11, julgando oposição à execução instaurada por Serviço de Finanças para cobrança de uma dívida à Direção Regional de Agricultura da Beira Litoral resultante de incumprimento de contrato, assim decidiu: "*(...) No caso dos autos, o título que serve de base à execução não foi extraído a partir de um acto administrativo prévio que tenha definido ou declarado a existência e o montante da indemnização e que tenha sido notificado ao destinatário para, num determinado prazo, a pagar voluntariamente. Tal omissão tem implicações substanciais, pois não foi dada oportunidade à recorrente para impugnar contenciosamente a legalidade da exigência da obrigação pecuniária, e implicações processuais, uma vez que se procedeu à execução de um acto inexistente e ineficaz. (...) Ora, não existindo acto exequendo ou não tendo sido*

Relembrando o que já expusemos, a Administração Pública ou as entidades que estejam incumbidas de executar tarefas administrativas, não precisam do acordo dos particulares ou de uma decisão judicial que reconheça que são credoras de uma obrigação pecuniária devida por aqueles, tendo, ao invés, o poder de o declarar através do ato administrativo que, por isso, é em si mesmo um título executivo, que vai servir de base à execução, neste caso, da obrigação nele liquidada.

E definindo este ato a existência da obrigação pecuniária a cargo do particular e o quantum da mesma, é ele que introduz os efeitos desfavoráveis na esfera jurídica deste, pelo que são os seus pressupostos (de facto e de direito) e não de outro ato posterior, que o destinatário, sendo caso disso, deve sindicar pelas vias impugnatórias previstas na lei, nomeadamente, a via jurisdicional prevista do artigo 37.º, n.º 1, alínea a) do CPTA, por forma a evitar que venha a ser objeto de cobrança coerciva com base em uma obrigação pecuniária liquidada numa decisão administrativa desconforme com o bloco de juridicidade aplicável.

Na verdade, os atos praticados no âmbito do procedimento de execução, não servem, em princípio, de substrato para a discussão da legalidade do ato administrativo exequendo, sendo somente impugnáveis por vícios próprios ou porque excedem ou contrariam os limites impostos por aquele[132], admitindo-se a suspensão contenciosa dos seus efeitos (artigos

notificado ao seu destinatário, não se iniciou o prazo para pagamento voluntário da dívida e, portanto, por falta da necessária "interpelação" do obrigado, não se pode dizer que a dívida se venceu e tornou exigível. Se a dívida incorporada no título executivo não é exigível, por falta de acto administrativo previamente notificado ao executado, existe inexequibilidade do título, que é um fundamento à oposição enquadrável na alínea i) do nº 1 do art. 204º do CPPT. Não é um problema de nulidade do título executivo, por falta dos requisitos formais, mas sim de inexigibilidade da obrigação nele incorporada."

[132] O TCAN no Ac. de 12.03.2009, Proc. n.º 00163/08.7BEPNF, confirmou sentença que em ação administrativa especial instaurada contra o IGFSE, IP, absolveu-o da instância, por inimpugnabilidade do ato administrativo objeto dos autos, com base nos seguintes fundamentos: *"(...) confrontado o acto administrativo impugnado – o acto do Presidente do IGFSE (...), que determina a notificação da A. para efeito de restituição de verbas – com o acto, do Gestor do Projecto (...), que aprova o pedido de pagamento do saldo final, em referência, com redução de financiamento, somos de configurar aquele como sendo um acto de mera execução deste. E possuindo tal caracterização o acto impugnado configura-se como inimpugnável contenciosamente. Com efeito, os chamados actos de execução, consideram-se como sendo os actos administrativos através dos quais se põe em prática um acto administrativo anterior lesivo, dotado de eficácia externa e susceptível de definir uma situação jurídica num caso concreto, nada acrescentando nem retirando, em princípio a esse acto, antes mantendo na ordem jurídica a*

182.º, n.º 1 do CPA e 53.º, n.º 3 do CPTA). Assim não será, nos casos em que só através deles, os particulares tenham tido conhecimento dos vícios do ato exequendo, porque este ato não se provou existir ou não lhes foi notificado (cfr. decorre, por exemplo, do artigo 54.º, n.º 2 alínea a) do CPTA)[133].

7.2. Notificação para cumprimento voluntário da obrigação pecuniária

No plano da execução do ato administrativo impositivo de obrigação pecuniária, podemos organizar a atuação da Administração com vista à realização dos seus efeitos, considerando, por um lado, as diligências atinentes ao cumprimento voluntário pelo particular da ordem de pagamento da obrigação ínsita no referido ato e, por outro lado, os trâmites que devem ser seguidos pela Administração, após constatar que o prolatado pagamento não foi cumprido, espontaneamente, pelo particular.

Com efeito, quanto ao primeiro momento assinalado, resulta da leitura conjugada do disposto nos artigos 177.º, n.ºs 2 e 3 e 179.º, n.º 1 do CPA que, no caso da obrigação pecuniária já se encontrar certa e líquida, e sendo a mesma exigível (porque foi fixada em ato administrativo anterior, validamente notificado ao particular), a Administração tem agora de estabelecer um prazo para o particular proceder ao pagamento voluntário da obrigação exequenda, definida no ato administrativo exequendo, e notificá-lo do mesmo. Notificação essa que pode ser incorporada na notificação do próprio ato exequendo, nos termos do artigo 177.º. n.º 4 do CPA

Esta diligência, quanto a nós, materializa a decisão de proceder à execução das obrigações pecuniárias a que respeita o artigo 177.º, n.º 2

resolução individual e concreta constante desse acto. Trata-se de actos que nada inovam, limitam-se a dar execução confirmar o acto anterior. Tais actos porque nada inovam na esfera jurídica, não vêm alterar o "statu quo ante", limitam-se a descrever uma situação anteriormente criada, sem produzir qualquer efeito. Daí que estes actos sejam inimpugnáveis, porquanto não se trata de verdadeiros actos administrativos (...)". No mesmo sentido, ver o Ac. deste Tribunal de 29.05.2008, Proc. n.º 00232/06.8BEBRG.

133 O STA no Ac. de 12.03.2008, Proc. n.º 01037/07, fixou a seguinte jurisprudência: *"O despacho do Director-Geral do DAFSE que ordenou a restituição de verbas recebidas pelo interessado no âmbito de Quadro Comunitário de Apoio é um acto lesivo, e como tal contenciosamente impugnável, se não estiver demonstrada a existência de anterior acto do Gestor do PRODEP a definir a situação subjacente à ordem de restituição."*

do CPA, cuja notificação ao particular cumpre o desiderato consignado no n.º 3 do citado artigo, que é dar-lhe a oportunidade do cumprimento voluntário da obrigação exequenda, respeitando, assim, o princípio da subsidiariedade da execução coerciva de tais obrigações[134].

É que a mesma, por visar a realização dos efeitos do ato administrativo exequendo, já integra o procedimento de execução do mesmo, e não as fases que antecederam esta, de emissão do referido ato e de cognoscibilidade do mesmo pelos seus destinatários.

Além do mais, o artigo 179.º, já dispõe sobre os termos seguintes à *"falta de pagamento voluntário no prazo fixado"* da obrigação pecuniária, e, portanto, é no artigo 177.º, n.ºs 2 e 3 do CPA, que se encontra a base legal que onera a Administração a dar a possibilidade ao particular de cumprir a obrigação de modo voluntário, antes de se iniciar o processo de cobrança coerciva.

Ora, citando OLIVEIRA, MÁRIO ESTEVES DE, PEDRO GONÇALVES E J. PACHECO DE AMORIM[135], em anotação ao artigo 152.º do CPA de 91, cujas conclusões continuam a servir para a interpretação das normas *sub judice*, *"(...) a decisão e notificação de se ir proceder à execução é mais uma decisão e notificação sobre o conteúdo e os termos da execução administrativa (ou da observância voluntária do acto), do que a mera comunicação da abertura do procedimento executivo – o que não realizaria os interesses da protecção e garantia, que se quiseram conferir com esta norma."* Sobre a questão de saber se o referido artigo ao falar em "execução administrativa", não estaria a afastar a aplicação desta norma à execução das obrigações pecuniárias, uma vez que a sua execução

[134] Por isso, e com o devido respeito, parece não ser a leitura mais correta da lei a conclusão tirada no ponto III, do sumário do Ac. do TCAS, de 06.10.2016, Proc. n.º 13057/16 que dispõe *"III – O artigo 177º, nº 2, do Código do Procedimento Administrativo/2015 («Salvo em estado de necessidade, os procedimentos de execução têm sempre início com a emissão de uma decisão autónoma e devidamente fundamentada de proceder à execução administrativa, na qual o órgão competente determina o conteúdo e os termos da execução») não se refere às obrigações pecuniárias certas e líquidas."*, sem prejuízo de concordarmos com a conclusão do ponto IV, do acórdão citado, em que se escreveu *"IV – Com efeito, no caso das obrigações pecuniárias certas, líquidas e exigíveis, a Administração tem de fazer apenas o seguinte: fixar um prazo para o pagamento voluntário da obrigação exequenda, definida no primeiro título executivo, o ato administrativo exequendo (cfr. artigo 179º, nº 1, do Código do Procedimento Administrativo); depois, no caso de falta de pagamento naquele prazo, emitirá a certidão de dívida (segundo título executivo) e despoletará a execução fiscal como previsto nos nº 1 e 2 do artigo 179º."*

[135] OLIVEIRA, MÁRIO ESTEVES; GONÇALVES, PEDRO; AMORIM, J. PACHECO DE, Código ...cit., págs. 729 e 730.

em fase coerciva é feita através de um processo supervisionado por um juiz, este autores defendem o seguinte: *"Se bem que não se possa falar, então, numa execução administrativa (plena), parece que, para os efeitos visados pela obrigação de notificar, a distinção não faz sentido: há aqui, do mesmo modo, uma decisão de proceder à execução, bem como a necessidade de proteger os interesses dos particulares lesados, eventualmente interessados no cumprimento voluntário da obrigação administrativa pecuniária."*

A notificação para o cumprimento voluntário é importante, outrossim, porque sempre poderá evitar as despesas que surjam associadas ao processo de execução fiscal da dívida que, num primeiro momento, serão assumidas pela Administração[136], e possibilitam que o particular, estando ainda em tempo, lance mão dos meios impugnatórios com vista à suspensão da execução, enquanto discute a legalidade do ato administrativo exequendo, considerando que, conforme dispõe o artigo 182.º, n.º 2 do CPA, sem prejuízo da aplicabilidade das garantias previstas na lei processual tributária, durante a tramitação dos procedimentos de execução de obrigações pecuniárias, não são admitidos embargos, administrativos ou judiciais, em relação à execução coerciva de atos administrativos.

A nosso ver, a notificação para cumprimento voluntário da obrigação exequenda, além de fixar o prazo em que deve ser feito o respetivo cumprimento desta, que se não estiver estabelecido na lei, deve ser um prazo razoável[137], deve definir os modos e os locais do cumprimento, e bem assim, a cominação de que, em caso de falta do pagamento voluntário da obrigação pecuniária no prazo instituído, seguir-se-ão os termos constantes do artigo 179.º do CPA, ou seja, a emissão de certidão de dívida, e remessa da mesma, juntamente com o processo administrativo, para o competente serviço da Administração Tributária, para efeitos de instauração do processo de execução fiscal.

Sempre que não se mostre cumprida a notificação do particular para o cumprimento voluntário da obrigação pecuniária, ou enquanto não tiver decorrido o prazo estabelecido para o cumprimento voluntário da mesma, a Administração não pode extrair certidão de dívida, e remetê-la aos serviços da Administração Tributária para efeitos de instauração do

[136] Vd. GOMES, CARLA AMADO, Contributo ...cit., pág. 116.

[137] Cfr. SOUSA, MARCELO REBELO; MATOS, ANDRÉ SALGADO DE, Direito Administrativo... cit., pág. 236.

processo de execução fiscal, tal como, de resto, resulta do disposto, no artigo 179.º, n.ºs 1 e 2 do CPA. Ou seja, só após o decurso do referido prazo de pagamento voluntário, sem o mesmo ter sido feito, é que a obrigação pecuniária poderá ser objeto de cobrança coerciva em sede de processo de execução fiscal.

A falta de notificação para pagamento voluntário ou a emissão da certidão de dívida num momento em que ainda não haja terminado o prazo para tal cumprimento voluntário da obrigação pecuniária, inquina os subsequentes atos do procedimento executivo – v.g. a emissão de certidão de dívida, a instauração do processo de execução fiscal ou até a citação para esse processo – de ilegalidade material, por erro nos pressupostos de facto, que poderá naturalmente ser invocada pelo destinatário contra estes, enquanto vício próprio, para efeitos do disposto no artigo 182.º, n.º 1 do CPA, ou enquanto fundamento da oposição à execução, subsumível na alínea i), do n.º 1 do artigo 204.º do CPPT, e, assim, tornar inexigível a dívida exequenda[138].

Note-se que, a verificação que a certidão de dívida foi emitida antes do término do prazo estabelecido para o cumprimento voluntário da

[138] Vd. Ac. do TCAN, de 14.04.2016, Proc. n.º 0233/15.1BEBRG, que dispõe nestes termos: *"(...) Acresce que, no caso em apreço deparamo-nos com a singularidade de que o acto notificado ao Recorrente que para reposição da bolsa de estudo recebida, não contém a indicação do prazo para cumprimento voluntário daquela obrigação pecuniária, facto este que, se invocado, inelutavelmente condicionaria a eficácia e exigibilidade da divida exequenda. Contudo, perscrutada a petição inicial em momento algum o executado, ora Recorrente, alicerça a invocada inexigibilidade da quantia exequenda no facto de não se ter esgotado o prazo para satisfação voluntária da obrigação de reposição do valor da bolsa recebido, o que faz, tão só, ancorado na falta de fundamentação do acto que o determina e na violação do direito de defesa emergente da falta de indicação dos meios impugnatórios e competentes prazos, o que por si só não tem a virtualidade de tornar inexigível o crédito em cobrança coerciva e, consequentemente, obsta à oposição à execução nos termos do citado preceito legal.(...)"* Parece aplicar-se aqui, com as necessárias adaptações, as conclusões vertidas no Ac. do TCAS, de 14.11.2019, Proc. n.º 201/16.0BELRS, em que estava em causa processo de execução fiscal instaurado para cobrança de dívidas de cotizações e contribuições à Segurança Social, que se transcrevem: *"I. A certidão de dívida que servir de base à instauração do processo de execução fiscal só pode ser extraída na sequência da falta de pagamento voluntário (cfr. artigo 88.º, n.ºs 1 e 4, do CPPT).II. Se o processo de execução fiscal foi instaurado sem que se mostre provada a notificação à Recorrente para proceder ao pagamento voluntário da dívida exequenda, ocorre fundamento próprio para oposição, enquadrável na alínea i) do artigo 204.º do CPPT, derivada da instauração indevida do processo executivo fiscal, com a consequente extinção da execução."*

obrigação pecuniária, pode ser constatada em face do título executivo, porquanto, como dispõe o artigo 163.º, n.º 1 alínea c) do CPPT, do mesmo deverá constar a data em que foi emitido[139].

Sem prejuízo da existência de outras normas, nomeadamente, insertas nos diplomas que disciplinam a orgânica e atividade das diferentes entidades credoras públicas, cumpre nesta parte fazer referência às disposições constantes dos artigos 36.º a 42.º-A, do DL n.º 155/92, de 28.07, na sua versão atual, diploma que estabelece o regime da administração financeira do Estado, relativas à reposição de dinheiros públicos, em particular, as regras relativas às formas de reposição (nomeadamente, as normas atinentes à compensação), reposição em prestações, prescrição e prazo para pagamento das guias de reposição.

7.3. Outros atos jurídicos e/ou operações materiais de execução

Sem prejuízo do exposto, pode-se dar o caso de o procedimento de execução do ato administrativo, que impõe a obrigação pecuniária integrar outros atos jurídicos e/ou operações materiais de execução – vg. compensação de créditos, acionamento de garantias e cauções prestadas – que podem ser sindicados ou cuja abstenção da sua prática pode ser requerida junto dos tribunais, na parte em que não se limitem a executar o ato administrativo exequendo.

Cumpre também fazer notar que nos parece que não há qualquer obstáculo que impossibilite que, no caso de o ato administrativo exequendo impor uma obrigação que ainda não esteja certa, líquida e exigível– veja-se por exemplo, quando o ato obrigue o trabalhador em funções públicas a repor "um ano" de vencimentos aos cofres do Estado – o procedimento de execução se possa iniciar com a liquidação das quantias devidas em questão. Já que, conforme esclarece, MARIO AROSO DE ALMEIDA, tal se *"(...) concretizará na prática de um ato administrativo, de conteúdo declarativo, que terá por objeto tornar certo, líquido e exigível o conteúdo das obrigações em causa, para que se possa proceder a respetiva execução forçada."*[140]

[139] Vd. NETO, SERENA CABRITA; TRINDADE, CARLA CASTELO, Contencioso Tributário, Vol. II, pág. 507, Almedina, 2017.

[140] ALMEIDA, MÁRIO AROSO DE, Teoria... cit. pág. 252.

7.4. Certidão com valor de título executivo

Chegada a fase em que se constata a falta de pagamento voluntário da obrigação pecuniária imposta pelo ato administrativo exequendo, no prazo fixado para o efeito, manda o artigo 179.º, n.ºs 1 e 2 do CPA que se sigam os termos do processo de execução fiscal, tal como regulado na legislação do processo tributário.

Para o efeito, o órgão competente emite uma certidão com valor de título executivo, que remete ao competente serviço da administração tributária, juntamente com o processo administrativo.

Conforme supra, já se adiantara e escusando-nos de repetir aqui a problemática envolta na consideração sobre a natureza executória ou não dos atos administrativos fixadores de obrigações pecuniárias, a entidade emissora do ato administrativo exequendo, nos termos do artigo 179.º, n.ºs 1 e 2 do CPA, não pode tramitar o processo de execução fiscal por si, devendo-o fazer seguir pelos órgãos competentes da administração tributária e pelos tribunais tributários.

Como decorre no artigo 162.º do CPPT, servem de base à execução fiscal a certidão do ato administrativo que determina a dívida a ser paga.

Nos procedimentos de execução de obrigações pecuniárias, a executividade do ato administrativo exequendo, depende assim de mais um ato jurídico que é emissão de uma certidão, com valor de título executivo, chamada por alguns de segundo título executivo[141] – o primeiro é, como vimos, o ato administrativo exequendo – emitida pelo órgão competente para o efeito, que pode ser o mesmo que praticou o ato administrativo exequendo ou outro encarregue de diligenciar pela sua execução.

Note-se que, não caberá aos serviços da administração tributária (a não ser, claro está, que tenham sido os seus órgãos a emitir o ato administrativo exequendo que fixara a dívida de natureza não tributária) a emissão desta certidão, dado que estes só intervirão numa fase posterior de verificação dos requisitos essenciais do título e posterior instauração do processo de execução fiscal (artigos 163.º e 188.º do CPPT).

E este título executivo só terá força executiva, ou seja, só poderá servir de base à execução, se contiver os requisitos essenciais estabelecidos no artigo 163.º do CPPT, pese embora, não se descure a possibilidade de existir legislação que faça depender a sua executividade de requisitos

[141] Cfr. o já citado Ac. do TCAS de 06.10.2016, Proc. n.º 13507/16.

especiais, previstos em diplomas, que regulem a organização e atividade das entidades que tenham praticado o ato administrativo exequendo ou emitido o título[142].

Antes de nos ocuparmos das questões relativas aos requisitos essenciais do título executivo e às consequências da sua falta, torna-se imprescindível, na esteira dos ensinamentos de JORGE LOPES DE SOUSA[143], que se diga, que é reconhecida aos títulos executivos uma dupla função; a primeira, diz respeito, à possibilidade da entidade, perante quem corre a execução, verificar se estão reunidas as condições para prosseguir com o processo de execução fiscal, em que se incluem, segundo o referido autor, *"as de se estar perante uma dívida certa, líquida e exigível"*; a segunda, tem em vista comunicar ao executado a dívida que se está a executar, para que este possa organizar a sua defesa, se assim quiser, o que justifica os termos constantes do artigo 190.º, n. 1 do CPPT que dispõe que a citação deve conter os elementos previstos nas alíneas a), c), d) e e) do n.º 1 do artigo 163.º do CPPT ou, em alternativa, ser acompanhada de cópia do título executivo[144].

[142] O TCAN no Ac.de 24.01.2017, Proc. n.º 02020/11.0BEBRG, em que se julgava a oposição ao processo de execução fiscal, instaurado por dívida ao IFAP, IP, derivada da rescisão de um contrato que lhe concedeu um subsídio ao abrigo do Programa de Apoio à Reconversão e Reestruturação das Vinhas, concluiu nos seguintes termos: *"Veio, ainda, o Recorrente alegar que a certidão de dívida emitida pelos Serviços do IFAP omite a menção à causa de reembolso da ajuda financeira recebida, o que configura a falta de exequibilidade do título. (...) Embora o Recorrente nada ter alegado a respeito da (im)propriedade do meio julgada na sentença recorrida, não podemos deixar de afirmar que a certidão de dívida em apreço respeita o disposto no artigo 8.°, n.º 2, do Decreto-Lei n.º 31/94, de 5 de Fevereiro, sendo o título executivo exequível, dado que na certidão de dívida emitida pelo IFAP, I.P. vem indicada a entidade que a extraiu, a data de emissão, a identificação e o domicílio do devedor, a proveniência da dívida ("referente a ajudas indevidamente recebidas no âmbito do Regime de Apoio à Reestruturação da Vinha e de acordo com o contrato, em nosso poder, assinado pelo beneficiário"), a indicação por extenso do montante e a data a partir da qual são devidos juros e a importância sobre que incidem. Na certidão de dívida não se omite a menção à causa de reembolso da ajuda financeira recebida, pois acrescenta-se, ainda, "o dever de reembolso decorre do facto de não estarem reunidas as condições previstas na legislação aplicável para a concessão da ajuda em causa, tendo-se, em consequência, determinado a reposição da quantia indevidamente recebida, o que foi efectuado dentro do prazo estipulado na decisão final cuja cópia se junta à presente certidão como documento n.º 1, e que dela faz parte integrante, auferindo, deste modo, de um enriquecimento ilegítimo".*

[143] SOUSA, JORGE LOPES DE, Código de Procedimento ...cit. Vol. III, 6.ª edição, pág. 125.

[144] A este propósito o Ac. do TCAN de 10.05.2013, Proc. n.º 02505/06.0BEPRT, nos autos em que se decidia a oposição à execução fiscal instaurada com base em certidão emitida pelo

Considerando, ainda, este autor que é à luz das indicadas funções do título executivo que tem de ser apreciada, a existência de nulidade insanável do processo de execução fiscal decorrente da falta dos requisitos essenciais deste, e a possibilidade da sua sanação através de prova documental, atendendo ao disposto no artigo 165.º, n.º 1 alínea b) do CPPT, porquanto, nas suas palavras, *"(...) só existirá nulidade se os objectivos visados com a exigência dos requisitos estiverem em causa e a possibilidade de qualquer sanação de uma nulidade por falta de verificação de um requisito exigido por lei só se pode compreender se, apesar desta, for dada satisfação aos interesses que a lei pretendia assegurar ao exigi-lo."*[145]

Ora, quanto aos requisitos essenciais que devem constar do título executivo, dispõe o já citado artigo 163.º do CPPT que são os seguintes: menção da entidade emissora ou promotora da execução; assinatura da entidade emissora ou promotora da execução, por chancela nos termos do presente Código ou, preferencialmente, através de aposição de assinatura eletrónica avançada; data em que foi emitido; nome e número de contribuinte do ou dos devedores; natureza e proveniência da dívida e indicação do seu montante; data a partir da qual são devidos juros de mora e a importância sobre que incidem.

Sobre a assinatura da entidade emissora ou promotora da execução, a mesma deve ser feita através de aposição de assinatura eletrónica avançada, de acordo com os requisitos legais e regulamentares exigíveis pelo Sistema de Certificação Eletrónica do Estado-Infra-Estruturas de Chaves Públicas (artigo 163.º, n.º 1 b), e n.º 4).

IFADAP/INGA, extraída para cobrança coerciva de dívida referente ao subsídio (e acréscimos legais) atribuído no âmbito de um projeto respeitante a Medidas Agro Ambientais – Reg. (CEE) 2078/92, concluiu, para o que aqui interessa: *"(...) III. Constando da certidão de dívida todos e cada um dos requisitos apontados no artigo 163º do CPPT, a saber: a menção da entidade emissora, o IFADAP, a assinatura da Directora Coordenadora, a indicação do dia 13 de Fevereiro de 2004 como data da emissão do título, a referência à identificação, com nome e morada, da devedora, e, ainda, a menção à natureza e proveniência da dívida, com a indicação por extenso do respetivo valor, acrescida dos juros de mora vencidos, mostra-se configurado uma das espécies de títulos executivos que podem servir de base à execução. IV. Conclui-se, pois, que o título executivo cumpre integralmente a função que lhe cabe de, desde logo, informar o executado sobre a dívida que se está a executar, permitindo-lhe que organize a sua defesa. (...)"*

[145] Cf. SOUSA, JORGE LOPES DE, Código de Procedimento ...cit. Vol. III, pág. 142.

Relativamente à informação atinente à natureza e proveniência da dívida, diz-nos também JORGE LOPES DE SOUSA[146] que para que o referido requisito esteja preenchido, o que é necessário é que do título conste *"informação suficiente"* que possibilite ao executado o conhecimento da dívida ou dívidas nele referidas, de forma a assegurar eficazmente os seus direitos de defesa, logo vendo, por exemplo, se já foi notificado, prévia e necessariamente, da respetiva liquidação; e que permita, aos serviços da administração tributária, verificar se estão preenchidos os requisitos necessários para pôr em marcha o processo de execução fiscal (se tem competência para a mesma, ou se deve conhecer de alguma questão que a lei imponha como de verificação oficiosa).

A identificação do nome e número de contribuinte do devedor, servirá para identificar inequivocamente o devedor, assim se determinando também, a competência do serviço da administração tributária para tramitar a execução fiscal, porque o critério de atribuição de competência destes, não existindo norma especial, faz-se por referência ao "domicílio ou sede do devedor" (artigo 150.º, n.º 3 do CPPT), mesmo desaparecendo na última versão desta norma, a necessidade de identificação do seu domicílio, pressupondo, cremos nós, que a morada que se vai relevar para este efeito, é o domicílio fiscal do devedor. E, bem assim, a competência dos tribunais tributários (artigo 151.º, n.º 1 do CPPT).

A data em que foi emitido o título executivo permitirá, como já se indicou, perceber se já expirou o prazo para cumprimento voluntário da dívida, pressuposto da exigibilidade da mesma.

A identificação do montante da dívida faz pressupor que, nesta fase, a dívida já tenha que estar certa e líquida.

Do que veio de ser exposto, resulta para nós que, encontrando-nos ainda numa fase prévia ao início de um processo judicial (o processo de execução fiscal), e para obstar à instauração de um processo executivo logo à partida votado ao insucesso, impende o dever sobre os serviços da administração tributária, verificando a falta dos requisitos essenciais do título executivo, o devolverem à respetiva entidade emissora, para o efeito desta sanar os seus defeitos. Isto já resulta, relativamente à identificação da data a partir da qual são devidos juros de mora e a importância sobre que incidem, conforme dispõe o artigo 163.º, n.º 2 do CPPT, devendo a

[146] Vd. SOUSA, JORGE LOPES DE, Código de Procedimento ...cit. Vol. III, pág. 127.

nosso ver, o mesmo se aplicar aos restantes requisitos essenciais do título executivo.

Veja-se que, especificamente, decorrendo do disposto no artigo 163.º, n. º1 alínea e) do CPPT, que deve constar do título executivo a natureza e proveniência da dívida e indicação do seu montante, caso face à certidão remetida aos serviços da administração tributária, a dívida não seja certa e líquida, estes não podem iniciar a execução fiscal, não tendo outra solução que não seja a devolução da mesma à procedência.

Sobre a verificação de nulidade insanável do processo de execução fiscal por falta de requisitos essenciais do título executivo, resulta do disposto no artigo 165.º, n.º 1, alínea b) do CPPT, que a mesma só existe quando a falta em causa não puder ser suprida por prova documental – como parece ser o caso em que não se deu a conhecer ao devedor a natureza e proveniência da dívida, porque sem esta informação, não poderá ele, eficazmente, fazer a sua defesa no processo de execução.

A referida nulidade é de conhecimento oficioso e pode ser arguida até ao trânsito em julgado da decisão final (artigo 165.º, n.º 4 do CPPT)[147], e a sua verificação conduzirá a que o processo de execução seja todo anulado. Isto sem prejuízo da possibilidade de se emitir novo título executivo, instaurando-se novo processo de execução fiscal (artigo 165.º, n.º 2 do CPPT)[148].

Quanto ao meio adequado à tutela dessa pretensão jurídica, embora não seja uma questão pacífica[149], pode-se dizer que a jurisprudência dos tribunais superiores se tem posicionado uniformemente no sentido de que *"(...)a nulidade insanável do processo de execução fiscal, por alegada falta de*

[147] Vd. SILVA, HUGO FLORES DA, "As nulidades do ..", cit., pág. 90, considerando que o processo de execução fiscal se poderá extinguir sem uma decisão jurisdicional suscetível de transito em julgado, este autor defende uma interpretação corretiva desta norma, para se admitir a arguição das nulidades insanáveis do processo de execução fiscal até *"(...) ao momento em que deixe de ser possível colocar em crise a decisão da extinção do processo de execução fiscal (...)"*

[148] Vd. SOUSA, JORGE LOPES DE, Código de Procedimento ...cit., Vol. III, pág. 141. Ver, também, NETO, SERENA CABRITA; TRINDADE, CARLA CASTELO, Contencioso ...cit., Vol. II, pág. 674.

[149] Pela economia do presente trabalho, opta-se por não explorar esta questão, no entanto, *vd.* SOUSA, JORGE LOPES DE, Código de Procedimento ...cit. Vol. III, págs. 144 a 146; e NETO, SERENA CABRITA; TRINDADE, CARLA CASTELO, Contencioso ...cit. Vol. II, págs. 675 a 677.

requisitos essenciais do título executivo, quando não puder ser suprida por prova documental, não constitui fundamento de oposição à execução fiscal, não sendo enquadrável na alínea i), do nº 1, do artigo 204.º, do mesmo CPPT, devendo, antes, ser arguida perante o órgão da execução fiscal, com a inerente possibilidade de reclamação para o Tribunal Tributário de eventual decisão desfavorável (cfr. resulta da interpretação conjugada da alínea b), do nº 1, do artigo 165.º, e o artigo 276.º, ambos do CPPT)."[150-151]

[150] Trecho retirado do Ac. do TCAS de 03.12.2020, Proc. n.º 494/07.3BECTB, em que se se julgava recurso de sentença que julgou improcedente a oposição, no âmbito do processo de execução fiscal instaurado para cobrança coerciva de dívidas provenientes do IGFSE, IP, onde ainda se pode ler: *"(...) "A falta de requisitos do título executivo, que, quando não puder ser suprida por prova documental, constitui nulidade insanável do processo de execução fiscal – artº 165º, nº 1, al. b) do CPPT –, não constitui fundamento de oposição, não sendo enquadrável na al. i) do nº 1 do seu artº 204º." Jurisprudência essa firmada, no acórdão do Pleno da Secção de Contencioso Tributário do STA, proferido no processo nº 0715/16, de 16 de novembro de 2016 e bem assim nos Arestos do STA, proferidos nos processos nºs 833/17, 0860/08, datados de 22 de novembro de 2017 e 11 de julho de 2019, extratando-se, designadamente, do primeiro Aresto citado e objeto de transcrição neste último, o seguinte: "(...) o artigo 165.º do CPPT considera nulidade insanável em processo de execução fiscal "a falta de requisitos essenciais do título executivo, quando não puder ser suprida por prova documental". E estabelece o respectivo regime, e efeitos: a anulação dos termos subsequentes do processo que do acto anulado dependam absolutamente, sendo (a nulidade) de conhecimento oficioso e podendo ser arguida até ao trânsito em julgado da decisão. A lei elegeu, pois, tipicamente, o respectivo regime legal: trata-se de uma nulidade. E, como tal, estabelece-se igualmente o seu regime de arguição. Assim sendo, foi propósito legal desconsiderá-la como fundamento de oposição, ainda que seja a mesma, substancialmente, a consequência resultante: a extinção da execução consubstanciada na nulidade do próprio título. Por outro lado, a tutela jurídica concedida à nulidade é, até, mais consistente do que a resultante da oposição, na medida em que pode ser arguida até ao trânsito em julgado da decisão final, que não apenas no prazo de 30 dias contados da citação – cfr. artigo 203.º, n.º 1, do CPPT. Aliás, a entender-se dever ser conhecida pelo Chefe do Serviço de Finanças (ou, porventura, pelo juiz – cfr. o artigo 151.º, n.º 1, do CPPT), sempre o respectivo processo seria urgente – artigo 278.º, n.º 5 – o que é mais consentâneo com a celeridade querida para o processo de execução fiscal, atenta essencialmente a sua finalidade de cobrança de impostos que visam "a satisfação das necessidades financeiras do Estado e de outras entidades públicas" e a promoção da justiça social, da igualdade de oportunidades e das necessárias correcções das desigualdades na distribuição da riqueza e do rendimento – artigo 5.º, n.º 1, da Lei Geral Tributária. Nada, pois, parece justificar a apontada dualidade – em termos de nulidade processual da execução fiscal e de fundamento de oposição à mesma –, aliás proibida nos termos do referido artigo 2.º do Código de Processo Civil. Conclui-se, assim, que a nulidade da falta de requisitos essenciais do título executivo – nos termos do artigo 165.º, n.º 1, alínea b), do CPPT – não é fundamento de oposição à execução fiscal por não enquadrável no seu artigo 204.º, n.º 1, alínea i)."*

[151] SILVA, HUGO FLORES DA, "As nulidades do ...", cit. pág. 93, esclarece que apresentado requerimento junto do órgão de execução fiscal a arguir a nulidade insuprível do processo de execução fiscal, se este não decidir o referido requerimento, para levar a questão a tribunal,

Ocorrendo erro na forma de processo, é possível convolar-se a petição inicial, apresentada sob a forma de oposição à execução fiscal, em requerimento de arguição de nulidade dirigido à execução fiscal (artigos 97.º, n.º 3 da LGT e 98.º, n.º 4 do CPPT), uma vez que esta é de conhecimento oficioso e pode ser arguida até ao trânsito em julgado da decisão final, se não se mostrar inviável.

Obsta, por exemplo, à referida convolação a circunstância de na petição inicial de oposição à execução fiscal ter sido formulado pedido próprio do processo de oposição e outro que lhe é alheio – no caso, a nulidade insuprível por falta de requisitos essenciais do título executivo-, devendo a mesma seguir apenas quanto ao pedido que lhe é próprio, e ficar sem efeito o pedido para o qual o processo não é adequado, por aplicação analógica do disposto no artigo 186.º, n.º 4 do CPC[152].

deverá ser deduzido um incidente inominado na execução fiscal. Neste sentido, Ac. STA, de 08.01.2014, Proc. 032/13.

[152] Seguindo aqui o defendido por SOUSA, JORGE LOPES DE, Código de Procedimento ...cit. Vol. III, pág. 146 e 147. Neste sentido, veja-se, também, o Ac. do STA de 05.02.2020, Proc. 01323/18.8BEAVR, em que se decidiu recurso da sentença que julgou improcedente a oposição à execução fiscal para cobrança de dívida proveniente da imposição da restituição de incentivos concedidos pelo IEFP. Lê-se neste aresto o seguinte: *"(...) como bem salientou o Procurador-Geral-Adjunto neste Supremo Tribunal, mesmo a admitir-se que a Oponente tenha também pedido, ainda que implicitamente, que fosse reconhecida a nulidade da execução fiscal por falta de requisitos essenciais do título executivo – e não pediu –, sempre haveria de ter em conta que a convolação só seria possível se na petição inicial não tivesse sido formulado – como foi – um pedido ajustado à forma processual escolhida. Como temos vindo a afirmar diversas vezes, obsta à convolação a circunstância de na petição inicial de oposição à execução fiscal ter sido formulado pedido próprio do processo de oposição e outro que lhe é alheio (...) Ou seja, nunca seria possível a pretendida convolação."*
Nas conclusões do citado Ac.do STA, de 19.06.2019, Proc. 1696/17.0BEPRT, lê-se o seguinte: *"(...) Tal como este Supremo Tribunal tem vindo a repetir ao longo do tempo o erro na forma do processo, nulidade decorrente do uso de um meio processual inadequado à pretensão de tutela jurídica formulada em juízo, afere-se pelo pedido e não pela causa de pedir, servindo esta, em última instância como elemento coadjuvante na indagação da real pretensão do autor e consequentemente na interpretação do pedido efectivamente formulado, cfr. acórdão datado de 18.01.2017, recurso n.º 01223/16. Todavia, a causa de pedir não tem a ver com a forma de processo utilizada pelo litigante mas sim com a procedência/improcedência da acção, podendo haver lugar a rejeição liminar quando for manifesta a improcedência. Na sua petição inicial a recorrente formula os seguintes pedidos: 1. A declaração de nulidade do PEF, e, sem prescindir, 2. A nulidade do despacho (de citação, como resulta do teor da PI) por falta de fundamentação; 3. A extinção do PEF. Este pedido, exceto na parte em que se pede a declaração de nulidade da citação, afigura-se compatível com a oposição judicial, uma vez que o escopo normal da oposição judicial é, justamente, a extinção da execução fiscal. De facto, a questão da nulidade da citação, invocada pela recorrente, não*

Uma última palavra para dizer que, em conformidade com o disposto no artigo 163.º, n.º 3 do CPPT, a entidade emissora da certidão de dívida com valor de título executivo, deve entregá-la aos serviços da Administração Tributária por transmissão eletrónica de dados, já existindo, quanto se sabe, instruções específicas para as Entidades Públicas, com vista à cobrança das suas dívidas, que passam pela pré-inserção dos elementos constantes na certidão de dívida através do Portal das Finanças.

pode ser discutida em sede de oposição judicial, pois que a oposição não é o meio processual adequado para conhecer de tal nulidade, que deve ser arguida perante o OEF, com direito de reclamação judicial da decisão que indefira a pretensão (Acórdão do STA, de 03/10/2018-P. 0392/10, disponível em www.dgsi.pt). Temos, assim, que, apenas, ocorre erro parcial na forma de processo, uma vez que a oposição, apenas, é o meio processual adequado para conhecer dos pedidos referidos em 1 e 3. Nesses casos "...não poderá haver correção da forma de processo quanto aos pedidos para os quais a forma de processo é inadequada, pois o processo tem de seguir a forma escolhida pelo interessado relativamente à apreciação do pedido para que essa forma de processo é a adequada. Nestes casos, a solução que se extrai do tratamento dado a uma questão paralela no n.º 4 do art. 193.º do CPC é a de considerar sem efeito o pedido ou pedidos para o qual o processo não é adequado, prosseguindo o processo apenas para apreciação do pedido que deva ser apreciado em processo do tipo escolhido pelo interessado" (CPPT, anotado e comentado, 6.ª edição 2011, I volume, página 92, Jorge Lopes de Sousa, e, entre outros, acórdão do STA, de 25/09/2013-P. 01493/12, disponível em www.dgsi.pt).(...)"

Capítulo III
Meios para discutir a legalidade dos atos administrativos criadores de obrigações pecuniárias não tributárias

1. Enquadramento

O tema que irá ser desenvolvido no capítulo que agora se inicia diz respeito, como anunciamos na epígrafe, aos meios ao dispor dos destinatários para discutir a legalidade dos atos administrativos impositivos de obrigações pecuniárias não tributárias. Os meios apresentados são, por isso, as garantias que a lei disponibiliza aos particulares para obviar a que uma atuação da administração, neste contexto, possa violar os seus direitos subjetivos ou interesses legalmente protegidos.

Elucida-se já, como vem sendo apanágio neste trabalho, para o seguinte aspeto. Não estando aqui em causa um ato de liquidação de um tributo, a discussão da legalidade da obrigação pecuniária, exigida por força do ato administrativo em análise, não vai ter lugar através das vias de impugnação administrativas e judiciais estabelecidas para o mencionado ato (reclamação graciosa, recurso hierárquico, pedido de revisão oficiosa, impugnação judicial e pedido de constituição de tribunal arbitral), mas sim através daquelas que se encontram previstas no CPA (reclamação e recursos) e CPTA (ação administrativa de impugnação de ato administrativo)[153].

[153] Vd. o decidido pelo Ac. do TCAN de 25.03.2010, Proc. n.º 01278/06.1BEBRG, nesta parte: *"(...) o processo de impugnação judicial deve ser utilizado nos casos em que o acto a impugnar é um acto*

Atenta a ordem da respetiva utilização, numa primeira parte, apresentaremos os meios administrativos que podem ser usados para impugnar o ato administrativo em exame perante os órgãos da Administração, tentando assim, obter a resolução do litígio por via extrajudicial. Analisaremos quais são os tipos de meios disponíveis, a natureza da sua utilização e as consequências desta nos efeitos do ato, os respetivos prazos e fundamentos, os efeitos que a utilização das impugnações administrativas têm sobre os prazos de impugnação contenciosa dos atos administrativos, a sua tramitação, os poderes dos órgãos administrativos aquando da sua apreciação, e as vantagens e desvantagens associados à utilização dos mesmos, quando têm natureza facultativa, que é a regra.

A seguir, trataremos de apresentar o meio processual adequado à impugnação do ato administrativo por via do qual se exige ao particular o pagamento de uma obrigação pecuniária não tributária, que é a ação administrativa de impugnação de ato administrativo. Conhecendo os seus prazos (dependendo do vício que possa ser imputado ao ato administrativo impugnado) e pressupostos.

Dando particular destaque, nesta sequência, para uma situação que com frequência se deparam os Tribunais, que decorre do equívoco, com reflexo no sucesso das pretensões impugnatórias, dos particulares já citados para o processo de execução fiscal, deduzirem oposição a este processo, com fundamento na ilegalidade concreta da dívida exequenda, pretensão que este meio só excecionalmente suporta, porque a sua utilização tem como escopo principal impedir a exigibilidade da dívida, e não o reconhecimento da sua ilegalidade.

Quando estes casos acontecem, refletiremos a final, sobre aspetos processuais ligados à apreciação da ocorrência do erro na forma de

de liquidação de tributos ou um acto que comporta a apreciação da legalidade de um acto de liquidação de tributos (acto de indeferimento de reclamação graciosa ou de recurso hierárquico interposto da decisão que a aprecie ou acto de apreciação de pedido de revisão oficiosa, nos termos do artigo 78º da LGT). Ora, no caso concreto, o que está em causa é um acto do Director do Centro de Emprego (...), no uso de competências subdelegadas, que determinou a conversão do apoio financeiro concedido ao Recorrente de não reembolsável em reembolsável e o vencimento imediato da dívida daí resultante (...) o meio próprio para impugnar contenciosamente o acto administrativo que originou a dívida exequenda é a acção administrativa especial prevista no Código de Processo dos Tribunais Administrativos e não a impugnação judicial regulada no CPPT.(...).”

processo, e sobre os óbices que se podem colocar à sua sanação, através da convolação para o meio processual adequado.

2. Meios administrativos

2.1. Reclamação e recursos

Quando confrontados com a notificação de um ato administrativo que lhes exija o pagamento de uma obrigação pecuniária, e não tendo a mesma natureza tributária, os destinatários do ato, considerando que estão a ser lesados pela prática do mesmo, podem, desde logo, impugná-lo perante a Administração, solicitando a sua revogação, anulação, modificação ou substituição, apresentando para o efeito reclamação ou recurso, por meio de requerimento, no qual exponham os fundamentos que subjazem à sua pretensão, podendo juntar os elementos probatórios que considerarem convenientes (artigos 184.º, n.º 1, 2 e 3 e 186.º, n.º 1 do CPA).

A reclamação é feita para o autor do ato administrativo (artigo 191.º, n.º 1 do CPA), o recurso hierárquico para os superiores hierárquicos do autor do ato, o que pressupõe que o autor do ato esteja integrado numa estrutura hierárquica e não se encontra no topo dessa estrutura (artigo 193.º, n.º 1, alínea a) do CPA), podendo a lei expressamente prever a existência de recursos administrativos especiais (artigo 199.º, n.º 1 e 2 do CPA).

Não pode reclamar nem recorrer quem, sem reserva, tenha aceitado, expressa ou tacitamente, um ato administrativo depois de praticado (artigo 186.º, n.º 2 do CPA).

a) Natureza e efeitos das impugnações administrativas

A regra atual, no que diz respeito à natureza das impugnações administrativas, é a de que têm natureza facultativa, querendo isto dizer que, notificados do ato administrativo impositivo de obrigação pecuniária, os particulares lesados podem optar, ou por apresentar reclamação ou recurso do referido ato junto dos órgãos da Administração, ou desde logo, prescindir destas garantias administrativas, e impugná-lo, diretamente, junto dos tribunais administrativos. Isto só não acontece, se a lei fizer depender da prévia utilização das referidas impugnações administrativas, a possibilidade de acesso aos mencionados meios contenciosos de impugnação, situação em que nos deparamos, então, com as denominadas reclamações e recursos necessários (artigo 185.º, n.º 1 e 2 do CPA), que se constituem, assim, como um *"pressuposto processual atípico"*[154], da ação administrativa de impugnação do ato, que vier a ser proposta nos tribunais.

Nesta matéria, o legislador do CPA de 2015 estabeleceu uma importante disposição "interpretativa"[155] no artigo 3.º do Decreto-Lei n.º 4/2015, de 07 de janeiro, seu diploma preambular, que deve ser aplicada às impugnações administrativas necessárias existentes em legislação especial à data da entrada em vigor do referido decreto-lei.

Destarte, segundo o referido artigo, as impugnações administrativas só são necessárias quando previstas em lei que utilize uma das seguintes expressões: a) A impugnação administrativa em causa é «necessária»; b) Do ato em causa «existe sempre» reclamação ou recurso; c) A utilização de impugnação administrativa «suspende» ou «tem efeito suspensivo» dos efeitos do ato impugnado.

A natureza facultativa ou necessária das impugnações administrativas, como vamos ver, tem repercussões ao nível dos prazos de apresentação dos referidos meios impugnatórios, das consequências que da sua interposição advém para os efeitos do ato impugnado, e sobre os prazos de impugnação administrativa e jurisdicional dos referidos atos administrativos.

Como já noutra parte dissemos, o prazo da reclamação e dos recursos corre a partir da data da notificação do ato administrativo, ainda que o ato tenha sido objeto de publicação obrigatória (artigo 188.º, n.º 1 do CPA).

Quando a lei não estabeleça prazo diferente, a reclamação deve ser apresentada no prazo de 15 dias úteis, o recurso hierárquico necessário no prazo de 30 dias úteis e o recurso hierárquico facultativo, no prazo de impugnação contenciosa do ato em causa (artigos 87.º, alínea c) e 191.º, n.º 3 e 193.º. n.º 2 do CPA). Nos termos do artigo 3.º, n.º 2 e 4 do Decreto-Lei n.º 4/2015, de 07 de janeiro, o prazo mínimo para a utilização de impugnações administrativas necessárias é de 10 dias, passando a ser esse o prazo a observar quando seja previsto prazo inferior na legislação

[154] Cfr. ALMEIDA, MÁRIO AROSO DE, Teoria ...cit. pág. 373.

[155] Neste sentido, vd. CADILHA, CARLOS ALBERTO FERNANDES, "Implicações do novo regime do Código do Procedimento Administrativo no Direito Processual Administrativo", JULGAR, n.º 26, Maio-Agosto de 2015, pág. 32; e SAMPAIO, JORGE SILVA; COIMBRA, JOSÉ DUARTE, "Os procedimentos Administrativos de Segundo Grau no novo CPA", Comentários ao Novo Código do Procedimento Administrativo, pág. 579, 5.º Edição, AADFL, 2020.

existente à data da entrada em vigor do presente decreto-lei, considerando-se revogadas as disposições incompatíveis com a referida previsão.

Assume particular relevo, no âmbito da análise que aqui estamos a desenvolver, a questão das consequências que derivam da apresentação das impugnações administrativas nos efeitos do ato impugnado e, por isso, vamos dar-lhe particular destaque, num próximo capítulo deste trabalho.

Ainda assim, cabe aqui destacar, que as impugnações administrativas necessárias de atos administrativos suspendem os seus efeitos (artigo 189.º, n.º 1 do CPA). Esclarecendo o artigo 3.º, n.ºs 3 e 4 do citado Decreto-Lei n.º 4/2015, de 07 de janeiro, que as impugnações administrativas necessárias, previstas na legislação existente à data da entrada em vigor do presente decreto-lei, têm sempre efeitos suspensivos da eficácia do ato impugnado, sendo revogadas as disposições incompatíveis com tal previsão.

Já as impugnações facultativas não têm efeito suspensivo[156], salvo nos casos em que a lei disponha o contrário, ou quando o autor do ato ou o órgão competente para conhecer do recurso, oficiosamente ou a pedido do interessado, considere que a sua execução imediata causa prejuízos irreparáveis ou de difícil reparação ao destinatário e a suspensão não cause prejuízo de maior gravidade para o interesse público (artigo 189.º, n.º 2 do CPA).

b) Efeitos sobre os prazos de impugnação administrativa e contenciosa

Sobre os efeitos da utilização das impugnações administrativas nos prazos de impugnação administrativa dos atos administrativos, devemos começar por dizer que a reclamação de atos sujeitos a recurso administrativo

[156] O STA, no Ac. de 05.11.2014, Proc. n.º 01322/13, julgando sentença do TAF de Mirandela que decidiu pela improcedência da oposição à execução fiscal instaurada para cobrança coerciva de dívida ao IFADAP, resultante da rescisão unilateral do contrato de atribuição de ajudas no âmbito de medidas agro ambientais, decidiu que *"(...) não se verifica a inexigibilidade da dívida exequenda em razão da alegada interposição de recurso hierárquico para o Ministro da Agricultura e Pescas, porquanto, mesmo que em causa estivesse um recurso hierárquico – o que não é o caso, (...) porquanto este pressupõe a existência de uma relação de hierarquia e não há relação hierárquica entre o IFADAP e o Ministro da Agricultura e Pescas –, o recurso hierárquico facultativo não suspende a eficácia do acto recorrido (cfr. o n.º 3 do artigo 170.º do Código de Procedimento Administrativo – CPA), e em causa não está nenhuma impugnação administrativa necessária."*

necessário suspende o prazo da respetiva interposição. Nos demais casos, a reclamação não suspende o prazo de interposição dos recursos administrativos que no caso couberem (190.º, n.ºs 1 e 2 do CPA).

Mas o que importa aqui estudar com particular atenção, são, sobretudo, os efeitos que a utilização das impugnações administrativas têm sobre os prazos de impugnação contenciosa dos atos administrativos, aspeto que envolve grande litigiosidade, atendendo a que a má interpretação das normas que enquadram esta matéria, tende a culminar, com frequência, em sentenças que não conhecem o mérito das ações, baseadas na inimpugnabilidade das decisões administrativas de segundo grau, considerando que se constituem, muitas vezes, como atos meramente confirmativos do ato administrativo primário, que declarou a obrigação pecuniária, e na intempestividade da ação administrativa de impugnação do referido ato administrativo de primeiro grau, este sim definidor da situação jurídica que o particular pretende eliminar.

Quando o ato administrativo seja passível de reclamação ou recurso hierárquico necessário, não é possível a sua impugnação contenciosa imediata, dado que o interesse em agir do interessado, depende da utilização prévia de tal garantia administrativa.

Daí, por isso, como explicam MARIO AROSO DE ALMEIDA e CARLOS CADILHA, *"o prazo de impugnação contenciosa não corre enquanto a impugnação administrativa não for utilizada e só começa a correr se a impugnação administrativa for decidida ou expirar o prazo legal dentro do qual ela devia ser decidida."*[157], tal como, de resto, resulta, de forma conjugada, do previsto nos artigos 192.º, n.º 3 e 198.º, n.º 4, do CPA.

O prazo legal para a decisão das impugnações administrativas necessárias é de 30 dias úteis para a reclamação necessária (artigo 192.º, n.º 2 e 3 do CPA) e para o recurso hierárquico necessário; quando a lei não fixe prazo diferente, é o que decorre, como vamos ver de seguida, quando falarmos do prazo de decisão dos recursos hierárquicos facultativos, da conjugação do disposto nos artigos 198.º, n.ºs 1 e 2 (ver n.º 4), e 195.º, n.ºs 1 e 2 do CPA[158].

Quando a reclamação for necessária, o decurso do referido prazo, sem que haja sido tomada uma decisão, confere ao interessado a possibilidade

[157] Cfr. ALMEIDA, MÁRIO AROSO DE; CADILHA, CARLOS, Comentário...cit. pág. 412.

[158] Vd. Ac. do TCAN, de 12.04.2019, Proc. n.º 03251/15.0BEBRG.

de utilizar o meio de tutela, administrativo ou contencioso, adequado para satisfação da sua pretensão (artigo 192.º, n.º 3 do CPA). Assim, o decurso do prazo de 30 dias, sem que a reclamação tenha sido decidida, possibilita que o interessado utilize não só as vias de recurso administrativo que ainda possam ser utilizadas para a satisfação da sua pretensão, como também que aceda, desde logo, à via contenciosa de impugnação do ato administrativo, visando o mesmo efeito.

No mesmo sentido, o indeferimento ou falta de decisão do recurso hierárquico necessário, nos prazos estabelecidos para o efeito, conferem a possibilidade aos interessados de impugnar contenciosamente o ato primário ou do órgão subalterno, que esteve na origem da referida impugnação (artigo 198.º, n.º 4 do CPA).

Ou seja, em caso de indeferimento do recurso hierárquico necessário apresentado ou de omissão de decisão pelo autor do ato ou superior hierárquico, *"o meio jurisdicional adequado de reação é o que respeite à decisão primária do subalterno (...)"*[159].

Como explica MÁRIO AROSO DE ALMEIDA, *"(...) não haverá (...) em caso algum, lugar, neste contexto, a dedução de um pedido de condenação à prática de um acto administrativo, com fundamento no facto de a impugnação administrativa ter sido indeferida ou não ter merecido resposta da parte do órgão competente para a decidir."*[160]

Alguma doutrina tem-se posicionado no sentido de que quando o ato administrativo padecer de nulidade, não pode ser exigida como condição prévia à sua impugnação contenciosa a interposição de recurso hierárquico necessário, porque tal contrariaria o regime substantivo da nulidade; porquanto, e como dispõe o artigo 162.º do CPA, o ato nulo não produz quaisquer efeitos jurídicos, independentemente da declaração de nulidade e, salvo disposição legal em contrário, a nulidade é invocável a todo o tempo por qualquer interessado e pode, também a todo o tempo, ser conhecida por qualquer autoridade e declarada pelos tribunais administrativos ou pelos órgãos administrativos competentes para a anulação[161].

[159] Cfr. CADILHA, CARLOS ALBERTO FERNANDES, Implicações do...cit. págs. 33 e 34.

[160] Cfr. ALMEIDA, MÁRIO AROSO DE, Manual ...cit. pág. 303.

[161] Vd. ALMEIDA, MÁRIO AROSO DE; CADILHA, CARLOS, Comentário ...cit. págs. 345 e 346.

Nos termos do artigo 114.º, n.º 2 alínea c) e n.º 4 do CPA, no caso de o ato estar sujeito a impugnação administrativa necessária, da notificação do ato administrativo deve constar a indicação do órgão competente para apreciar a impugnação administrativa do ato e o respetivo prazo, pelo que o reconhecimento jurisdicional da existência de erro ou omissão na indicação do meio de impugnação administrativa a utilizar contra o ato notificado, não prejudica a utilização do referido meio no prazo de 30 dias, a contar do trânsito em julgado da decisão jurisdicional.

No que, por sua vez, diz respeito às impugnações administrativas de natureza facultativa (que, como já se havia avançado, tudo indica que serão a regra no que tange aos atos em questão neste trabalho), como estabelecem os artigos 190.º, n.ºs 3 e 4 do CPA e 59.º, n.ºs 4 e 5 do CPTA, a sua utilização suspende o prazo de propositura de ações nos tribunais administrativos, que só retoma o seu curso com a notificação da decisão proferida sobre a impugnação administrativa ou com o decurso do respetivo prazo legal, consoante o que ocorra em primeiro lugar[162].

Cumpre, no entanto, realçar alguns aspetos que se consideram fundamentais no que diz respeito ao efeito suspensivo previsto no artigo 59.º, n.ºs 4 e 5 do CPTA.

Em primeiro lugar, que o que aqui se trata é de uma verdadeira suspensão dos prazos, que ocorre em virtude da apresentação dos meios impugnatórios, cuja contagem é retomada com a notificação da decisão ou com o decurso do respetivo prazo legal de decisão, e não de uma interrupção que faça com que um novo prazo corra a partir dos referidos eventos.

Mais, a interpretação que tem vindo a ser feita pelos nossos tribunais é a de que mesmo que venha a existir uma decisão expressa da impugnação administrativa, para além do prazo legal estabelecido para a sua decisão, a notificação da mesma não tem a virtualidade de fazer com que o prazo de impugnação contenciosa suspenso retome o seu curso a partir deste evento; porquanto, o que determina o início do referido prazo é o decurso do prazo de decisão da impugnação administrativa já vencido, sem que tenha sido proferida qualquer decisão pelo órgão da Administração. As duas causas de cessação da suspensão assinaladas nos artigos em referência

[162] Sem prejuízo da faculdade do interessado abdicar do referido efeito suspensivo, propondo a ação administrativa mesmo na pendência da impugnação administrativa, podendo também requerer a adoção de providências cautelares.

"(...) estão em situação de paridade (...) em cada caso concreto, verificada qualquer uma delas, já não opera a outra."[163]

Assim, a decisão que vier a ser tomada sobre a impugnação administrativa, se nada inovar em relação à decisão administrativa que foi objeto de impugnação, por ser meramente confirmativa desta, é contenciosamente inimpugnável (artigo 53.º, n.º 1 do CPTA). A lesividade para a esfera jurídica do particular destinatário do ato administrativo radica, não nesta, mas sim no ato primário ou confirmado (artigo 51.º, n.º 1 do CPTA)[164], e é este que deve ser o objeto da ação administrativa de impugnação a propor.

Outro aspeto fulcral, no conspecto em observação, diz respeito a saber o seguinte: suspendendo-se o prazo de impugnação contenciosa do ato administrativo, entre a data de apresentação da impugnação administrativa facultativa e a notificação da decisão proferida sobre a mesma ou com o decurso do respetivo prazo legal, consoante o que decorra em primeiro

[163] Vd. Ac. do STA de 27.02.2008, Proc. n.º 0848/06. E, também, os Acs. do TCAN, de 01.04.2011, Proc.n.º 00249/10.8BEAVR, de 03.06.2016, Proc. n.º 0221/15.1BEBRG, de 17.01.2020, Proc. n.º 00598/19.0BEBRG. E ainda, ALMEIDA, MÁRIO AROSO DE; CADILHA, CARLOS, Comentário...cit. pág. 413.

[164] Vd. Ac. do STA, de 22.02.2006, Proc. n.º 0430/05, e Acs. do TCAN, de 01.04.2011, Proc. n.º00249/10.8BEAVR e de 11.01.2019, Proc. n.º 01700/15.6BEPRT.

Sobre esta matéria, vd. o Ac. do STA de 24.09.2020, Proc. n.º 0940/12.4BESNT, e as suas conclusões que aqui se transcrevem: *"I – Na situação de recurso hierárquico facultativo não obsta à identidade na autoria do ato a integração do órgão ad quem na mesma pessoa colectiva ou ministério. II – Também não obsta à confirmatividade uma mais profunda análise face aos argumentos invocados no recurso hierárquico facultativo desde que não haja alteração de pressupostos de facto ou de direito. III – Estamos perante um ato confirmativo quando o mesmo é proferido no âmbito de um recurso hierárquico facultativo e nada veio inovar, mantendo integralmente o ato primário, de per si recorrível e lesivo, reiterando-o e assentando nos mesmos pressupostos de facto e de direito."* E, ainda, o Ac. do TCAS de 13.02.2020, Proc. n.º 27/19.9BECTB-A, que negou provimento ao recurso da decisão do tribunal de primeira instância que indeferiu o pedido cautelar de suspensão de eficácia da decisão proferida pelo Presidente do Conselho Diretivo do IFAP, que determinou a rescisão do contrato de financiamento e ordenou o reembolso dos apoios concedidos, por considerar que o ato suspendendo (decisão da reclamação) é meramente confirmativo de um anterior ato administrativo impugnável, e por isso inimpugnável (artigo 53.º do CPTA), existindo manifesta falta de fumus boni iuris (artigo 116.º, n.º 2 alínea f) do CPTA). Segundo este Tribunal *"A decisão da reclamação, que concluiu como o ato de 1º grau, funda-se, pois, nas mesmas razões desse ato administrativo, nada lhe retirando ou adiantando de novo, independentemente de o reclamante aqui e ali ter referido um ou outro ponto não abordado como fundamento nem no 1º ato administrativo, nem no ato de 2º grau. "*

lugar. Qual é então o prazo de decisão da impugnação administrativa que deve ser considerado para o efeito da referida suspensão?

No caso de reclamação facultativa esse prazo é de 30 dias úteis, que corresponde ao prazo que o órgão competente dispõe para apreciar e decidir a reclamação (artigos 87.º, alínea c) e 192.º, n.º 2 do CPA).

Estando em causa já recurso hierárquico facultativo, quando a lei não fixe prazo diferente, o recurso deve ser decidido no prazo de 30 ou 60 dias úteis, neste último caso, quando haja lugar à realização de nova instrução ou de diligências complementares. E estes prazos contam-se da data da remessa do processo ao órgão competente para dele conhecer, que deve ser feita no prazo de 15 dias úteis (não existindo contrainteressados) pelo autor do ato, com a pronúncia que emitiu sobre o recurso, devendo o recorrente ser notificado da remessa do processo administrativo (artigos 87.º, alínea c) e 198.º, n.º 1 e 2 e 195.º, n.ºs 1 e 2 do CPA).

Assim, os tribunais têm ainda defendido o entendimento segundo o qual, os referidos prazos de decisão dos recursos hierárquicos, de 30 ou 60 dias úteis, contar-se-ão, a partir do término do aludido prazo de 15 dias, nos casos em que a remessa do recurso hierárquico ao órgão competente para a sua decisão, tenha sido feita depois de ultrapassado o referido prazo de 15 dias, ou quando essa remessa tenha sido feita antes deste prazo, mas sem que o recorrente tenha sido notificado dela.

Por isso, se pode concluir que, quando a decisão do recurso hierárquico facultativo não for proferida ou for praticada quando já se encontrava expirado o prazo legal de decisão, e no pressuposto que o recorrente não tenha sido notificado da remessa do recurso hierárquico ao órgão competente para dele o conhecer, se essa remessa ocorreu antes dos 15 dias previstos para o efeito, ou mesmo se essa remessa e correspondente notificação tenha ocorrido, mas tenha sido realizada depois de ultrapassado o referido prazo de 15 dias, o período máximo de suspensão do prazo de impugnação contenciosa corresponde à soma dos 30 ou 60 dias úteis para a emissão da decisão, acrescido do prazo de 15 dias que é concedido ao órgão autor do ato para se poder pronunciar sobre o recurso hierárquico e durante o qual este pode revogar, anular, modificar ou substituir o ato recorrido[165].

[165] Vd. Acs. do TCAS, de 26.02.2015, Proc. n.º 11847/15 e de 04.10.2018, Proc. n.º 239/18.2BESNT. No mesmo sentido, Acórdão do TCAN, de 01.04.2011, Proc. n.º 00249/10.8BEAVR.

Por fim, como nos explicam JORGE SILVA SAMPAIO e JOSÉ DUARTE COIMBRA[166], embora se perceba a razão de se ter restringido a aplicação do disposto no artigo 198.º, n.º 4 do CPA aos recursos hierárquicos necessários, porque é em relação a estes que se coloca a questão de saber quando se abre a via contenciosa dos atos administrativos, entendem estes autores, que acompanhamos, que o que aí se estabelece também se aplica aos recursos facultativos.

c) Poderes do órgão *a quo* e *ad quem*

Em relação aos poderes do órgão *a quo* e *ad quem*, recebida a reclamação, o autor do ato – que como já vimos é o órgão competente para a apreciar e decidir – pode confirmar, revogar, anular, modificar ou substituir o ato reclamado (artigos 191.º, n.º 1 e 192.º, n.º 2 do CPA).

Tendo sido interposto recurso hierárquico – que deve ser dirigido ao mais elevado superior hierárquico do autor do ato, salvo se a competência para a decisão se encontrar delegada ou subdelegada, e apresentado ao autor do ato (artigo 194.º do CPA) –, quando os elementos constantes do processo demonstrem suficientemente a procedência do recurso, pode o autor do ato recorrido revogar, anular, modificar ou substituir o ato, informando da sua decisão o órgão competente para conhecer do recurso. O autor do ato recorrido não pode, no entanto, modificar ou substituir o ato recorrido em sentido menos favorável ao recorrente (artigo 195.º, n.ºs 3 e 4).

O órgão competente para conhecer do recurso pode, salvas as exceções previstas na lei, confirmar ou anular o ato recorrido e, se a competência do autor do ato recorrido não for exclusiva, pode também revogá-lo, modificá-lo ou substituí-lo, ainda que em sentido desfavorável ao recorrente. O órgão competente para conhecer do recurso não fica obrigado à proposta de pronúncia do autor do ato ou da omissão, e deve respeitar, na fundamentação da decisão que venha a tomar, quando não opte por aquela proposta, os requisitos previstos no artigo 153.º do CPA. O órgão competente para decidir o recurso pode, se for caso disso, anular, no todo ou em parte, o procedimento administrativo e determinar a realização de

[166] Vd. SAMPAIO, JORGE SILVA; COIMBRA; JOSÉ DUARTE, Os procedimentos Administrativos de ...cit, pág. 571.

nova instrução ou de diligências complementares (artigo 197.º, n.ºs 1, 2 e 3 do CPA).

No âmbito do recurso hierárquico necessário, o superior hierárquico deve apreciar todas as questões suscitadas pelo recorrente, excetuadas aquelas cuja decisão esteja prejudicada pela solução dada a outras (artigo 198.º, n.º 3 do CPA).

d) Recursos administrativos especiais

Por fim, destaca-se que a lei pode prever expressamente o recurso administrativo de atos, para órgão da mesma pessoa coletiva que exerça poderes de supervisão; para órgão colegial, de atos de qualquer dos seus membros, comissões ou secções; para órgão de outra pessoa coletiva que exerça poderes de tutela ou superintendência; para o delegante ou subdelegante dos atos praticados pelo delegado ou subdelegado (artigo 199.º, n.ºs 1 e 2 do CPA).

Aos recursos assinalados são aplicáveis as disposições reguladoras do recurso hierárquico, sem prejuízo de, em relação ao recurso tutelar, existirem regras especiais quanto aos fundamentos que lhe podem servir de base, aos poderes do órgão *"ad quem"*, e a aplicação a estes das disposições relativas ao recurso hierárquico, ter de ser feita apenas na parte em que não contrariem a natureza própria deste e o respeito devido pela autonomia da entidade tutelada (artigo 199.º, n.º 3, 4 e 5 do CPA).

2.2. Vantagens e desvantagens

Como acabamos de ver, nos casos em que os atos administrativos impositivos de obrigações pecuniárias possam estar sujeitos, por lei, aos meios de impugnação administrativa necessária, a via contenciosa para a sua impugnação nos tribunais, só se abre com a respetiva utilização destes meios, e consequente decisão ou decurso do prazo legal para a emissão de decisão, pelos órgãos da Administração Pública.

No entanto, a regra é a da natureza facultativa ou voluntária da utilização das identificadas garantias administrativas. Por isso, é sempre uma escolha do destinatário do ato administrativo, desde logo impugnar o ato no tribunal ou interpor dele impugnação administrativa (reclamação ou recurso).

Importa, portanto, assinalar, neste último caso, as vantagens e desvantagens do recurso prévio aos meios de impugnação administrativa do ato administrativo impositivo de obrigação pecuniária.

Podemos naturalmente avançar que é mais barato e garante uma tutela definitiva mais célere para os direitos ou interesses do particular lesado, quando comparada com a utilização dos meios jurisdicionais de que a seguir falaremos. A isto acresce, a circunstância de, podendo existir, espaços de valoração própria da administração (discricionariedade administrativa), os interesses do particular, expostos na impugnação administrativa, só ficarem satisfeitos através desta via, porque foram considerados, por exemplo, pelo órgão de recurso, atendendo a que os tribunais administrativos, não têm poderes para julgar da conveniência ou oportunidade da atuação da Administração (artigo 3.º, n.º 1 do CPA). Por fim, a suspensão dos prazos de impugnação jurisdicional, que ocorre pela utilização dos meios de impugnação administrativa, também é um incentivo para a sua utilização (artigos 190.º, n.ºs 3 e 4 do CPA e 59.º, n.ºs 4 e 5 do CPTA).

As desvantagens que lhe estão associadas são as relativas à má compreensão das regras relativas à suspensão dos prazos de impugnação contenciosa, por virtude da utilização prévia destas garantias administrativas que, podem levar muitas vezes à prolação de sentenças que não conhecem do mérito da pretensão dos destinatários do ato, e que poderiam levar a eliminação do ato administrativo criador da obrigação pecuniária, em virtude de o ato administrativo de segundo grau ser inimpugnável derivado da sua natureza meramente confirmativa do ato primário, e da intempestividade da impugnação jurisdicional do ato administrativo primário, questões que andam relacionadas.

Além do mais, como diz FREITAS DO AMARAL, as *"(...) garantias administrativas não são inteiramente satisfatórias: por um lado, porque por vezes os órgãos da Administração Pública também se movem por preocupações políticas; por outro, porque muitas vezes os órgãos da Administração Pública se guiam mais por critérios de eficiência na prossecução do interesse público do que pelo desejo rigoroso e escrupuloso de respeitar a legalidade e os direitos subjetivos ou interesses legítimos dos particulares."*[167]

[167] Cfr. AMARAL, DIOGO FREITAS DO, Curso ...cit., pág. 630.

3. Meios processuais

3.1. A ação administrativa de impugnação de ato administrativo

a) Objeto

O meio processual adequado para o destinatário do ato administrativo impositivo de obrigação pecuniária discutir a sua legalidade e obter a anulação ou declaração de nulidade do mesmo é a ação administrativa de impugnação de ato administrativo, tal como vem regulada nos artigos 2.º, n.º 2, alínea a), 37.º, n.º 1 alínea a) e 50.º, n.º 1 e 51.º, n.º 1 do CPTA[168].

Esta é a via impugnatória que se ajusta à eliminação dos efeitos que a prática do referido ato introduziu na esfera jurídica do particular, portanto, deve ser usada contra atos administrativos de conteúdo positivo, como é o caso, como vimos, do ato em análise.

A utilização desta ação pressupõe estarmos em presença de um ato administrativo, que vai aqui apresentar-se como ato administrativo impugnável, tal como emerge do disposto no artigo 148.º do CPA e artigo 51.º, n.º 1 do CPTA, pelo que, para não nos repetirmos, remetemos para o que já se deixou consignado no primeiro capítulo, acerca dos elementos constitutivos do conceito de ato administrativo.

b) Início dos prazos de impugnação

Sem prejuízo do início da produção dos efeitos do ato administrativo poder estar dependente de outras circunstâncias, antes também abordámos que, atendendo ao disposto nos artigos 268.º, n.º 3 da CRP, 160.º do CPA e 59.º, n.º 2 do CPTA, a notificação é condição indispensável da oponibilidade dos atos administrativos impositivos de obrigação pecuniária, sendo que é a partir deste facto que se inicia o decurso do prazo para

[168] Sem prejuízo do exposto, podem, igualmente, ser interpostas ações em que é pedida a declaração de inexistência de um ato administrativo, que são ações meramente declarativas ou de simples apreciação, atento o disposto no artigo 50.º, n.º 4 do CPTA, vd. Ac. do TCAN de 15.03.2019, Proc. n.º 00308/12.2BEMDL., no qual se apreciava uma ação em que foi pedida a declaração de inexistência de ato administrativo, porquanto após a notificação para audiência prévia do projeto de decisão "de *aplicação da sanção prevista na cláusula 13ª do Contrato de Incentivos Financeiros, com conversão do subsídio não reembolsável em reembolsável e consequente devolução da importância concedida acrescida de juros legais ou obtida cobrança coerciva se aquela não fosse voluntariamente efetuada no prazo de 60 dias*", o IEFP não proferiu a decisão definitiva, e ainda assim, emitiu certidão de dívida.

que o destinatário do mesmo, assim pretendendo, leve a cabo a respetiva impugnação perante os tribunais.

Parece-nos importante, relembrar então que, se a notificação ou publicação do ato forem realizadas de forma deficiente, ou o mesmo é dizer, não contiverem os elementos enumerados nos artigos 114.º, n.º 2 e 151.º, n.º 1 do CPA, dispõe o artigo 60.º do CPTA que o particular destinatário do ato administrativo tem a faculdade de requerer, no prazo de 30 dias, que lhe sejam notificados os elementos em falta ou passada certidão que os contenha, bem como, se necessário, de pedir a correspondente intimação judicial, nos termos previstos nos artigos 104.º e ss do CPTA. A apresentação, no referido prazo, do referido requerimento dirigido ao autor do ato, interrompe o prazo de impugnação, mantendo-se a interrupção, se vier a ser pedida a mencionada intimação judicial.

Deverá aqui destacar-se que, na senda da jurisprudência já citada noutra parte deste trabalho, o ato administrativo só não é oponível ao interessado quando a notificação ou a publicação, quando exigível, não deem a conhecer o sentido da decisão (artigo 60.º, n.º 1 do CPTA), ou seja, nestes casos específicos, o prazo para a impugnação do ato administrativo não começa a correr, o que é lógico, porque desconhecendo o sentido da decisão, o particular não sabe se tem interesse ou não em impugnar o ato. Situação diferente ocorre quando da notificação ou publicação do ato não constem a indicação do autor, da data ou dos fundamentos da decisão. Nestes casos, o prazo de impugnação do ato só se interrompe, se o interessado usar das faculdades já expostas no prazo referido – no prazo de 30 dias, apresentar requerimento a pedir os elementos em falta ou pedir a passagem de certidão que os contenha, bem como, se necessário, de pedir a correspondente intimação judicial, nos termos previstos nos artigos 104.º e ss do CPTA (artigo 60.º, n.ºs 2 e 3 do CPTA).

Não são oponíveis ao interessado eventuais erros contidos na notificação ou na publicação, no que se refere à indicação do autor, da data, do sentido ou dos fundamentos da decisão, bem como eventual erro ou omissão quanto à existência de delegação ou subdelegação de poderes (artigo 60.º, n.º 4 do CPTA).

c) Prazos

Dependendo do vício de que, eventualmente, padeça o ato, o mesmo poderá ser nulo (artigo 161.º do CPA) ou anulável (artigo 163.º do CPA), e por força das consequências associadas a estas formas de invalidade, mais severas no primeiro caso, porque é a forma mais grave de invalidade, diferentes serão os prazos de impugnação jurisdicional do mesmo.

Ora, nos termos do disposto no artigo 162.º do CPA, o ato nulo não produz efeitos jurídicos, independentemente da declaração de nulidade. Sendo que, salvo disposição legal em contrário, a nulidade é invocável a todo o tempo por qualquer interessado e pode, também a todo o tempo, ser conhecida por qualquer autoridade e declarada pelos tribunais administrativos ou pelos órgãos administrativos competentes para a anulação[169].

Por isso é que, o artigo 58.º, n.º 1 do CPTA, estabelece que a impugnação de atos nulos não está, em regra, sujeita a prazo.

O mesmo já não sucede com os atos administrativos quando eivados por vícios que determinem a sua anulabilidade, que é o "*desvalor regra para os atos administrativos ilegais*"[170] no nosso ordenamento jurídico.

Segundo o artigo 163.º do CPA, são anuláveis os atos administrativos praticados com ofensa dos princípios ou outras normas jurídicas aplicáveis.

Uma das consequências associadas ao regime de anulabilidade dos atos administrativos anunciado, refere-se ao facto de os mesmos terem de ser objeto de impugnação dentro de um prazo curto de tempo (artigos 163.º, n.º 3 do CPA). Sob pena, de não poderem mais ser atacados, e se tornarem, também, inimpugnáveis, os atos subsequentes da Administração, que se limitem a reiterar/confirmar as decisões contidas no ato administrativo anterior. E a anulação administrativa oficiosa também só pode ser feita dentro de um período determinado de tempo (artigos 163.º, n.º 3 e 4 e 168.º do CPA).

Atendendo à importância que tal questão pode constituir para quem vai impugnar os atos em estudo neste trabalho, associada à (in)

[169] Como explica MÁRIO AROSO DE ALMEIDA, Manual ...cit, pág. 79, o particular poderá ter interesse em pedir ao tribunal a declaração da nulidade do ato – que vai produzir uma sentença meramente declarativa ou de simples apreciação, a reconhecer que o ato é nulo e que por isso nunca produziu efeitos –, para *"(...) tornar claro, perante a Administração e eventuais terceiros, que não podem ser extraídas quaisquer consequências do acto e, no caso de ele ser objecto de execução material, para que sejam adoptadas as medidas necessárias ao restabelecimento de uma situação que, tanto quanto possível, se aproxime daquela que deveria existir se o acto nulo nunca tivesse sido executado – valendo, neste último domínio, o regime aplicável às situacoes em que houve execução de actos que vieram a ser anulados."*

[170] Cfr. Ac. TCAS, de 07.07.2021, Proc. n.º 1740/10.1BESNT.

tempestividade da ação administrativa (artigo 58.º, n.º 1 do CPTA), parece-nos indispensável revelar aqui decisões judiciais em que se negou o desvalor da nulidade em atos de liquidação de tributos ou em outros atos administrativos criadores de obrigações pecuniárias, por exemplo, negando a existência de ofensa do conteúdo essencial de um direito fundamental (nomeadamente, do direito de propriedade, baseada na falta de fundamentação do ato administrativo ou na violação do direito à proteção social e solidariedade), para efeitos do artigo 161.º, n.º 2, alínea d) do CPA (que é em regra, a única forma de se defender a nulidade)[171], ou

[171] Cfr. relativamente ao direito de propriedade, entre outros, Ac. do STA, de 05.12.2018, Proc. n.º 0588/15.1, *"A este propósito convém realçar que, a liquidação de um imposto em montante superior ao devido, contendendo com o direito de propriedade privada (art. 62°), que é um dos direitos fundamentais, porque constante da enumeração da Parte I da CRP, que tem a epígrafe «Direitos e deveres fundamentais», não basta para considerar como nula tal liquidação, quando a lei expressamente prevê para elas a sanção da anulabilidade, como se depreende do facto de prever um prazo para a sua impugnação – art. 92.º do Código de Processo e Procedimento Tributário. A suscitada ilegalidade atinge de modo limitado o direito de propriedade do recorrente que se não equipara à violação do conteúdo essencial desse direito fundamental, pelo que não é geradora de nulidade."*; Ac. do TC n.º 156/2017, Proc. n.º 237/2017, *"(...) quer sejam entendidas como efetivas restrições ao direito de propriedade, quer como meros condicionamentos implícitos desse direito, as obrigações tributárias não se encontram obviamente excluídas, quanto à possibilidade da sua imposição, pelo artigo 62.º da Constituição, sendo igualmente seguro que este não confere ao contribuinte que efetuou o pagamento de uma taxa ou um imposto ilegal uma qualquer expectativa de reembolso ou reparação cuja invocação pudesse constituir fundamento idóneo para negar ao legislador ordinário a possibilidade de sujeitar ao regime geral da mera anulabilidade o correspondente ato de liquidação."*; Ac. do TCAN, de 29.11.2019, Proc. 02458/17.0BEBRG (ato que ordenou a devolução das verbas recebidas enquanto bolseiro da RPGN – Rede de Perceção e Gestão de Negócios) *"O conteúdo essencial de um direito fundamental visado no art. 161º CPA reporta-se ao núcleo essencial de um Direito, Liberdade e Garantia, ou direito análogo. Na realidade, o direito à propriedade e o direito à iniciativa privada só têm natureza análoga aos direitos fundamentais, nos termos dos artigos 61º, nº1 e 62º, nº 1 da CRP, enquanto categoria abstrata, entendidos como direito à propriedade, ou seja, como suscetibilidade ou capacidade de aquisição de coisas e bens e à sua livre fruição e disponibilidade, e não como direito subjetivo de propriedade. A invocação de mera infração dos direitos de propriedade e de livre iniciativa, nos termos em que se mostra articulada, sendo geradora do desvalor da mera anulabilidade impunha que a dedução da ação administrativa estivesse sujeita ao regime legal vertido no art. 58.º, n.º 2 e 59.º do CPTA,(...)."*; Ac. do TCAS, de 10.12.2020, Proc. 710/16.0BEBJA (decisão do IFAP, IP, que determinou a reposição de quantia), *"como resulta evidente das alegações formuladas na PI, ou no requerimento de ampliação da causa de pedir da PI, ali não vem invocada a violação do direito constitucional de propriedade do A., ou que o núcleo essencial desse direito tenha ficado totalmente aniquilado. Diversamente, na PI apenas se advoga que do regime legal aplicável decorre que o A. não tinha que devolver ao IFAP os montantes que lhe foram requeridos. Para assim aduzir, o A. invoca diversas normas legais, que*

não têm uma relação directa e imediata com o direito constitucional de propriedade. Essa mesma relação é apenas reflexa e mediata. Ou seja, o acto impugnado não atinge o âmago do direito constitucional de propriedade". Como se explica no Ac. do TCAN n.º 00014/16.9BEPRT, de 17/11/2017, *"a violação do conteúdo essencial (núcleo essencial) de um Direito Fundamental como causa de nulidade de actos administrativos, anteriormente prevista no artigo 133.º n.º 2 alínea d) pressupõe que o direito em causa seja "aniquilado", perca o seu sentido útil, a sua finalidade – assim, j.j. gomes canotilho e vital moreira, Constituição da República Portuguesa Anotada, 3ª ed., Coimbra, 1997, anotação do artigo 18.º n.º 3. Ou por outras palavras, só se pode "afirmar a nulidade de um acto porque o mesmo viola o conteúdo essencial de um direito dessa natureza quando o mesmo atinja o valor fundamental que justificou a criação do mesmo ou, dito de outro modo, quando a prática do acto tiver por consequência desprover decisivamente o cidadão da protecção que esse direito lhe dá" não sendo assim "qualquer lesão que será apta a gerar tal nulidade" – cfr., J.M. Santos Botelho, A. Pires Esteves e J. Cândido de Pinho in Código do Procedimento Administrativo, 5.ª ed., p. 799, nota 36; e, entre muitos outros, os Acórdãos do STA de 10/03/2010, P. 046262 e de 06/05/2010, P. 06108/10; Acórdão do TCA Norte, P n.º 00235/11.0BEPNF. A previsão da alínea d) do n.º 2 do art. 133.º do CPA (agora artigo 163.º) abrange a violação de direitos, liberdades e garantias do Título II da Parte I da CRP, e dos direitos de carácter análogo àqueles insertos no próprio texto constitucional, ou em norma de direito internacional ou comunitário ou ainda em lei ordinária – cfr. J.C. Vieira de Andrade in Direitos Fundamentais na Constituição Portuguesa de 1976, p. 87 e ss; Acórdão do TCA Norte, Pº n.º 00235/11.0BEPNF.";* por falta ou insuficiência de fundamentação do ato, cfr. Ac. do STA, de 25.05.2011, Proc. n.º 091/11 *"No caso vertente, está em causa um acto de liquidação de imposto previsto no nosso ordenamento jurídico, e não qualquer acto tributário que contenda com o conteúdo essencial de direito fundamental. E porque a invocada falta ou insuficiência de fundamentação também não constitui, como vimos, elemento essencial da liquidação, não pode o vício determinar a nulidade deste acto. Tal acto, sendo violador do princípio da legalidade tributária, é anulável, e não nulo, não podendo ser impugnado a todo o tempo, mas, tão só, no prazo de 90 dias previsto na alínea a) do n.º 1 do artigo 102.º do CPPT, assim improcedendo todas as conclusões do recurso.";* Ac. do STA, de 28.11.2012, Proc. n.º 01038/12, *"Neste contexto, no caso, mesmo o alegado vício de falta de fundamentação, imputado às liquidações impugnadas, não configuraria nulidade, na medida em que, a verificar-se, não viola o conteúdo essencial de um direito fundamental, mas apenas o princípio da legalidade tributária (art. 133º, n° 2, al. d), do CPA).";* o já citado Ac. do TCAN, de 29.03.2019, Proc. n.º 01026/14.2BEAVR (devolução de abonos indevidamente recebidos); por violação do direito à proteção social e solidariedade, cfr., entre outros, Ac. do TCAS, de 03.12.2020, Proc. n.º 2631/12.7BELSB, (ato de compensação de dívidas de contribuições com o valor de prestações sociais, concretamente, da pensão do recorrente)*"Quando no art.º 161º, nº 2, alínea d), do CPA, conjugado com o nº 1 do mesmo preceito, se refere que são nulos os actos que ofendam o conteúdo essencial de um direito fundamental, por direitos fundamentais, para estes efeitos, devem considerar-se apenas os direitos, liberdades e garantias (quer os do Título II da Parte I da CRP, quer os direitos análogos a estes, nos termos do art.17º CRP) e não os direitos económicos, sociais e culturais na sua dimensão de direitos a prestações."*

não reconhecendo que os atos em causa criaram obrigações pecuniárias não previstas na lei, nos termos do artigo 161.º, n.º 2 alínea k) do CPA[172].

Ademais, parece-nos oportuno expor um exemplo em que os Tribunais consideraram existir ofensa ao conteúdo essencial de um direito fundamental, por violação do direito fundamental a um mínimo de subsistência e existência condigna, como é a de um ato administrativo que suspende a pensão de invalidez, quando se comprove os baixos rendimentos do destinatário do ato[173]. Na esteira da referida jurisprudência, entendemos, assim, que a única forma de se defender a nulidade dos atos administrativos aqui em análise, por ofensa de conteúdo essencial de um direito fundamental (artigo 161.º, n.º 2 alínea d) do CPA), é se o particular lesado alegar e provar na ação administrativa que, por exemplo, o ato que lhe impõe o pagamento de uma obrigação pecuniária vai fazer com que ele não possa satisfazer as suas necessidades básicas.

De acordo com o estabelecido no artigo 58.º, n.º 1 do CPTA, salvo disposição em sentido contrário, a impugnação dos atos anuláveis tem lugar no prazo de um ano, se promovida pelo Ministério Público, e conta-se a partir da data da prática do ato ou da sua publicação, quando obrigatória. Nos restantes casos, que são a regra, o prazo de impugnação dos atos anuláveis, quando requerida pelos particulares, é de três meses.

[172] Cfr. Ac. do TCAS, de 22.06.2017, Proc. n.º 708/16.9BEBRJA-B (ato administrativo do IFAP que determinou a reposição de quantias recebidas no âmbito de medidas de apoio financeiro) *"Se o destinatário de um ato que ordena a reposição de ajudas referentes a um determinado período invoca não as ter recebido na sua integralidade, por aquelas não lhe terem sido pagas, em parte, a invocação assim feita subsumir-se-á em vício de violação de lei, por erro nos pressupostos, de facto e de direito, conducente, por conseguinte, à mera anulabilidade do ato (cfr. artigo 163º nº 1 do novo CPA) e não à sua nulidade, por não se tratar de situação de criação de obrigação pecuniária não prevista na lei a que alude a alínea k) do nº 2 do artigo 161º do novo CPA."*

[173] Cfr. Ac. do TCAN, de 15.03.2019, Proc. 765/18.3BEBRG *"(...) a cessação do pagamento das prestações relativas às pensões de invalidez, na ausência de qualquer outro apoio social, irá colocar de forma quase absoluta o Recorrente numa situação de perfeita necessidade económica até ao momento em que o somatório das pensões que o Autor teria direito atinja o valor da indemnização de € 10,581,85, considerando o valor dos demais rendimentos do Autor apurados no probatório coligido nos autos. A ablação do conteúdo essencial deste direito fundamental, do modo como se descreve, é, portanto, de todo desrazoável, constituindo inclusive violação do princípio constitucional da proporcionalidade, consagrado no art.º 18.º, n.º 2 da CRP. Destarte, atento o que se expôs, é apodítico que, a ser inválido o ato impugnado, será o mesmo nulo, por ofensa do conteúdo essencial de um direito fundamental, não estando a respetiva impugnação sujeita a prazo – artigos 161º, n.º 2, alínea d) do Código de Procedimento Administrativo."*

A impugnação é admitida, para além do referido prazo de três meses, se ocorrer uma das situações previstas no artigo 58.º, n.º 3 do CPTA: quando ocorra justo impedimento, nos termos previstos na lei processual civil; no prazo de três meses, contado da data da cessação do erro; quando se demonstre, com respeito pelo contraditório, que, no caso concreto, a tempestiva apresentação da petição não era exigível a um cidadão normalmente diligente, em virtude de a conduta da Administração ter induzido o interessado em erro; ou, quando, não tendo ainda decorrido um ano sobre a data da prática do ato ou da sua publicação, quando obrigatória, o atraso deva ser considerado desculpável, atendendo à ambiguidade do quadro normativo aplicável ou às dificuldades que, no caso concreto, se colocavam quanto à identificação do ato impugnável, ou à sua qualificação como ato administrativo ou como norma.

d) Modo de contagem dos prazos

Uma das importantes alterações introduzidas pela revisão do CPTA de 2015, diz respeito ao modo de contagem dos prazos de impugnação em referência. Assim, considerando a remissão feita no artigo 58.º, n.º 2 do CPTA, para o disposto no artigo 279.º do CC, o prazo para a instauração de ação administrativa tendente à impugnação de atos administrativos, conta-se de modo contínuo, não se suspendendo durante os períodos de férias judiciais, transferindo-se o seu termo, quando os prazos terminarem em férias judiciais ou em dia em que os tribunais estiverem encerrados, para o 1.º dia útil seguinte[174].

Sendo então os referidos prazos de impugnação, prazos de propositura de ação, são por isso prazos substantivos, e não adjetivos, pelo que não lhes é de aplicar o regime especial de prática de ato num dos três primeiros

[174] Face à alteração introduzida no artigo 58.º, n.º 2 do CPTA pela Lei n.º 118/2019, de 17.09, não parece suscitar quaisquer dúvidas, que caso o último dia do prazo termine num sábado, o mesmo vai-se transferir para o primeiro dia útil seguinte. O mesmo se passando se esse último dia corresponder a um dia em que foi concedida tolerância de ponto. Assim, já o entendiam ALMEIDA, MÁRIO AROSO; CADILHA, CARLOS, Comentário ...cit. pág. 399, na versão do DL n.º 214-G/2015, de 02/10, e no mesmo sentido, veja-se a jurisprudência do STA, de 08.10.2014, Proc. n.º 0548/14, *"A disposição da primeira parte da alínea e) do artigo 279º do Código Civil deve ser interpretada de forma actualista, no sentido de que, também quando o último dia do prazo caia num sábado transfere-se para o primeiro dia útil."*, e Ac. do TCAN, de 12.04.2019, Proc. n.º 00465/17.1BEPRT, cujo sumário de vai transcrever a seguir.

dias úteis subsequentes ao termo do prazo, a que se refere o artigo 139º, nº 5 do CPC[175].

Além disto, estando os mencionados prazos fixados em três meses ou um ano (art. 58.º, n.º 1 do CPTA), é-lhes aplicável a regra de cálculo prevista no artigo 279.º, alínea c) do CC pela qual *"o prazo se conta de data a data, terminando no dia que corresponda no terceiro mês ou no ano seguinte à data do termo inicial do prazo, salvo se no último mês não existir dia correspondente, caso em que o prazo termina no último dia desse mês"*[176].

[175] Assim, veja-se o sumário do Acórdão do TCAN, de 12.04.2019, Proc. n.º 00465/17.1BEPRT, *"A remissão para o Código de Processo Civil constante do nº 3 do artigo 58º do CPTA na sua versão original devia ser entendida como sendo feita para o artigo 144º nº 4 do CPC antigo e, depois, com a entrada em vigor do novo CPC (Lei nº 41/2013) para o artigo 138º nº 4, e dela resultava a sujeição do prazo geral de três meses para a impugnação de atos administrativos (cfr. artigo 58º nº 1 alínea b) do CPTA) à regra da continuidade dos prazos e à sua suspensão em férias judiciais. Em face do atualmente disposto no nº 2 do artigo 58º do CPTA, decorrente da revisão operada pelo DL. nº 214-G/2015 – nos termos do qual "sem prejuízo do disposto no n.º 4 do artigo 59.º, os prazos estabelecidos no número anterior contam-se nos termos do artigo 279.º do Código Civil" – o prazo para a instauração de ação administrativa tendente à impugnação de atos administrativos não se suspende durante os períodos de férias judiciais. Em conformidade com o artigo 279º alínea c) do Código Civil o prazo fixado em semanas, meses ou anos, a contar de certa data, termina às 24 horas do dia que corresponda, dentro da última semana, mês ou ano, a essa data. O prazo de impugnação de atos administrativos é um prazo de propositura de ação e, como tal, é um prazo substantivo, pelo que está afastada a possibilidade de aplicação do regime especial de prática de ato num dos três primeiros dias úteis subsequentes ao termo do prazo, a que se refere o artigo 139º nº 5 do CPC novo. Mas recaindo o último dia do prazo para a instauração da ação em dia de Carnaval para o qual foi concedida tolerância de ponto, estando, por conseguinte, os tribunais encerrados, o termo do prazo transfere-se para o 1º dia útil seguinte, por força do nº 3 do artigo 138º do CPC novo, que equipara os dias de tolerância de ponto ao encerramento dos tribunais, para efeitos do disposto no nº 2 daquele mesmo artigo 138º."*

[176] Vd. Acórdão do TCAS, de 05.04.2018, Proc. n.º 1114/16.0BELSB: *"i) Na nova redacção dada pela revisão de 2015 ao artigo 58.º, n.º 2, do CPTA, a contagem do prazo de impugnação é feita nos termos do artigo 279.º do Código Civil, substituindo o critério constante da versão primitiva do Código que remetia para o "regime aplicável aos prazos para a propositura de acções que se encontram previstos no Código de Processo Civil"; ii) Considerando que o prazo de impugnação é de três meses ou de um ano (art. 58.º, n.º 1 do CPTA), tem aplicação a regra de cálculo prevista na alínea c) do artigo 279.º do Código Civil, pela qual o prazo se conta de data a data, terminando no dia que corresponda no terceiro mês ou no ano seguinte à data do termo inicial do prazo, salvo se no último mês não existir dia correspondente, caso em que o prazo termina no último dia desse mês. Por efeito da mesma remissão para o artigo 279.º do Código Civil, o termo do prazo transfere-se para o primeiro dia útil seguinte, quando aquele coincida com domingo, dia feriado ou férias judiciais (artigo 279.º, alínea e)). iii) A intempestividade da prática do acto processual constitui excepção dilatória (art. 89.º, n.º 4, al. k) do CPTA) e obsta ao conhecimento do mérito da causa, dando lugar à*

e) Prévia utilização dos meios de impugnação administrativa e seus efeitos nos prazos

Repetindo aquilo que foi já objeto da nossa exposição no ponto antecedente, conforme dispõem os artigos 59.º, n.º 4 do CPTA e 190.º, n.º 3 do CPA, a utilização de meios de impugnação administrativos facultativos (reclamação e recursos), suspende a contagem dos prazos de impugnação contenciosa do ato administrativo, que só retoma o seu curso com a notificação da decisão proferida sobre a impugnação administrativa ou com o decurso do respetivo prazo legal, consoante o que ocorra em primeiro lugar.

A este propósito deve-se destacar os ensinamentos de MÁRIO AROSO DE ALMEIDA e CARLOS CADILHA no sentido de que, não obstante na contagem dos prazos de impugnação do artigo 58.º, n.º 1 do CPTA, ter de se aplicar a regra de cálculo prevista no artigo 279.º, alínea c) do CC, não está *"excluída a possibilidade de conversão do prazo de três meses em 90 dias, quando haja lugar à suspensão da contagem do prazo por efeito da utilização de meios de impugnação administrativa (artigo 59.º, n.º 4). Essa conversão (...) justifica-se para permitir o apuramento do termo do prazo sempre que opere o referido efeito suspensivo, na medida em que este impede o funcionamento da regra da correspondência do termo do prazo ao dia do mês em que ele teve início."* [177]

Em plano diferente, se colocam as impugnações administrativas necessárias, que como vimos, da sua utilização depende a abertura da via contenciosa. Nestes casos, o prazo de impugnação contenciosa não corre enquanto a impugnação administrativa não for utilizada, e só começa a correr se a impugnação administrativa for decidida ou expirar o prazo legal dentro do qual ela devia ser decidida.

absolvição da instância (n.º 2)." Ler, também, o Acórdão do TCAN, de 17.11.2017, Proc. n.º 03065/16.0BEPRT: *"1. O prazo para impugnar judicialmente actos administrativos anuláveis deixou de se suspender em férias judiciais, tal como regulado no n.º 1 do artigo 144º do Código de Processo Civil (de 1995), passando de um prazo adjectivo a um prazo substantivo, regulado pelo artigo 279º do Código Civil, face à nova redacção introduzida no artigo 58º do Código de Processo nos Tribunais Administrativos pelo Decreto-Lei n.º 214-G/2015, de 02.10. 2. A alínea b) do artigo 279º do Código Civil refere-se a prazos de dias e de horas e a alínea c) a prazos de semanas, meses ou anos, sendo que neste caso se despreza, atenta a maior largueza do prazo, e não se soma, o dia em que ocorreu o evento com que se inicia o prazo. (...)"*

[177] ALMEIDA, MÁRIO AROSO DE; CADILHA, CARLOS, Comentário ...cit. pág. 398. Vd. Ac. do TCAN, de 12.07.2019, Proc. n.º 02256/18.3BEBRG.

f) Aceitação do ato impugnado

Neste campo, limitamo-nos a referir que o destinatário do ato administrativo não poderá impugná-lo, com fundamento na sua mera anulabilidade, se o tiver aceitado expressa ou tacitamente depois de praticado. A aceitação tácita deriva da prática, espontânea e sem reserva, de facto incompatível com a vontade de impugnar (artigo 56.º, n.ºs 1 e 2 do CPTA).

g) Competência dos tribunais

Importa nesta parte perceber qual é o tribunal competente para julgar a ação administrativa de impugnação do ato administrativo criador de obrigação pecuniária.

A iniciar esta matéria, salienta-se, desde logo, o disposto no artigo 5.º, n.º 1 do ETAF, segundo o qual a competência dos tribunais da jurisdição administrativa e fiscal fixa-se no momento da propositura da causa, sendo irrelevantes as modificações de facto e de direito que ocorram posteriormente.

E o instituído no artigo 8.º do referido diploma legal, que nos diz que são órgãos da jurisdição administrativa e fiscal, o STA, os tribunais centrais administrativos e os tribunais administrativos de círculo e os tribunais tributários.

Podemos dizer então que, não existindo convenção de arbitragem, que submeta a apreciação do litígio ao tribunal arbitral, ou norma especial que estabeleça a competência dos tribunais judiciais, e atendendo aos quatro planos em que a competência dos tribunais deve ser observada – em razão da nacionalidade, da jurisdição/matéria, da hierarquia e do território –, em regra, e referindo-nos já aos dois primeiros planos, as ações administrativas *sub judice* serão julgadas nos tribunais da jurisdição administrativa e fiscal[178] (artigo 212, n.º 3 da CRP e artigo 4.º, n.º 1 alíneas b), c) e d) do ETAF), e dentro desta jurisdição, nos tribunais administrativos, que são os tribunais competentes para conhecer dos processos que

[178] Sem prejuízo de outras normas que possam existir em legislação especial, assinala-se que nos termos do artigo 4.º, n.º 4 alíneas c) e d) do ETAF, a apreciação de atos materialmente administrativos praticados pelo Conselho Superior da Magistratura e seu Presidente e pelo Presidente do Supremo Tribunal de Justiça, estão excluídos do âmbito da jurisdição administrativa e fiscal.

incidam sobre matéria administrativa (artigos 24.º, 37.º e 44.º, n.º 1 do ETAF)[179].

Em especial, em relação à competência em razão da matéria, interessa-nos fazer notar, em primeiro lugar, que serão já os tribunais tributários, os tribunais competentes para fiscalizar os atos tributários *stricto sensu* ou atos de liquidação de tributos (artigos 26.º, 38.º e 49.º, n.º 1 alínea a) do ETAF).

Além de que, considerando os termos do artigo 9.º do ETAF, estando a funcionar os juízos de competência especializada administrativa – juízo administrativo comum, juízo administrativo social, juízo de contratos públicos – junto dos tribunais administrativos de círculo ou tribunais administrativos e fiscais, quando estes funcionem de forma agregada com os tribunais tributários[180], com as competências estabelecidas no artigo 44.º-A do ETAF[181], parece-nos que, dependendo do quadro legal que subjaz à prática do ato administrativo criador da obrigação pecuniária, qualquer um dos referidos juízos, no respeito pelas regras de distribuição

[179] Neste sentido, conclui o TCAN no Ac. de 29.09.2016, Proc. n.º 01325/08.2BEVIS transcrevendo-se parte do seu sumário: *"(...) 4. A sujeição da cobrança da dívida ao regime da execução fiscal não implica a mesma sujeição às regras do processo tributário quanto à discussão da legalidade da dívida, nem tão pouco constitui qualquer alteração à competência material dos tribunais tributários para definir e discutir a legalidade da dívida (art. 49º ETAF). 5. As dívidas emergentes do incumprimento de um contrato de incentivo outorgado entre a Oponente e o IAPMEI não têm natureza tributária, não se incluem no catálogo das ações previstas no art. 49º do ETAF para cuja decisão são materialmente competentes os tribunais tributários. 6. Pretendendo reagir contra o pedido de devolução de quantia processada em excesso, o meio processual adequado é a acção administrativa especial a intentar contra o despacho que ordena a reposição ou a restituição das importâncias indevidamente recebidas. 7. A competência material para esta ação não cabe aos tribunais tributários mas sim aos tribunais administrativos de círculo (art. 44º do ETAF), sendo que a infracção das regras de competência em razão da hierarquia e da matéria determinam a incompetência absoluta do tribunal (cfr. o art. 16º do CPPT). 8. Como a consequência da incompetência absoluta é a absolvição da instância, nos termos do disposto no art. 278º/1- a) e 577º/a) do NCPC, cabe ao recorrente decidir intentar ou não a ação Administrativa Especial nos termos do disposto no art. 279º do CPC.(...)"*

[180] Atualmente, à exceção do Tribunal Administrativo de Círculo de Lisboa, todos os demais tribunais administrativos de círculo funcionam de forma agregada com os tribunais tributários, adotando a designação de tribunais administrativos e fiscais (cfr., Portaria n.º 1418/2003, de 30.12.2003, e artigos 2.º e 3.º do DL n.º 182/2007, de 9 de maio).

[181] O Decreto-Lei n.º 174/2019, de 13 de dezembro, procedeu à criação dos referidos juízos de competência especializada administrativa, que entraram em funcionamento no dia 1 de setembro de 2020, por via do artigo 1.º da Portaria n.º 121/2020, de 20 de maio.

de competências definidas no último artigo citado, poderá ser competente para conhecer da presente ação de impugnação.

Passando agora a analisar as normas relativas à competência em razão da hierarquia, diremos que, em regra, estas vão ditar que, as ações administrativas em estudo, devem ser intentadas junto dos tribunais administrativos de círculo, ou como vimos, quando funcionam de forma agregada, nos tribunais administrativos e fiscais, nos respetivos juízos de competência especializada administrativa, ou seja, estes são os tribunais que na grande maioria dos casos são competentes para conhecer as ações administrativas, em primeiro grau de jurisdição (artigo 44.º do ETAF).

À secção do contencioso administrativo do STA e às secções do contencioso administrativo dos tribunais centrais administrativos, compete, sobretudo, apreciar os recursos interpostos das decisões dos referidos tribunais de primeira instância (artigos 12.º, 24.º, 32.º e 37.º do ETAF). No entanto, ainda que de forma residual, são conferidas a estas secções, igualmente, competências para julgar determinados processos em primeiro grau de jurisdição, importando aqui destacar as competências do STA previstas no artigo 24.º, n.º 1, alínea a), c), d) e e) do ETAF.

Dentro do mesmo nível hierárquico, e uma vez que só há um STA que tem jurisdição em todo o território nacional (artigo 11.º, n.º 2 do ETAF), a competência dos tribunais centrais administrativos e tribunais administrativos de círculo e tribunais administrativos e fiscais, vai ser aferida em razão do território.

Assim, a área de jurisdição do TCAN abrange o conjunto das áreas de jurisdição atribuídas aos Tribunais Administrativos de Círculo e Tributários de Aveiro, Braga, Coimbra, Mirandela, Penafiel, Porto e Viseu, e a área de jurisdição do TCAS abrange o conjunto das áreas de jurisdição atribuídas aos Tribunais Administrativos de Círculo e Tributários de Almada, Beja, Castelo Branco, Funchal, Leiria, Lisboa, Loulé, Ponta Delgada e Sintra (artigo 2.º, n.ºs 1 e 2 do DL n.º 325/2003, de 29 de dezembro).

Por sua vez, os Tribunais Administrativos de Círculo e Tribunais Tributários têm sede em Almada, Aveiro, Beja, Braga, Castelo Branco, Coimbra, Funchal, Leiria, Lisboa, Loulé, Mirandela, Penafiel, Ponta Delgada, Porto, Sintra e Viseu, funcionando todos, como vimos, à exceção do Tribunal Administrativo de Círculo de Lisboa e Tribunal Tributário de Lisboa, de forma agregada. Sendo que a área de jurisdição destes tribunais é a que consta do mapa anexo ao DL n.º 325/2003, de 29 de dezembro, que dele faz parte integrante (artigo 3.º, n.ºs 1 a 3 do DL n.º 325/2003, de 29 de dezembro).

Assentes as áreas de jurisdição dos referidos tribunais, o tribunal territorialmente competente para apreciar a ação administrativa de impugnação de ato administrativo, será aquele que resultar depois da aplicação dos critérios de repartição das competências em razão do território previstos no CPTA, salientando-se, para o que aqui nos interessa os enunciados no artigo 16.º que constitui a regra geral, e nos artigos 19.º, 20.º, n.º 1 e 6, 21.º e 22.º do referido diploma legal, que constituem critérios especiais.

h) Legitimidade processual ativa e passiva

Em face do objeto do nosso estudo, cumpre-nos neste início sublinhar que a análise subsequente do pressuposto processual da legitimidade, vai-se fazer por referência às normas que enquadram a determinação da legitimidade processual singular (uma vez que, a maior parte das causas vão ter apenas duas partes: o devedor, na veste de Autor, a quem é imputado o cumprimento da obrigação pecuniária, e o credor, no papel de Réu que é a entidade pública demandada, autora do ato administrativo impugnado, por via do qual foi imposto àquele o cumprimento da referida obrigação) e direta (que corresponderão às partes na relação material controvertida).

Dito isto, a legitimidade processual, *"expressa a relação entre a parte e o concreto objeto de uma determinada ação"*, distinguindo-se da personalidade e capacidade judiciárias, que são *"qualidades pessoais das partes"*[182], abstratamente necessárias para que certa pessoa ou entidade possa ser parte num processo judicial e estar, por si própria, nesse processo.

O artigo 9.º, n.º 1 do CPTA, estabelece, então, uma disposição geral, que considera parte legítima, no lado ativo da relação processual, quem alegue ser parte na relação material controvertida.

A doutrina que acompanhamos, lê a norma em análise, como se podendo retirar dela duas conclusões: a primeira é a de que, a legitimidade processual é um pressuposto processual, que vai ser aferido por referência aos termos em que o Autor, na petição inicial, configura a relação material

[182] Cfr. MEALHA, ESPERANÇA, Personalidade Judiciária e Legitimidade Passiva das Entidades Públicas", Publicações Cedipre Online-2, http://www.cedipre.fd.uc.pt, Coimbra, novembro de 2010, págs. 9 e 13.

controvertida; e também, que o preenchimento do referido pressuposto processual, basta-se com a reivindicação ou alegação da titularidade da situação jurídica objeto da pretensão apresentada ao tribunal, não se exigindo a efetiva titularidade da mencionada situação jurídica, o que apenas relevará aquando do conhecimento do mérito da ação. O preenchimento do requisito da legitimidade processual é, nos termos apresentados, uma "(...) *condição para a obtenção de uma pronúncia sobre o mérito da causa e não como uma condição de procedência da ação (...)*"[183],.

Mas conforme resulta, desde logo, da ressalva prevista no normativo citado, o artigo 55.º do CPTA estabelece para as ações de impugnação de atos administrativos, regras especiais de preenchimento da legitimidade ativa, conferindo-a mesmo a quem não seja parte da relação material controvertida.

Por exemplo, resulta do n.º 1 alínea a) deste último artigo citado que, tem legitimidade para impugnar o ato administrativo, quem alegue ser titular de um interesse direto e pessoal, designadamente por ter sido lesado pelo ato nos seus direitos ou interesses legalmente protegidos.

No interesse da economia do presente trabalho, em regra, vai ter legitimidade ativa para propor a ação administrativa de impugnação do ato que fixe a obrigação pecuniária, aquele que figure no ato administrativo como obrigado ao cumprimento da referida prestação pecuniária[184].

[183] Cfr. ALMEIDA, MÁRIO AROSO DE, Manual ...cit, págs. 213, 214, 223 e 224. ALMEIDA, MÁRIO AROSO DE; CADILHA, CARLOS, Comentário ...cit. pág. 94.

[184] Sobre esta matéria, o STA no Ac. de 01.06.2017, Proc. n.º 01336/16, estando em causa nos autos a decisão do tribunal de primeira instância que julgou procedente a exceção de ilegitimidade ativa do fiador da sociedade comercial (...) para impugnar o ato do Conselho Diretivo do «IFAP, IP», que determinou que a referida sociedade procedesse à devolução de determinada quantia, relativa ao subsídio comunitário concedido no âmbito do projeto de investimento, no quadro do Programa Agro – Programa Operacional de Agricultura e Desenvolvimento Rural, Medida 1, considerou que *"O fiador não goza de legitimidade processual ativa para impugnar ato administrativo que, dirigido única e exclusivamente ao devedor, ordena a este a devolução/reposição de determinada quantia."* Transcreve-se parte do discurso fundamentador do colendo tribunal *"(...) Na verdade, o fiador, confrontado com uma decisão que se mostre dirigida apenas ao devedor e que, nessa medida, não o visa direta e pessoalmente, não goza do direito e do interesse em reagir contra uma tal decisão, tanto mais que nem essa decisão é passível de legitimar ou fundar a dedução, por parte do aqui recorrido, duma execução contra aquele, como também a ação administrativa impugnatória nunca obstará à prática pelo credor, no caso o «IFAP», dum novo ato que se mostre dirigido agora ao fiador, o aqui A., ato esse contra o qual este terá de se insurgir, de reagir e de dirigir todos os meios de defesa que lhe*

Por sua vez, o artigo 10.º do CPTA estabelece as regras relativas à legitimidade passiva.

Em consonância com o que está disposto no artigo 9.º, n.º 1 do CPTA, estipula o referido artigo no seu n.º 1 que possui legitimidade passiva para a ação a outra parte na relação material controvertida, tal como, portanto, foi desenhada pelo autor. Sendo que, para os casos em que não existe uma prévia relação jurídica entre as partes, determina também o mencionado artigo que a ação deve ser proposta contra as pessoas ou entidades titulares de interesses contrapostos aos do autor.

Nos processos intentados contra entidades públicas, a primeira parte do n.º 2 do artigo 10.º, vem depois definir que parte demandada é a pessoa coletiva pública, aqui se incluindo o Estado, Regiões Autónomas, Municípios, Institutos Públicos, Entidades Públicas Empresarias, Autoridades Administrativas Independentes. E isto é assim, porque a lei reconhece a estas entidades personalidade jurídica, logo, nos termos do artigo 8.º-A, n.º 2 do CPTA, tem personalidade judiciária quem tem personalidade jurídica [185].

são/estão legalmente conferidos, quer a título principal [com apelo inclusive do regime/mecanismo previsto no n.º 2 do art. 50.º do CPTA] quer em termos cautelares, se o tiver por estritamente necessário no contexto da estratégia de defesa. É que ao A., enquanto fiador, independentemente dos seus próprios fundamentos de defesa e no respeito dos limites daquilo que são as suas obrigações enquanto garante, mostra-se conferido ainda o direito de poder opor ao credor, na ação administrativa impugnatória que deduz contra o ato que o vise direta e pessoalmente, aquilo que eram os fundamentos de defesa que caberiam ou poderiam ser invocados ou utilizados pela sociedade comercial devedora, de que é garante, e isso independentemente da posição e comportamento desenvolvido pela mesma sociedade quanto à impugnação do ato que a visou. Será, assim, então e apenas perante um novo ato que vise e se dirija ao A. que este gozará de legitimidade processual ativa para a sua impugnação, lançando mão dos meios processuais que, legalmente, lhe estão conferidos e lhe são reconhecidos (...)"

[185] O TCAS no Ac. de 09.05.2013, Proc. n.º 09832/13 (com voto vencido, mas que não releva para os termos que aqui se vão mencionar), deu provimento ao recurso jurisdicional, na parte em que é dirigido contra o despacho saneador que conheceu a legitimidade passiva ao Ministério da Agricultura, para ser demandado na ação administrativa especial na qual era peticionada a anulação da decisão final da autoria do vogal do Conselho Directivo do IFAP, IP, que determinou "*a modificação unilateral do contrato com a reposição da quantia de (...)"considerado como indevidamente recebido*", com base na seguinte fundamentação: "*(...) No caso presente, o acto cuja impugnação é pedida (...) foi praticado por um vogal do conselho directivo do IFAP, IP e não por nenhum serviço do Ministério da Agricultura, que deste modo não tem qualquer interesse em contraditar o pedido formulado. VI – De resto, não possuindo o Ministério da Agricultura personalidade jurídica própria, na medida em que se integra na pessoa colectiva Estado, mas apenas personalidade judiciária, nos*

Importando fazer-se notar a exceção à regra acabada de expor, imposta pela segunda parte do n.º 2 do artigo 10.º, segundo a qual nas ações de impugnação de atos administrativos interpostas contra o Estado ou as Regiões Autónomas que se reportem à ação de órgãos integrados nos respetivos ministérios ou secretarias regionais, parte demandada é o ministério ou ministérios, ou a secretaria ou secretarias regionais, a cujos órgãos sejam imputáveis os atos praticados. Assim, e considerando ainda o disposto no artigo 8.º-A, n.º 3 do CPTA, na medida da legitimidade passiva para ser parte nestes processos, decorre também para os ministérios e secretarias regionais a respetiva personalidade e capacidade judiciárias, que de outro modo não possuem.

Já para aferir a legitimidade passiva, nos processos que tenham por objeto atos de entidades administrativas independentes, destituídas de personalidade jurídica (onde se incluem, por exemplo, o Provedor de Justiça, a Comissão Nacional de Eleições, júris de concursos, etc.), dispõe o n.º 3 do artigo 10.º que estes processos são intentados contra o Estado ou as outras pessoas coletivas públicas, aos quais as referidas entidades pertençam.

restritos termos e efeitos previstos no nº 2 do artigo, 10º do CPTA, que não se verificam no caso presente, já que o IFAP, IP – cujo vogal do CD praticou o acto cuja impugnação é pedida – é dotado de personalidade jurídica, a acção deveria ter sido proposta contra este e não contra o Ministério da Agricultura, que assim é manifestamente parte ilegítima."
O mesmo Tribunal no Ac. de 25.05.2012, Proc. n.º 01505/09.3BEBRG, nos autos em que se julgava a decisão do Gestor do "COMPETE", de revogação de decisões de aprovação do financiamento de projetos, com a consequente restituição das verbas já recebidas, decidiu, em consonância com o tribunal da primeira instância *"(...) pela ilegitimidade passiva do ente demandado «IAPMEI» porquanto o órgão a quem é imputável o ato impugnado (autor deste) no caso o despacho (...) proferido pelo Gestor do "COMPETE" (...) não faz parte ou não integra manifestamente aquele ente, termos em que não assistia ao R. legitimidade processual passiva no quadro dos arts. 10.º, 57.º e 78.º do CPTA."* No entanto, não confirmou a decisão judicial impugnada quando decidiu em consequência disto pela a absolvição da instância do Réu, porquanto *"(...) por força do que no quadro do art. 88.º do CPTA se determina e impõe ao julgador, em sede do dever de conhecer obrigatoriamente de «todas as questões que obstem ao conhecimento do objeto do processo», do mesmo ressalta, em decorrência do princípio da cooperação processual (arts. 08.º CPTA e 265.º CPC), a existência dum dever de providenciar pela prévia correção dos articulados e do suprimento das exceções dilatórias."* Chama-se a atenção para o seguinte, a solução prevista no referido artigo 88.º do CPTA, encontra-se agora disciplinada no artigo 87.º do CPTA, na versão introduzida pelo CPTA de 2015.

Para efeitos de impugnação dos atos materialmente administrativos praticados por órgãos do Estado que não pertençam à Administração Pública (v.g. Presidente da República, Assembleia da República e seu presidente, Conselho Superior dos Tribunais Administrativos e Fiscais e seu Presidente), há autores que equiparam estas entidades às entidades administrativas independentes, para efeitos de se lhe aplicar o regime previsto no n.º 3 do artigo 10.º[186], outros consideram que lhes deve ser reconhecida personalidade judiciária, pois só isso é congruente com o estatuto que granjeiam e levou o legislador a atribuir a competência para conhecer dos seus processos, em primeira instância ao STA, e ainda outros que entendem poder-se estabelecer para eles uma analogia com os ministérios, para efeito de lhe aplicar a regra da segunda parte do n.º 2 do artigo 10.º[187].

Passemos agora a assinalar o que está previsto nos n.ºs 4 e 5 do artigo 10.º. A primeira norma determina que não obsta a que se considere regularmente proposta a ação quando na petição tenha sido indicado, como parte demandada, um órgão pertencente à pessoa coletiva de direito público, ao ministério ou à secretaria regional que devem ser demandados. Nestes casos, dispõe o n.º 5, que quando a citação for feita no órgão indicado na petição, considera-se citada a pessoa coletiva, o ministério ou a secretaria regional a que o órgão pertence. Harmoniza-se com estas normas, a disposição contida no artigo 78.º, n.º 3 do CPTA, segundo a qual a indicação na petição inicial como parte demandada do órgão que emitiu o ato administrativo é suficiente para que, nos processos com esse objeto, se considere indicada, quando o devesse ter sido, a pessoa coletiva, o ministério ou a secretaria regional, pelo que a citação que venha a ser dirigida ao órgão se considera feita, nesse caso, à pessoa coletiva, ao ministério ou à secretaria regional a que o órgão pertence.

Em todo o caso, prevê o artigo 82.º, n.º 2 do CPTA que, quando, por erro cometido na petição inicial, na hipótese prevista no n.º 3 do artigo 78.º, seja citado um órgão diferente daquele que praticou o ato administrativo, o órgão citado deve dar imediato conhecimento àquele que o deveria ter sido, beneficiando, nesse caso, a entidade demandada de um

186 Vd. ALMEIDA, MÁRIO AROSO; CADILHA, CARLOS, Comentário ...cit. pág. 113.

187 Vd. MEALHA, ESPERANÇA, Personalidade Judiciária...cit. pág. 20.

prazo suplementar de 15 dias para apresentar a contestação e enviar o processo administrativo, quando exista.

Aqui também concordamos com os autores que entendem que só faz sentido interpretar o artigo 82.º, n.º 2 se, no caso, o órgão que foi erradamente identificado na petição inicial integre, ainda assim, a pessoa coletiva pública ou ministério, com legitimidade para ser demandado na ação. Se assim não acontecer, ou seja, se o órgão citado não pertencer à pessoa coletiva pública ou ministério, com legitimidade para a ação, há ilegitimidade passiva, não se aplicando a disciplina deste normativo[188].

Seguindo, na linha do que resulta do artigo 51.º, n.º 1 do CPTA, o artigo 10.º n.º 9 do CPTA, reconhece legitimidade passiva aos particulares, para serem demandados nas ações de impugnação de atos administrativos por si práticos, no exercício de poderes jurídico-administrativos.

Afinal, devemos analisar as normas contidas nos números 6 e 7 do artigo 10.º, para o caso de além do pedido de anulação ou declaração de nulidade ou inexistência do ato administrativo impositivo de obrigação pecuniária, o autor no processo vier a cumular com este, outros pedidos.

Diz-nos, então, o n.º 6 que havendo cumulação de pedidos, deduzidos contra diferentes pessoas coletivas ou ministérios, devem ser demandadas as pessoas coletivas ou ministérios contra quem sejam dirigidas as pretensões formuladas.

E o n.º 7, dispõe que, quando o pedido principal deva ser deduzido contra um ministério, este tem, igualmente, legitimidade passiva em relação aos pedidos que com aquele sejam cumulados. O exemplo paradigmático em que esta norma é acionada, será aquele em que o autor cumula com o pedido de anulação ou declaração de nulidade ou inexistência do ato administrativo, o pedido de condenação da Administração à reparação de danos.

i) Patrocínio judiciário e representação em juízo

Começando pelo patrocínio judiciário, dita o artigo 11.º, primeira parte do CPTA, que *"nos tribunais administrativos é obrigatória a constituição de mandatário, nos termos previstos no Código do Processo Civil"*.

Esta norma remete, assim, a regulação da referida matéria para os termos constantes do artigo 40.º do CPC que determina a obrigatoriedade

[188] Vd. ALMEIDA, MÁRIO AROSO DE, Manual...cit. pág. 250.

da constituição de advogado: nas causas de competência de tribunais com alçada, em que seja admissível recurso ordinário; nas causas em que seja sempre admissível recurso, independentemente do valor; nos recursos e nas causas propostas nos tribunais superiores.

Permitindo, ainda, o último normativo citado que, mesmo nas causas em que seja obrigatória a constituição de advogado, os advogados estagiários, os solicitadores e as próprias partes possam fazer requerimentos em que se não levantem questões de direito.

Ora, as alçadas dos tribunais administrativos estão definidas no artigo 6.º do ETAF, correspondendo àquelas que se encontram estabelecidas para os tribunais judiciais de 1.ª instância, no caso dos tribunais administrativos de círculo (€5.000,00), e tribunais da relação, no caso dos tribunais centrais administrativos (€30.000,00) (artigo 44.º, n.º 1 da LOSJ). E segundo o artigo 142.º, n.º 1 do CPTA as decisões que admitem recurso são aquelas que, em primeiro grau de jurisdição, tenham conhecido do mérito da causa, nos processos de valor superior à alçada do tribunal de que se recorre, quando a decisão impugnada seja desfavorável ao recorrente em valor superior a metade da alçada desse tribunal, atendendo-se, em caso de fundada dúvida acerca do valor da sucumbência, somente ao valor da causa.

Logo, conjugando as normas acabadas de nomear, delas resulta que não é obrigatória a constituição de advogado nas causas de valor inferior à alçada dos tribunais administrativos de círculo, cujas decisões de mérito não são recorríveis.

Isto só não será assim, nas causas em que seja sempre admissível recurso, independentemente do valor da causa e da sucumbência, e que estão previstas para além das contemplados no CPC (artigo 629.º, n.º 2, alíneas a) e b), e n.º 3, alíneas b) e c)), no artigo 142.º, n.º 3 do CPTA.

Por fim, nas causas em que os tribunais superiores funcionam em primeira instância, que são aquelas, para o que releva na nossa investigação, que se encontram estabelecidas no artigo 24.º do ETAF, é sempre obrigatória a constituição de advogado.

Do lado da representação processual das entidades públicas, devemos começar por dizer que, e concentrando-nos agora no dispositivo do artigo 11.º, n.º 1, segunda parte do CPTA, diz-nos o referido artigo que, as entidades públicas, que no caso estejam a ser demandadas, ou seja, a pessoa coletiva de direito público ou, no caso do Estado ou Regiões Autónomas, o ministério ou a secretaria regional do qual provenha o ato que esteja a ser impugnado, podem fazer-se patrocinar em todos os processos por advogado, solicitador ou licenciado em direito ou em solicitadoria com funções de apoio jurídico.

Aqui não importa relevar a questão relativa à representação do Estado pelo Ministério Público, que está reservada para aquelas ações que não se incluem no espectro de aplicação do artigo 10.º, n.º 2, 2.º parte do CPTA, como tipicamente é o caso das ações objeto do presente estudo. Ou seja, quando por força do mencionado artigo 10.º, n.º 2, 2.º parte do CPTA, esteja a ser demandado no processo o ministério ou a secretaria regional, pela prática do ato administrativo objeto da ação de impugnação, a sua representação no processo vai ser feita, por força do disposto no artigo 11.º, n.º 1, 2.ª parte, por advogado, solicitador ou licenciado em direito ou em solicitadoria com funções de apoio jurídico.

Estabelecendo o artigo 11.º, n.º 2 do CPTA que, no caso de o patrocínio recair em licenciado em direito ou em solicitadoria com funções de apoio jurídico, expressamente designado para o efeito, a referida atuação no âmbito do processo fica vinculada à observância dos mesmos deveres deontológicos, designadamente de sigilo, que obrigam o mandatário da outra parte.

Concordamos com a doutrina que entende que o patrocínio por solicitador ou licenciado em solicitadoria com funções de apoio jurídico só pode ocorrer nos termos do artigo 40.º do CPC, nos casos em que não seja obrigatório a constituição de advogado ou, sendo tal obrigatório, quando se trate de apresentar requerimentos em que não se levantem questões de direito[189].

A seguir, diz-nos o artigo 11.º, n.º 3 do CPTA, que o poder de designar o representante da entidade pública no processo, compete ao auditor jurídico (Magistrados do Ministério Público que nos termos do artigo 51.º e 52.º do EMP exercem funções de consulta jurídica junto do Presidente da Assembleia da República, dos membros do Governo ou dos Representantes da República para as regiões autónomas), ou ao responsável máximo pelos serviços jurídicos da pessoa coletiva ou do ministério.

[189] Vd. ALMEIDA, MÁRIO AROSO; CADILHA, CARLOS, Comentário...cit. pág. 129.

Nos processos em que esteja em causa a atuação de uma entidade administrativa independente, ou outra que não se encontre integrada numa estrutura hierárquica, a designação do representante em juízo pode ser feita por essa entidade, nos termos do artigo 11.º, n.º 4 do CPTA.

Por fim, dispõe o n.º 5 do artigo 11.º do CPTA que, nos processos em que esteja em causa a atuação ou omissão de um órgão subordinado a poderes hierárquicos, a designação do representante em juízo pode ser feita por esse órgão, mas a existência do processo é imediatamente comunicada ao ministro ou ao órgão superior da pessoa coletiva.

Para nós, nos casos em que sem essa comunicação o ministro ou o órgão superior da pessoa coletiva não tenha conhecimento do processo, situação que pode resultar nos termos do artigo 10.º, n.º 5 do CPTA, de a citação ter sido feita no órgão subalterno, por que é este que consta da petição, embora não se possa deixar de considerar para efeitos de legitimidade passiva regularmente proposta a ação, a verdade é que, tal pode ter implicações na regularidade do mandato, quando não haja ratificação dos atos praticados no processo pelo superior hierárquico e, por isso, é uma a situação que deve, nos termos do artigo 48.º do CPC *ex vi* artigo 1.º do CPTA, ser suscitada oficiosamente pelo Tribunal.

j) Poderes do juiz administrativo nos processos impugnatórios

Importa, ainda, fazer menção aos poderes do juiz administrativo nos processos judiciais aqui em estudo, tal como estão plasmados no artigo 95.º, n.º 3 do CPTA.

Segundo a primeira parte desta norma, nos processos impugnatórios, o tribunal deve pronunciar-se sobre todas as causas de invalidade que tenham sido invocadas contra o ato impugnado, exceto quando não possa dispor dos elementos indispensáveis para o efeito. Esta norma, tem por finalidade evitar que, caso a Administração Pública em sede de execução de sentença venha a renovar o ato administrativo, não reincida em vícios já invocados pelo particular na ação administrativa.

Mais dificuldades de aplicação estão associadas à segunda parte da referida norma, designadamente, quando se tenta harmonizá-la com o princípio do dispositivo, previsto no artigo 5.º, n.º 1 do CPC e com refrações no artigo 78.º, n.º 2 alínea f) do CPTA que estipula que o Tribunal deve ainda nos processos impugnatórios, identificar a existência de causas de invalidade diversas das que tenham sido alegadas, ouvidas as partes para alegações complementares pelo prazo comum de 10 dias, quando o exija o respeito pelo princípio do contraditório[190].

k) Legitimidade para interpor recurso de sentenças proferidas em processos impugnatórios

Pela mesma razão exposta *supra*, dispõe o artigo 141.º, n.ºs 2 e 3 do CPTA, que trata de regular a legitimidade para interpor recurso de sentenças proferidas em processos impugnatórios, o seguinte: nos processos impugnatórios, considera-se designadamente vencido, o autor que, tendo invocado várias causas de invalidade contra o mesmo ato administrativo, tenha decaído relativamente à verificação de alguma delas, na medida em que o reconhecimento, pelo tribunal de recurso, da existência dessa causa de invalidade impeça ou limite a possibilidade de renovação do ato anulado.

Ainda que um ato administrativo tenha sido anulado com fundamento na verificação de diferentes causas de invalidade, a sentença pode ser impugnada com base na inexistência de apenas uma dessas causas de invalidade, na medida em que do reconhecimento da inexistência dessa causa de invalidade dependa a possibilidade de o ato anulado vir a ser renovado.

Ou seja, nos termos do normativo citado, as partes têm legitimidade para interpor recurso da sentença, quando pretendem recorrer de parte da mesma que, ou julgando improcedente, ou procedente, determinado vício do ato administrativo, disso resulte a possibilidade ou impossibilidade de renovação do ato em sede de execução da sentença, o que com o recurso se pretende impedir.

l) Ónus da prova

A distribuição do ónus da prova nos processos impugnatórios, vai ser feita por referência não à posição que as partes ocupam no processo, mas sim à que detêm na relação jurídica substantiva que está na base do litígio.

[190] Para uma perspetiva sobre a problemática gerada em torno do segmento da referida norma, e das posições dispares que têm sido adotadas pela jurisprudência e pela doutrina nesta matéria, vd. DAVID, SOFIA, "O artigo 95.º do CPTA: Uma breve análise", Formação Contínua, Processo Administrativo, Jurisdição Administrativa e Fiscal, Setembro de 2020, Centro de Estudos Judiciários, págs. 43 a 48.

No caso concreto, como é a Administração Pública que se arroga de um direito de crédito que impôs ao particular através do ato administrativo, cabe-lhe o ónus da prova da verificação dos pressupostos de facto e de direito de que depende o conteúdo do ato impositivo, nos termos do artigo 342.º, n.º 1 do CC[191].

4. Impossibilidade de apreciação da legalidade dos atos administrativos criadores de obrigações pecuniárias em sede de oposição à execução fiscal

Um dos assuntos que vem ocupando os Tribunais, quando o ato administrativo controvertido fixa uma obrigação pecuniária de natureza não tributária, diz respeito à apreciação da sua legalidade concreta em sede de oposição à execução fiscal, que tem merecido uma resposta uniforme da jurisprudência no sentido de não ser admissível[192].

[191] Vd, ALMEIDA, MÁRIO AROSO DE, Manual...cit. págs. 84 e 85; e ANDRADE, J. C. VIEIRA DE, A justiça Administrativa...cit. págs. 423 a 424.

[192] Neste sentido, vd. o Ac. do STA de 11.02.2009, Proc. n.º 0924/08 (dívida relativa a reposição de vencimentos) *"(...) Daí que, assegurando a lei meio judicial de impugnação ou recurso contra este acto, a sua eventual ilegalidade não pode servir de fundamento da oposição deduzida, nos termos da alínea h) do n.º 1 do artigo 204.º do CPPT. E nem pode também servir de fundamento nos termos da alínea i) do n.º 1 do mesmo preceito legal, pois, como se disse, nesta alínea só cabem como fundamentos de oposição qualquer outro não referido nas alíneas anteriores, a provar apenas por documento, desde que não envolva apreciação da legalidade da liquidação da dívida exequenda, nem represente interferência em matéria de exclusiva competência da entidade que houver extraído o título."* ; o Acórdão do STA de 29.01.2014, Proc. n.º 01805/13 (Indemnização devida por exclusão da Academia Militar) *"Como resulta da citada alínea h) do art. 204.º, n.º 1, do CPPT, só poderá conhecer-se na oposição à execução fiscal da legalidade em concreto da dívida exequenda nas situações em que a lei não assegure meio judicial de impugnação ou recurso contra o acto de liquidação. Ou seja, apenas nas raras situações em que a dívida exequenda não tenha origem em acto tributário ou administrativo prévio. No caso, essa discussão só poderá ter lugar em sede de acção administrativa especial (...)."*; o Ac. do TCAN de 25.03.2010, Proc. n.º 01278/06.1BEBRG (dívida por subsídio concedido pelo IEFP), *"(...) a ilegalidade em concreto do acto que originou a dívida exequenda só poderá ser invocada como fundamento de oposição à execução fiscal quando a lei não previr meios para a respectiva impugnação contenciosa e embora a lei se refira, na sua letra, à ilegalidade da "liquidação", a mesma abrange, naturalmente, outros actos dos quais resultem obrigações exigíveis coercivamente através do processo de execução fiscal (como se refere no acórdão STA 23 Out. 2002, processo 0966/02, www.dgsi.pt, "nos casos em que não existe um acto de liquidação propriamente dito, não deve admitir-se a discussão da sua legalidade quando a lei prevê a sua impugnação contenciosa, não podendo, pois, deslocar-se a respectiva sindicância judicial para o meio processual de oposição à execução")*. E ainda, os seguintes Acs. do STA, de 01.06.2011, Proc. n.º

Esta é uma questão recorrente, porque, muitas das vezes, os particulares, embora notificados há muito do conteúdo do ato administrativo exequendo (aquele que criou a obrigação pecuniária) e executivo (como aquele que lhes concede um prazo para procederem ao pagamento voluntário), optam por apenas reagir contenciosamente quando são citados para os termos da execução fiscal, altura em que, na maioria dos casos, apenas se encontrarão em tempo de utilizar um meio processual: a oposição à execução fiscal, cujos fundamentos estão taxativamente previstos no artigo 204.º, n.º 1 do CPPT, uma vez que a referida norma menciona expressamente que a oposição "só" poderá basear-se nos fundamentos previstos nas respetivas alíneas.

O problema é que, como já se adiantou, em tal oposição à execução fiscal, já não poderão substanciar como fundamento da mesma a ilegalidade concreta daquela "liquidação" (do ato que fixou a obrigação pecuniária), nomeadamente, a preterição de formalidades ou a imputação de erros nos pressupostos de facto e de direito, já que esse meio processual apenas o permite fazer quando a Lei não lhes assegure um meio judicial para a impugnação do ato exequendo (que, no caso assegura, por intermédio da ação administrativa prevista no artigo 37.º, n.º1 alínea a) do CPTA).

Na verdade, como resulta do artigo 204.º, n.º 1 alínea h), a oposição à execução fiscal, só poderá ter por fundamento a discussão da legalidade da dívida, quando a lei não assegure meio judicial de impugnação contra a mesma, ou seja, naquelas situações excecionais em que a dívida exequenda não foi antecedida da prática de ato administrativo definidor da obrigação pecuniária. O que de resto, não é o caso daquelas que são impostas por ato administrativo às quais dedicamos este trabalho, porque, como já se analisou, a lei assegura um meio processual para discutir a sua ilegalidade, que é a ação administrativa de impugnação de ato administrativo (artigo 37.º, n.º 1, alínea a) do CPTA). Sendo que, além do mais, a apreciação da legalidade da referida dívida em sede de oposição à execução fiscal, também é proibida pela alínea i) do normativo citado, porque os fundamentos

0214/11 (dívida proveniente do Fundo Social Europeu), de 21.11.2012, Proc. n.º 0714/12 (dívida ao IEFP), de 05.11.2014, Proc. n.º 01322/13 (dívida ao IFADAP), de 08.07.2015, Proc. n.º 0721/14, (dívida ao IAPMEI), de 13.04.2016, Proc. n.º 01068/14 (dívida ao IFADAP), de 11.01.2018, Proc. n.º 01334/17 (restituição de prestações sociais, subsídio de desemprego).

que podem ser usados ao abrigo desta norma, como lá está escrito, não podem envolver a apreciação da legalidade da liquidação da dívida exequenda.

Reproduzindo aqui as considerações de JORGE LOPES DE SOUSA, que valem para as dívidas aqui em análise, a *"taxatividade dos fundamentos de oposição não implica uma restrição aos direitos fundamentais de acesso aos tribunais, à tutela judicial efectiva e ao recurso contencioso, uma vez que a impugnação de actos lesivos é permitida sempre que a lei não assegurar um meio de os impugnar contenciosamente, como expressamente se refere na línea h) do n.º 1. (...) esta restrição dos fundamentos admissíveis de oposição tem de ser vista numa perspectiva de tutela judicial efectiva dos direitos dos cidadãos, considerando a globalidade dos meios contenciosos previstos na lei para reacção contra os actos tributários, que permitem que, em qualquer situação, aqueles não fiquem impossibilitados de fazer valer judicialmente os seus direitos e interesses legítimos, desde que usem os meios adequados para cada situação, dentro dos condicionalismos previstos na lei. Por isso, o carácter taxativo dos fundamentos de oposição não consubstancia uma restrição daqueles direitos, mas sim um seu condicionamento, que não é proibido pela Constituição."*[193]

4.1. Erro na forma de processo

Associada à questão exposta, aparece de imediato outra, que passa por saber se no caso concreto ocorre erro na forma de processo, e se a resposta for positiva, se existe algum obstáculo à convolação para o meio processual adequado, para discutir a legalidade da dívida exequenda, que como vimos será a ação administrativa de impugnação de ato administrativo, prevista no artigo 37.º, n.º 1, alínea a) e 50.º e seguintes do CPTA.

O artigo 2.º, n.º 2 do CPC, consagra o princípio da tipicidade das formas processuais, segundo o qual *"A todo o direito, exceto quando a lei determine o contrário, corresponde a ação adequada a fazê-lo reconhecer em juízo (...)"*. Na mesma linha dispõe o artigo 97.º, n.º 2 da LGT.

Fazendo uma síntese da jurisprudência, sobretudo do STA, produzida nesta matéria, podemos então dizer que *"O erro na forma do processo traduz-se numa nulidade que consiste na utilização de meio processual impróprio, aferindo-se tal erro pela adequação do meio processual utilizado ao fim por ele visado: se o pedido, ou seja, a concreta pretensão de tutela solicitada*

[193] Cfr. SOUSA, JORGE LOPES DE, Código de Procedimento ...cit. Vol. III, págs. 441 e 442.

pelo autor ao tribunal não se ajusta à finalidade abstractamente figurada pela lei para essa forma processual ocorre erro na forma do processo"[194],

[194] Cfr. Ac. do STA de 21.11.2012, Proc. n.º 0714/12. Em sentido diverso do tribunal de 1.ª instância, o STA no referido acórdão, estando em causa oposição à execução fiscal instaurada para cobrança de dívida ao IEFP, IP, conclui que *"Se o oponente pede a extinção da execução e estrutura a causa de pedir com fundamentos adequados à oposição, tais como, a ilegitimidade para ser chamado à execução e vícios formais do acto de reversão, não se verifica qualquer erro na forma do processo, o que não significa que, atentas as causas de pedir, a oposição seja de proceder."* A apresentada conclusão tem por base o seguinte argumentário: *"Analisando a petição inicial verifica-se, como vimos, que o recorrente invocou a fundamentar a oposição a ilegitimidade para ser chamado à execução, que constitui fundamento da oposição, nos termos do estatuído no art. 204º, nº 1, alínea b), do CPPT. E, ainda, como alega o recorrente, "A matéria dos art°s 11º a 19º, a apreciar sem prescindir da matéria dos arts. 1° a 10º, é vertida para a hipótese de se estar a considerar ser o oponente chamado à execução na qualidade de responsável subsidiário, sem se dar cumprimento ao art° 23°, n° 4 da LGT." "De igual forma, a matéria invocada no artº 20º e ss da p.i. de oposição até final, na mesma relação de subsidiariedade do alegado nos artsº. 1° a 10°, contende com a discussão da mesma (i)legitimidade do oponente, não ter sido investido, de direito, como gerente daquela sociedade ou, alguma vez, ter assumido ou praticados actos que o pudessem indiciar como gerente, de facto, da sociedade". Por outro lado, como ficou dito, o recorrente termina a oposição pedindo a extinção da execução. Por conseguinte, se o recorrente invocou vícios formais foi no pressuposto de estar a deduzir oposição na qualidade de responsável subsidiário, contra o qual havia revertido a execução, por preterição de formalidades legais do acto de reversão, por não observância do disposto no art. 23º, nº 4, da LGT. Constitui jurisprudência consolidada deste Supremo Tribunal (Cfr. os Acórdão do STA de: 28 de Março de 2012, proc nº 953/11, 16 de Novembro de 2011, proc nº 681/11; e, recentemente, o Acórdão de10 de Outubro de 2012, proc nº 702/12, com indicação de vasta jurisprudência.) que o meio processual adequado para atacar o despacho de reversão com fundamento em vícios formais do mesmo é a oposição, bem como para reagir contra o acto de reversão proferido em processo de execução fiscal com fundamento na falta de pressupostos, de legitimidade, de fundamentação ou outros vícios que o afectem. Assim sendo, na perspectiva do recorrente, tal como ele gizou a oposição, e tendo em conta o pedido e a forma como estruturou a causa de pedir, o meio processual é o adequado, pelo que se afigura não subsistir o alegado erro na forma de processo. Agora o facto de o meio processual ser idóneo não quer dizer que assista razão ao recorrente e que a oposição tenha de proceder. (...) Se bem se entende a sentença recorrida, segundo a Mª Juíz "a quo" o recorrente para se defender de forma eficaz deveria ter usado a Acção Administrativa Especial com vista a obter a anulação ou declaração de nulidade do despacho (...) que converteu em reembolsável o subsídio não reembolsável concedido ao abrigo do mencionado Contrato de Concessão de Incentivos, que esteve na base da emissão da certidão da dívida exequenda. Na verdade, sendo o recorrente responsável solidário, nos termos expostos, para discutir se de facto há ou não incumprimento do contrato de incentivos em causa, a sede própria para se defender seria no âmbito da discussão da legalidade do despacho que procedeu à rescisão unilateral de tal contrato, e não em sede de oposição à execução fiscal. (...) Acontece, porém, que uma coisa é o que o recorrente, na óptica da Mmª Juíza "a quo" deveria ter feito, outra bem diferente foi o meio concretamente utilizado. E, em relação a este último aspecto, assiste razão ao recorrente quanto à não existência de erro na forma de processo."*

enfim por outras palavras, o *"erro na forma de processo afere-se em relação ao pedido"*[195]

Assim, *"já saber se as causas de pedir aduzidas podem ou não suportar esse pedido é matéria que se situa no âmbito da procedência. Por isso, com o fundamento de que as causas de pedir invocadas não são adequadas ao pedido formulado poderá decidir-se no sentido da improcedência da acção, mas não no sentido da verificação do erro na forma do processo. A circunstância de as causas de pedir gizadas não constituírem, porventura, fundamentos válidos de oposição à execução fiscal, não constitui motivo para dar por verificada uma nulidade processual por erro na forma de processo, mas, ao invés, motivo para a improcedência do pedido com base nessa causa de pedir.* [196]

Já concluindo pela existência de erro na forma do processo, veja-se o Ac. do TCAN de 29.09.2016, Proc. n.º 01325/08.2BEVIS, *"(...) a ação foi instaurada como processo de oposição contra a execução instaurada (...) com base em certidão de dívida emitida pelo IAPMEI (...) para cobrança do valor (...) relativo devolução de parte do capital do incentivo recebido (...)", "(...) no essencial, a Oponente/ Recorrente giza a causa de pedir como um ataque à decisão relativa aos fundamentos do incumprimento do subcritério B1 e aos vícios de forma que acompanharam a decisão, concluindo pelo pedido de declaração de nulidade do acto que determinou a devolução de parte do incentivo. (....) O pedido formulado deve ser compatível com o objectivo da oposição à execução fiscal, que é o da extinção da execução e não a declaração de nulidade do acto que determinou a devolução de parte do incentivo. Aferindo-se o erro na forma do processo pelo pedido formulado (...), facilmente se conclui que a ação enferma de erro na forma de processo. (...)"*

[195] Cfr. Ac. do STA de 08.07.2015, Proc. n.º 0721/14. Neste Acórdão, embora não seja o objeto do recurso, parece que este Tribunal não concorda com o decisão do tribunal de primeira instância que julgou verificado o erro da forma de processo e absolveu da instância o IAPMEI na oposição à execução fiscal instaurada para cobrança de dívida a este instituto, assim dizendo: *"Porém, não obstante se constatar que o pedido formulado em sede da oposição é o de «a execução fiscal ser julgada procedente, por provada e, em consequência, ser julgada extinta a instância executiva» (e o erro na forma de processo afere-se em relação ao pedido) o acerto ou desacerto legal do decidido quanto a esta matéria da «convolação» nem vem posto em crise no recurso (onde, como se disse, a questão da competência apenas é suscitada em relação à própria apreciação da oposição à execução)".*

[196] Cfr. Ac. do STA de 03.06.2020, Proc. n.º 01824/18.8BEBRG. E ainda, Acs. de 18.06.2014, Proc. n.º 01549/13 e de 28.03.2012, Proc. n.º 1145/11. O STA no Ac. de 05.11.2014, Proc. n.º 01322/13, confirmou a sentença do TAF de Mirandela que julgou improcedente a oposição à execução fiscal deduzida para cobrança coerciva de dívida ao IFADAP, resultante da rescisão unilateral do contrato de atribuição de ajudas no âmbito de medidas agro ambientais *"(...) no entendimento de que os fundamentos invocados pelo oponente – inexistência da dívida, por ilegalidade da passagem de certidão de dívida pelo IFADAP, em razão da alegada interposição atempada de recurso hierárquico para o Ministro da Agricultura e Pescas com efeito suspensivo da decisão recorrida e ilegalidade*

É imprescindível, todavia, trazer aqui à colação, a relevância que alguns acórdãos deste Tribunal de cúpula têm dado àquilo que vem sendo designado como *pedido implícito*, com base no princípio *pro actione*, enunciado no artigo 7.º do CPTA, subsidiariamente, aplicável ao processo de execução fiscal por força do disposto no artigo 2.º, alínea c) do CPPT.

Tal teoria do pedido implícito permitirá suprir eventuais imprecisões dos oponentes na formulação do respetivo pedido quando, por exemplo, na petição de oposição à execução fiscal estes formulem, a final, um pedido de anulação da execução fiscal (e não de extinção da execução fiscal, como seria formalmente correto) e, para o efeito, a causa de pedir permita inculcar a ideia de que efetivamente pretendem reagir contra tal ato administrativo (imputando-lhe vícios) e não contra a execução fiscal (através dos fundamentos taxativos que se encontram previstos no artigo 204.º do CPPT). Em situações como essa, isto é, em que toda a causa de pedir se dirija à imputação de vícios ao ato administrativo exequendo, o Tribunal encontra-se autorizado a interpretar tal pedido de anulação da execução fiscal, como sendo um verdadeiro pedido de anulação de ato administrativo que, como se sabe, é típico, não da oposição fiscal, mas sim da ação administrativa de impugnação prevista na alínea a) do n.º 1 do artigo 37.º do CPTA. Foi, assim, de resto, que, entre vários outros acórdãos, o STA concluiu que a circunstância de *"não ser pedida explicitamente a anulação do acto, desde que seja perceptível a intenção do oponente de o atacar, o que no caso em apreço se verifica pois o oponente imputa ao acto que ordenou a reposição uma série de vícios, ainda que no final não peça a anulação do mesmo mas sim a sustação da execução fiscal (...)."*, não pode obstar a que conclua pela existência de erro na forma de processo.[197]

Por razões atinentes à economia processual, o erro na forma de processo, enquanto nulidade de conhecimento oficioso (artigo 193.º, n.º 1 e 196.º do CPC, *ex vi* artigo 2.º, alínea e) do CPPT), impõe ao Tribunal a convolação do processo para a forma de processo adequada, conforme dispõe o

da liquidação da dívida exequenda, por ser falso o fundamento da liquidação –, não se enquadram em nenhum dos previstos no art. 204.º do CPPT."

[197] Cfr. Ac. do STA de 11.02.2009, Proc. n.º 0924/08 (estava em causa uma ação de oposição à execução fiscal instaurada para cobrança de dívida relativa a "reposição de vencimentos"), no sumário deste acórdão pode-se ler que *"A formulação de um pedido de extinção da execução fiscal, com fundamento na ilegalidade do acto de liquidação da dívida exequenda, tem implícita uma pretensão de eliminação jurídica deste acto."*

artigo 98.º, n.º 4 do CPPT e 97.º, n.º 3 da LGT, anulando-se apenas os atos que não possam ser aproveitados para a forma processual adequada, sem a diminuição das garantias de defesa da outra parte processual (artigo 193.º, n.ºs 1 e 2 do CPC), sempre que isso não se mostre inviável.

Quando não for possível a correção do erro na forma de processo nos termos enunciados, se isso se verificar na fase preliminar, haverá rejeição da oposição à execução fiscal (artigo 209.º, n.º 1, alínea b) e 204.º do CPPT e artigo 590.º, n.º 1 do CPC , *ex vi* artigo 2.º, alínea e) do CPPT). Ultrapassada esta fase, anular-se-á todo o processo, com a absolvição do réu da instância (artigos 278.º, n.º 1 alínea b), 576.º, n.º 1 e 2 do CPC e 577.º, alínea b) do CPC, ex vi artigo 2.º, alínea e) do CPPT).

4.2. Obstáculos à convolação

Nos termos que se deixaram expostos, concluindo-se pela existência de erro na forma de processo, a convolação da oposição à execução fiscal em ação administrativa a fim de nesta se discutir a legalidade da dívida exequenda, só pode ocorrer se não se mostrar inviável o prosseguimento do processo na forma processual adequada.

Assim, nomeadamente, obstam à referida convolação as seguintes circunstâncias: (i) já ter sido instaurado uma ação administrativa visando obter o efeito que resultaria da convolação[198], pois ocorria uma situação de litispendência (artigos 580.º, 581.º e 582.º do CPC)[199]; (ii) ocorrer a

[198] Neste sentido, vd. Ac. do STA de 29.01.2014, Proc. n.º 01805/13, em que se decidiu o recurso da sentença do TT de Lisboa, que julgou improcedente a ação de oposição à execução fiscal instaurada para cobrança de dívida por indemnização devida pela exclusão da Academia Militar. Na parte que para aqui interessa, concluiu que "*(...) No caso, essa discussão só poderá ter lugar em sede de acção administrativa especial que, de ácordo com a matéria de facto que foi dada como assente, o ora Recorrente instaurou em ordem à discussão da legalidade do despacho que decretou a sua eliminação da frequência da Academia Militar, por falta de aproveitamento e a obrigatoriedade de indemnização à Fazenda Pública. Por isso, como também bem referiu a Juíza do Tribunal a quo, não há sequer que ponderar, ao abrigo do disposto no art. 98.º, n.º 4, do CPPT, uma eventual convolação da oposição em acção administrativa especial.*"

[199] Vd. SOUSA, JORGE LOPES DE, Código de Procedimento e de Processo Tributário, Anotado e Comentado, Vol. II, 6.ª edição, págs. 89 e 90, Áreas Editora, 2011. Este autor, nas citadas páginas, ainda diz o seguinte: "*Porém, se houver dúvidas sobre se todos os pedidos irão ser objecto de apreciação no processo que, na sequência de decisão de litispendência deve prosseguir, será de suspender a instância no processo em que litispendência deve ser declarada, até que se confirme ou não que todas as questões que são objecto do segundo processo são apreciadas no primeiro*"

intempestividade da petição inicial considerando o prazo de interposição da ação administrativa, para que se pretende convolar[200], porquanto tal

[200] No já citado Ac. de 11.02.2009, Proc. n.º 0924/08, o STA concluiu que "*Na sentença recorrida, considerou-se não ocorrer o obstáculo da extemporaneidade, que agora se confirma, porquanto tendo o recorrente sido notificado da decisão em Janeiro de (...) a petição inicial deu entrada no Serviço de Finanças competente em (...), ou seja ainda dentro do prazo de três meses de que dispunha para intentar a acção adequada, nos termos da alínea b) do n.º 2 do artigo 58.º do CPTA, aqui aplicável. (...)*"
O TCAN, no Ac. de 25.03.2010, Proc. n.º 01278/06.1 BEBRG, tendo sido apresentado oposição à execução para cobrança de dívida proveniente de subsídio concedido pelo IEFP, concluiu que no caso concreto não ocorria obstáculo à convolação por intempestividade do meio processual adequado, a ação administrativa, assim fundamentando: "*Em princípio, apresentada a oposição em 14 de Agosto (...), ocorreria a intempestividade do meio para que se pretende convolar, no caso a acção administrativa especial. Porém, nos termos da norma do artigo 58º nº 4 do CPTA, desde que não tenha expirado o prazo de um ano, a impugnação será admitida, para além do prazo de três meses da alínea b) do nº 2, caso se demonstre, com respeito pelo princípio do contraditório, que, no caso concreto, a tempestiva apresentação da petição não era exigível a um cidadão normalmente diligente, nomeadamente, por a conduta da Administração ter induzido o interessado em erro. Ora, na situação presente e como resulta da matéria de facto provada, do ofício que serviu para notificar o acto que determinou o reembolso do apoio financeiro concedido ao Recorrente e que originou a dívida exequenda, consta o seguinte: "Mais se informa que, no prazo, respectivamente de 15 ou 30 dias úteis após a data em que for ou se considerar notificado do presente ofício poderá reclamar ou, em alternativa, recorrer da presente decisão, através de requerimento escrito dirigido, respectivamente, ao Senhor Delegado Regional do Norte do IEFP ou ao Presidente do Conselho Directivo do IEFP, a entregar neste Centro de Emprego". Da notificação do acto resultava, portanto, uma indicação equívoca dos meios de reacção ao dispor do interessado, pois apenas se referiam como tais, a reclamação e o recurso hierárquico e não, como se impunha, o meio contencioso de reacção, no caso a acção administrativa especial, uma vez que se trata de um acto directamente impugnável, nos termos gerais do artigo 51º do CPTA. Essa ambiguidade da notificação bem pode ter impedido uma apresentação tempestiva da acção administrativa especial e, nesse caso, estaria aberta a possibilidade de o Recorrente beneficiar do prazo mais longo a que se alude naquele artigo 58º nº 4 do CPTA. Trata-se, em todo o caso, de questão a ponderar no momento próprio e com respeito do princípio do contraditório, como se refere na mencionada norma legal. Para o que agora importa, afigura-se-nos que a intempestividade da acção administrativa especial não é, face ao que acabamos de referir, manifesta e inequívoca e, por isso, não se vê que possa constituir, nesta fase, obstáculo à convolação da petição inicial da oposição em petição de acção administrativa especial, cabendo ao tribunal a quo, uma vez ordenada a convolação, pronunciar-se, em termos definitivos, sobre a tempestividade do meio processual.*"
Sobre este particular aspeto, SOUSA, JORGE LOPES DE, Código de Procedimento ...cit., Vol. II, págs. 91 e 92 considera "*(...) irrelevante, para efeito da convolação que a petição seja intempestiva para o meio processual inadequado que foi indevidamente utilizado, pois o que é decisivo para o aproveitamento da petição em que a convolação se traduz é a tempestividade para o meio adequado.*" E ainda que "*(..) o tribunal só deve afastar a convolação se existirem elementos seguros para concluir pela intempestividade, isto é, se tiver a certeza que a convolação é inútil, pois só com a certeza da inutilidade o*

redundaria na prática de um ato inútil, o que não é permitido (artigo 130.º do CPC); (iii) parece-nos também que a falta de impugnação administrativa necessária prévia, nos casos em que é obrigatória para aceder à via contenciosa, pode constituir também um óbice à convolação, porque a mesma, como já expusemos *supra*, constitui um pressuposto processual atípico de que depende a instauração da ação administrativa de impugnação de ato administrativo; (iv) a invocação de fundamentos que correspondem a pedidos distintos e diferentes formas processuais, já que o juiz está impedido de optar por qualquer uma delas[201]; (v) embora não seja uma questão com entendimento uniforme na jurisprudência, a incompetência dos tribunais tributários para conhecer da ação administrativa

art. [130.º] do CPC proíbe a prática de actos processuais. Se não houver elementos para decidir no sentido da tempestividade ou da intempestividade [G] haverá que aplicar as regras [G] que impõem a correcção da forma de processo, sem prejuízo de o juiz que vier a ser competente para a nova forma processual poder concluir pela intempestividade, necessariamente depois de apurar novos elementos que sustentem tal juízo."

[201] Neste sentido, veja-se o Ac. do STA de 13.04.2016, Proc. n.º 01068/14, em que se apreciava o recurso da sentença do TAF de Viseu que à face da ação de impugnação judicial apresentada, em que era pedida a anulação de dívida ao IFAP, julgou verificado o erro na forma de processo e absolveu o Réu da instância. O recorrente entendia que na situação em apreço se verificam fundamentos de oposição pelo que tribunal *a quo* deveria ter convolado o processo de impugnação para o processo de oposição, mas não lhe foi dada razão. Assim como é possível extrair do referido acórdão, entendeu o colendo Tribunal o seguinte: "*Constata-se aqui que o impugnante colocou ao Tribunal pedidos distintos a que correspondem formas de processo diferentes. Efectivamente a irregularidade de citação é questão a colocar e apreciar em sede do processo de execução cabendo da decisão aí tomada sobre reclamação e eventual recurso dessa reclamação. Todavia o recorrente colocou ainda a questão prévia da ilegitimidade da Fazenda Pública para representar o IFAP e da sua competência em razão da matéria para impulsionar a acção executiva pondo em causa a competência do serviço de finanças para instaurar execução fiscal com o fim de obter a cobrança coerciva da dívida em causa. Ora esta questão poderia como bem assinala o Mº Pº ser subsumível na alínea i) do nº 1 do artigo 204 do CPPT. E nesta parte o processo de oposição seria o meio próprio e adequado para conhecer deste fundamento de oposição. Mas a recorrente não questiona no fundo a inexigibilidade da dívida, antes questiona a legalidade da dívida exequenda. (...) O que a recorrente questiona é a existência da dívida por ela não ser devida já que cumprira o contrato donde a mesma deriva. A recorrente questiona assim a validade do acto administrativo que alicerçado no contrato celebrado como IFAP determinou a reposição dos subsídios. Só que o meio próprio para apreciar validade do acto administrativo é a acção administrativa e não o processo de oposição. Há assim na mesma petição inicial dois pedidos distintos a que correspondem acções diferentes. E também fundamentos invocados correspondentes a esses distintos pedidos. Ora nesta situação em que há cumulação de causas de pedir e pedidos correspondentes a duas formas processuais diferentes o juiz não pode optar por uma delas. A convolação torna-se inviável como bem decidiu o mº juiz.*"

(artigo 44.º do ETAF, artigo 16.º do CPPT e artigos 278.º, n.º 1 alínea a), 279.º e 577º, a) do CPC)[202]

O STA, no seu acórdão de 11.09.2009, Proc. n.º 0924/08, entendeu que a ineptidão da petição inicial, derivada da obscuridade do pedido e da causa de pedir, não constituem um entrave à convolação, porque considerou que o *"tribunal competente sempre poderá fazer o convite à correcção da petição apresentada, se assim o entender."*[203]

[202] O STA no Ac. de 21.11.2012, Proc. n.º 0714/12 ao qual já se fez referência adotou a seguinte jurisprudência: *"Acontece que, mesmo a dar-se como correcto este pressuposto da tempestividade, a convolação teria sempre de considerar-se impossível em virtude da incompetência absoluta dos Tribunais Tributários para apreciar a questão. Com efeito, constitui jurisprudência consolidada deste Supremo Tribunal (...) que a discussão da ilegalidade das decisões que ordenem a restituição de quantias indevidamente recebidas no âmbito das comparticipações do Fundo Social Europeu ou do Instituto do Emprego e da Formação Profissional, em especial, por os recorrentes não serem responsáveis pelas dívidas, não é da competência dos tribunais tributários (art. 49º do ETAF), mas sim dos tribunais administrativos de círculo (art. 44º do ETAF), sendo que a infracção das regras de competência em razão da hierarquia e da matéria determinam a incompetência absoluta do tribunal (cfr. o art. 16º do CPPT). Como a consequência da incompetência absoluta é a absolvição da instância, nos termos do disposto no art. 288º, nº 1, alínea a), do CPC, cabe ao recorrente decidir, nos termos do disposto no art. 289º do CPC, intentar ou não a Acção Administrativa Especial."* Em sentido idêntico, ver o Ac. do TCAN de 29.09.2016, Proc. n.º 01325/08.2BEVIS, também já citado, que acrescenta: *"E salvo o devido respeito, não tem neste caso lugar a aplicação do art. 14º do CPTA. Esta norma que tem como epígrafe «Petição a tribunal incompetente» não tem o alcance de permitir a convolação nos termos que a Recorrente defende. Petição dirigida a tribunal incompetente não é o mesmo que erro na forma de processo e convolação em processo para o qual é materialmente competente outro tribunal."*

Considerando em sentido diverso, que a incompetência do tribunal tributário não impede a convolação, vide o Ac. do STA de 11.02.2009, Proc. 0924/08 *"Também a questão da incompetência do tribunal recorrido em razão da matéria para apreciar a acção administrativa especial não constitui obstáculo à convolação já que, ainda que não estejamos perante acto administrativo em matéria tributária, nada impede que o tribunal tributário, competente para apreciar a oposição à execução e tudo o que nesta se contém, se declare, com esse fundamento, incompetente, para o efeito, e competente o tribunal administrativo, nos termos do n.º 3 do artigo 18.º do CPPT, ainda que essa decisão não vincule este."*, e também o Ac. do TCAN de 25.03.2010, Proc. 01278/06.1BEBRG, no qual se concluiu: *"Finalmente, refira-se que a circunstância de a competência em razão da matéria para conhecimento da acção administrativa especial para que se convola a presente oposição caber, eventualmente, aos juízes do contencioso administrativo (...), também não constitui, nesta altura, obstáculo à convolação, face ao regime legal estabelecido no artigo 14º nº 2 do CPTA."*

[203] Considera-se, porém, que a exceção dilatória da ineptidão da petição inicial por ininteligibilidade do pedido e/ou da causa de pedir não é suscetível de ser sanada por intermédio de convite, isto é, se a petição inicial for inepta, não pode haver lugar a convite (cfr. p. ex. o Ac. do TRE, de 19.01.2012, Proc. n.º 4890/10.0TBPTM.E1, o Ac.do TRL, de 03.12.2020,

Quando haja cumulação real de pedidos, e pelo menos se um dos pedidos for compatível com a oposição à execução, o processo terá que seguir para a apreciação do pedido para o qual esta forma processual é adequada, considerando-se sem efeito o pedido para que esse processo seja inadequado.

Solução esta que, como já se viu, é preconizada por JORGE LOPES DE SOUSA e seguida, de forma que se crê, maioritária, pela jurisprudência, através da aplicação analógica da parte final do n.º 4 do artigo 186.º do CPC[204].

Não podemos, porém, deixar de referir ser defensável uma outra posição no sentido de que tal situação configura uma exceção dilatória de cumulação ilegal de pedidos, nos termos dos artigos 577.º do CPC e 89.º, n.º 4, alínea h) do CPTA, atenta a inadequação processual para um dos pedidos, e, assim, impõe como decisão, não o de "considerar sem efeito", mas sim a absolvição do Réu da instância na parte relativa ao pedido para o qual o meio processual eleito pelo Autor é inadequado, em conformidade com o disposto na alínea e) do n.º 1 do artigo 278.º do CPC[205].

Proc. n.º229/17.2T8ALB.L1-8 e o Ac. do TRG, de 06.02.2020, Proc. n.º 2087/16.5T8CHV-A.G1. Admite-se, ao invés, tal aperfeiçoamento, nos termos do artigo 87.º, n.º 1 alínea b) do CPTA, se nos encontrarmos perante uma mera obscuridade ou deficiência do articulado, e não ininteligibilidade.

[204] Vd. SOUSA, JORGE LOPES DE, Código de Procedimento ...cit., Vol. II, págs. 92 e 93.

[205] Neste sentido, na jurisprudência, vide, entre vários outros, o Ac. do TCAS de 05.11.2020, Proc. n.º 1201/16.5BELRA, apreciando o recurso da sentença do TAF de Leiria, proferida nos autos de oposição à execução fiscal instaurada para cobrança de dívida ao IFAP, revogou-a na parte em que considerou haver erro na forma de processo para a apreciação da inexigibilidade da dívida, por falta de notificação e da legalidade dos juros de mora computados, assim dispondo: *"(...)A final, são densificados três pedidos distintos: a) Um pedido de anulação da decisão do IFAP, que modifica unilateralmente o contrato e exige a devolução do montante de (...).; b) Um pedido, subsidiário, de ser declarada ineficaz a notificação e considerada inexigível a dívida exequenda; c) Um pedido de não consideração dos juros apurados. (...) Assim, quanto ao peticionado que respeita à legalidade de dívida de (...), com efeito, trata-se de fundamentos relativos à legalidade concreta da mencionada dívida, suscetíveis de ser apreciados em sede de ação administrativa, a intentar junto do Tribunal Administrativo de Círculo competente. A lei confere, como decorre do CPTA (cfr. art.ºs 37.º e ss.), um meio ao alcance do administrado e tal revela-se suficiente para se considerar que não se enquadra a situação em causa no âmbito da al. h) do n.º 1 do art.º 204.º do CPPT. Carece, in casu, de pertinência apreciar da possibilidade de convolação, porquanto o processo (...) é o próprio para conhecer de parte dos pedidos [cfr. o Acórdão do Supremo Tribunal Administrativo, de 19.06.2019 (Processo: 01696/17.0BEPRT), onde se sumariou: "Formulando-se na petição de oposição pedidos próprios do processo de oposição e outros que lhe são*

Esta solução tem a virtualidade de permitir ao destinatário a utilização do mecanismo processual previsto no artigo 560.º do CPC, tal como, de resto, resulta do n.º 7 do artigo 4.º do CPTA, tudo, por isso, em prol da preservação da tutela jurisdicional efetiva do cidadão.

alheios, não há que proceder à convolação da petição em outras formas processuais legalmente admitidas, antes se fazendo seguir a mesma apenas quanto aos pedidos que lhe são próprios"]. Como tal, nesta parte, não assiste razão à Recorrente, sendo, pois, de manter a decisão de absolvição do Recorrido da instância quanto ao pedido de anulação da decisão do IFAP, que modifica unilateralmente o contrato e exige a devolução do montante de (...). No entanto, não se acompanha o entendimento do Tribunal a quo quanto ao demais. Com efeito, e independentemente de a argumentação expendida pela Recorrente poder conduzir ou não à procedência da oposição, a verdade é que é fundamento de oposição a falta de notificação do ato de liquidação da dívida exequenda e foi justamente nesta perspetiva que tal foi alegado, tendo sido formulado pedido consonante com tal causa de pedir ("ser declarada ineficaz a notificação e considerada inexigível a dívida exequenda"). O mesmo se refira quanto aos juros de mora. Efetivamente, no caso dos juros de mora liquidados na certidão de dívida que deu origem ao PEF, trata-se de situação enquadrável na al. h) do n.º 1 do art.º 204.º do CPPT, porquanto, para estes, não existe outro meio na lei que permita a sua apreciação em termos de legalidade em concreto. (...)"

Capítulo IV
A execução dos atos administrativos criadores de obrigações pecuniárias não tributárias

1. Enquadramento

Já em sede de execução do ato administrativo do qual decorra a imposição de uma obrigação pecuniária, e atento ao disposto nos artigos 179.º do CPA e 148.º, n.º 2, alínea a) do CPPT, colocam-se questões atinentes à possibilidade de entidades privadas, no exercício da função administrativa, poderem usar o processo de execução fiscal para cobrar coercivamente as suas dívidas fixadas por ato administrativo; e sobre se o artigo 179.º do CPA, constitui *uma norma de carácter geral* que autoriza a cobrança coerciva dos créditos, decorrentes da prática de atos administrativos através do processo de execução fiscal, mesmo na ausência de normas especiais, com habilitação especial para o efeito, nos diplomas que disciplinam a organização e atividade das diferentes entidades que desempenham a função administrativa.

A estas questões fundamentais procuraremos dar resposta neste capítulo que agora se inicia, reservando um espaço a final para sinalizar normas de habilitação especial que atribuem a diferentes entidades, no desempenho da função administrativa, o mandato para a cobrança coerciva dos seus créditos fixados por ato administrativo, através do processo de execução fiscal.

2. A insuficiência do critério formal ou orgânico de Administração Pública para definir o âmbito de aplicação do artigo 179.º do CPA e do artigo 148.º do CPPT

Um dos problemas que se coloca a propósito da temática que aqui nos ocupa, relaciona-se com a possibilidade de pessoas coletivas privadas, mesmo que só, excecionalmente, encarregues do desempenho de tarefas administrativas, poderem usar o processo de execução fiscal, numa fase coerciva, para exigir o pagamento das dívidas de que são credoras, quando as mesmas são impostas por atos administrativos por si praticados. Tal questão coloca-se, e não sem razão, considerando, em primeiro lugar, o disposto no artigo 179.º, n.º 1 do CPA, que se refere a "*pessoas coletivas públicas*", como as entidades que podem exigir o cumprimento de prestações pecuniárias através do processo de execução fiscal, e também, levando em conta o previsto no artigo 148.º, n.º 2 alínea a) do CPPT, que, em termos semelhantes, permite que sejam cobradas mediante processo de execução fiscal, nos casos e termos expressamente previstos na lei, "*outras dívidas ao Estado e a outras pessoas colectivas de direito público*" que devam ser pagas por força de ato administrativo.

Contudo, e como vamos ver, mesmo perante o texto das citadas normas, hoje não nos parece defensável, que só pessoas coletivas públicas, isto é, aquelas integradas na Administração Pública em sentido formal ou orgânico possam usar o processo de execução fiscal numa fase de incumprimento voluntário das obrigações pecuniárias, para fazer valer o seu direito de crédito fixado no ato administrativo perante os particulares, considerando as razões que vamos passar a expor.

A cobrança de créditos que devem ser pagos por força de ato administrativo através do processo de execução fiscal, nos termos do artigo 148.º, n.º 2 alínea a) do CPPT, depende de lei que preveja expressamente essa forma de pagamento. Embora a seguir voltemos a este assunto, hoje, em termos pacíficos, aceita-se que o artigo 179.º, n.º 1 do CPA contém uma norma geral que permite então a referida cobrança através do processo de execução fiscal quando, por força de um ato administrativo, devam ser pagas prestações pecuniárias a uma pessoa coletiva pública, ou por ordem desta.

E, por conseguinte, o artigo 2.º, n.º 1 do CPA manda aplicar as disposições do referido código respeitantes à atividade administrativa (que incluem, os artigos 175.º a 183.º do CPA, referentes à execução do ato administrativo, e, portanto, o citado artigo 179.º), à conduta de quaisquer entidades, independentemente da sua natureza, adotada no exercício de poderes públicos ou regulada de modo específico por disposições de direito administrativo.

Pelo que, a outra conclusão, não se pode chegar, como alvitramos, que não seja a de que as entidades privadas, mesmo que só em parte associadas ao cumprimento da função administrativa, desde que habilitadas por lei ou contrato, a exercer poderes públicos de autoridade, que assim lhes permitam fixar obrigações pecuniárias através do ato administrativo, possam usar o processo de execução fiscal, para cobrar os seus créditos, porque se lhes aplica o artigo 179.º do CPA, e assim o artigo 148.º, n.º 2 alínea a) do CPPT, por remissão do artigo 2.º, n.º 1 do CPA.

Na nossa perspetiva, a natureza da entidade não só é irrelevante no âmbito da fase declarativa do procedimento, ou de outro modo, para a prática do ato administrativo que quantifica a obrigação pecuniária devida pelo particular – como anteriormente explicamos, daí a própria noção de ato administrativo, prevista no artigo 148.º do CPA, ter deixado de aludir à natureza pública da entidade que o pratica, como também o é já na fase de execução desse ato administrativo; porquanto, as regras relativas à execução do ato administrativo são de aplicar, por força do artigo 2.º, n.º 1 do CPA, à atuação de quaisquer entidades, independentemente da sua natureza, pública ou privada, adotada no exercício de poderes públicos ou regulada de modo específico por disposições de direito administrativo.

Ainda que se reconheça que o "âmbito natural" de aplicação do processo de execução fiscal[206] se reporta às dívidas do Estado e de outras pessoas coletivas públicas, porque, como já se mencionou, são estas entidades que normalmente, ou com regularidade, exercem poderes públicos de autoridade, através da prática de atos administrativos, tal não significa, como o legislador veio a estabelecer, em termos que nos parecem inequívocos, que entidades privadas, quando, igualmente, investidas nos referidos poderes públicos (conforme desde logo resulta do artigo 267.º, n.º 6 da CRP), deixem de poder praticar e executar os atos administrativos, com respeito pelas regras previstas no CPA, e neste caso, quando

[206] Vd. OLIVEIRA, MÁRIO ESTEVES DE; GONÇALVES, PEDRO; AMORIM, J. PACHECO DE, Código...cit., pág. 735.

através desses atos criem obrigações pecuniárias, poderem cobrá-las por intermédio do processo de execução fiscal.

Aliás, tal é o efetivo reconhecimento do fenómeno da privatização da função administrativa abordado anteriormente, em que o seu desempenho vem sendo entregue, hodiernamente, a entidades estruturadas segundo normas de Direito Privado.

Na verdade, já na vigência do anterior CPA, alguns autores se pronunciavam no sentido do que aqui defendemos, embora, nos pareça que o atual CPA dá um suporte ainda mais claro às consignadas conclusões.

MÁRIO ESTEVES DE OLIVEIRA, PEDRO GONÇALVES E J. PACHECO AMORIM, a propósito dos concessionários e das instituições privadas de interesse público, declaravam que *"(...) as razões materiais que determinaram o legislador a prescrever o processo de execução fiscal judiciária para as prestações pecuniárias fixadas em acto administrativo de entes públicos valem igualmente para o caso de execução dos actos administrativos daqueles outros entes"*, sendo que se assim não fosse, "(...)*poderia o legislador ter esclarecido, então, por que meio se cobram as quantias emergentes de actos administrativos praticados por outros entes que não os aqui referidos. Vão a tribunal administrativo? No processo de intimação? Ou põem uma acção de responsabilidade? Vão a tribunal comum? Instaurando acção declarativa? Ou o acto administrativo serve-lhes de título executivo?"*[207].

No mesmo sentido propugnava CARLA AMADO GOMES, nos seguintes termos: *"A letra do CPA – bem assim como a letra do artigo 233.º do CPT – levaria a crer que só a execução de dívidas do Estado se encontraria a coberto deste normativo, mas, por outro lado, a ratio do preceito – atribuição da competência de execução coerciva de prestações pecuniárias emergentes de uma relação jurídica administrativa –permite concluir que aí se inclui a execução por dívidas a pessoas coletivas privadas sujeitas a um regime de Direito público (por lei ou por contrato).*

Na obscuridade da lei, o intérprete deve presumir que o legislador "consagrou as soluções mais acertadas" (artigo 9.º/3 do CC), sem contudo se abster de encontrar para elas "um mínimo de correspondência verbal". Ora, não só não é crível que o legislador tenha querido fracionar procedimentos de cobrança relativos a atividades inseridas na função administrativa – qual o fundamento da diferenciação? – como também o facto de o artigo 155.º/1 do CPA identificar a fonte da obrigação

[207] Cfr. OLIVEIRA, MÁRIO ESTEVES DE; GONÇALVES, PEDRO; AMORIM, J. PACHECO DE, Código...cit., pág. 735.

pecuniária com um ato administrativo, nos faz acreditar que este processo é extensível a dívidas contraídas junto de pessoas coletivas que não integram a Administração em sentido orgânico."[208]

E também é este o entendimento de RAVI AFONSO PEREIRA, que não vê razões para negar aos particulares, designadamente a um concessionário, de se fazer valer do processo de execução fiscal regulado no CPPT[209].

E por fim, o reconhece RUI GUERRA DA FONSECA, quando declara, com direta alusão à possibilidade de entidades privadas, no exercício da função administrativa utilizarem o regime da execução do ato administrativo, que este constitui uma *"(...) importante parcela do regime desta forma paradigmática de atuação da administração pública; talvez melhor, desta forma paradigmática, de desempenho da função administrativa."*[210].

O prolatado entendimento segue, em nosso parecer, reforçado pela circunstância de, por exemplo, as instituições de ensino superior públicas de natureza fundacional, como são neste momento o ISCTE, a Universidade do Porto, a Universidade de Aveiro e a Universidade do Minho, regendo-se pelo direito privado, nomeadamente, no que respeita à sua gestão financeira, patrimonial e de pessoal, nos termos do disposto no artigo 129.º e 134.º do RJIES, aprovado pela Lei n.º 62/2007, de 10 de setembro – e, portanto, podendo, a nosso ver, se defender que não conservam, por isso, a personalidade de direito público (vd. artigo 9.º, n.º 1 do RJIES) – preservarem, por exemplo, e por força da lei, poderes públicos de autoridade, como é o poder de execução coerciva dos seus atos administrativos, bem como o poder de expropriação por utilidade pública nos mesmos termos que as restantes instituições de ensino superior públicas, regendo-se, neste particular e no tocante à prática de atos unilaterais de autoridade, no domínio das suas atribuições, pelo direito administrativo (conforme, respetivamente, artigos 4.º, n.º 2 dos Decretos-Lei n.º 95/2009, de 27 de abril, n.º 96/2009, de 27 de abril, n.º 97/2009, de 27 de abril e

[208] Cfr. GOMES, CARLA AMADO, Contributo...cit., pág. 135.

[209] Vd. PEREIRA, RAVI AFONSO, "A Execução das Decisões Administrativas no Direito Português", O Poder de Execução Coerciva das Decisões Administrativas – Nos Sistemas de Tipo Francês e Inglês e em Portugal, Coord. Diogo Freitas do Amaral, pág. 219, Almedina, 2011.

[210] Cfr. FONSECA, RUI GUERRA, O fim do modelo...cit. pág. 87.

n.º 4/2016, de 13 de janeiro). Deste modo, podendo utilizar, a nosso ver, o processo de execução fiscal, quando pretendam cobrar os seus créditos, impostos por ato administrativo.

Será o caso, por exemplo, dos que derivarem da ação social escolar, na medida em que, nos termos do artigo 137.º do RJIES, aos estudantes destas instituições, lhe serão aplicadas, nos mesmos termos dos estudantes das demais instituições de ensino superior públicas, as regras relativas a esta matéria.

E tal resulta, expressamente, para estas entidades, do disposto nos artigos 1.º, n.º 2 e 62.º, n.ºs 1, alínea e), n.º 3, alínea a), e n.º 4, do Despacho n.º 9138/2020, de 25.09, que aprova o Regulamento de Atribuição de Bolsas de Estudo a Estudantes do Ensino Superior, que no caso de fraude na atribuição de bolsa de estudo ou outra forma de apoio de ação social escolar, manda que em caso de incumprimento da obrigatoriedade de reposição das verbas indevidamente recebidas, acrescidas de juros de mora, calculados à taxa legal em vigor, a cobrança desses créditos seja feita pela Autoridade Tributária e Aduaneira, no processo de execução fiscal, após remessa para esta de certidão de dívida.

Não se pode deixar de assinalar outro exemplo de desconsideração da natureza da entidade que pratica os atos administrativos impositivos de obrigações pecuniárias, ainda que a propósito da liquidação de tributos, aquilo de que se fez jurisprudência uniforme no sentido de que as taxas de portagem são verdadeiros tributos[211], mesmo quando cobradas pelas concessionárias, porquanto *"A concessão de serviços públicos a uma entidade privada não significa que as respetivas atividades percam a sua natureza pública administrativa e por essa circunstância adquiram intrinsecamente natureza de atos privados a serem regulados pelo direito privado"*[212], ou dito de outro modo,

[211] Vd., Acórdão do TC, de 15.11.1995, n.º 640/95, Proc. n.º 286/94 (Plenário); Acs. do STA, de 30.04.2019, n.º 01021/12.6BEAVR 0102/18 de 14.10.2020, n.º 0412/20.3BEPNF; e Ac.do STJ, n.º 04B2885, de 14.10.2004.

[212] Cfr. Ac. do Tribunal de conflitos, de 25.03.2015, Proc. n.º 053/14, julgando um conflito de jurisdição, e decidindo pela competência dos tribunais administrativos para conhecer da responsabilidade civil extracontratual de uma concessionária por atos ou omissões na sua atividade no âmbito do contrato de concessão aprovado pelo DL n.º 86/2008, de 28.05, pelo qual a lei lhe atribui, poderes, prerrogativas e deveres de autoridade típicos dos atribuídos ao Estado, que representa. No mesmo sentido, Acórdão do Tribunal de conflitos, de 27.02.2014, Proc. n.º 048/13;

quando mediante contratos de concessão são transferidos poderes de autoridade atribuídos ao Estado a estas entidades, não perdem as respetivas atividades a sua natureza pública administrativa, assumindo-se as taxas de portagem como verdadeiros tributos (concretamente, taxas e não preços), mesmo quando liquidadas por concessionárias[213].

Nesta sequência, a Lei n.º 25/2006, de 30 de junho, veio estabelecer o regime sancionatório aplicável às transgressões ocorridas em matéria de infraestruturas rodoviárias, onde seja devido pagamento de taxa de portagem, consagrando no seu artigo 2.º as condições de utilização, nomeadamente, de autoestradas e pontes*"que sejam objetos de contratos de concessão"*, indicando como os respetivos agentes de fiscalização *"os representantes da empresa concessionária ou subconcessionária"* (artigo 3.º da mesma lei), e definindo, por fim, no respetivo artigo 17.º-A que *"compete à administração tributária, nos termos do Código de Procedimento e de Processo Tributário, promover a cobrança coerciva dos créditos relativos à taxa de portagem, dos custos administrativos e dos juros de mora devidos, bem como da coima e respetivos encargos."*

Do que vem dito, resulta, para nós indefensável, por isso, que ainda se questione a legalidade da cobrança destas dívidas de taxas de portagem, ou de outras, que possam ser determinadas por força de ato administrativo, ainda que em matéria não tributária, quando a entidade credora seja uma concessionária e subconcessionária, ou outra qualquer entidade privada, quando exerçam a função administrativa, sob um suposto argumento de que tal está em desconformidade com o disposto no artigo 3.º do Decreto-Lei n.º 241/93, de 08 de junho.[214]

É, portanto, necessário, compreender o contexto e a finalidade do Decreto-Lei n.º 241/93, de 08 de junho. Quando o citado diploma foi

[213] Ac. do STA de 14.10.2020, n.º 0412/20.3BEPNF;

[214] Assim, parece ser a posição de MARTINS, JESUÍNO ALCÂNTARA; ALVES, JOSÉ COSTA, Procedimento e Processo Tributário, Uma Perspetiva Prática, 1.ª edição, pág. 235, Almedina, 2016, que defendem não ser de levantar qualquer questão de legalidade sobre a cobrança das dívidas relativas a taxa de portagem, custos administrativos, juros de mora, coima e respetivos encargos, se a entidade exequente for o Instituto de Infra-Estruturas Rodoviárias, IP, mas já o será, por uma pertença desconformidade com o artigo 3.º, do Decreto-lei n.º 241/93, de 8 de junho, se a entidade exequente for uma concessionária e subconcessionária. Em termos semelhantes, NETO, SERENA CABRITA; TRINDADE, CARLA CASTELO, ...cit, Vol. II, pág. 505.

publicado, estava em vigor o artigo 233.º do Código de Processo Tributário, aprovado pelo Decreto-Lei n.º 154/91, de 23 de abril, que estabelecia que o processo de execução fiscal abrangia a cobrança coerciva de dívidas ao Estado, de qualquer natureza, cuja obrigação de pagamento tivesse sido reconhecida por despacho ministerial e outras dívidas equiparadas por lei a créditos do Estado.

Neste quadro legal, a Caixa Geral de Depósitos, ainda sobre a forma de Instituto Público (artigo 2.º do Decreto-Lei n.º 48953, de 05.04.1969) – passando a sociedade anónima de capitais exclusivamente públicos, através do Decreto-Lei n.º 287/93, de 20 de agosto, utilizava o processo de execução fiscal para cobrar as suas dívidas de natureza comercial (artigo 61.º do diploma em análise, posteriormente, alterado pelo Decreto-Lei n.º 693/70, de 31 de dezembro).

Sendo que, com a entrada em vigor do Decreto-Lei n.º 241/93, de 08 de junho, e por força do disposto no seu artigo 3.º, o processo de execução fiscal passou a aplicar-se, exclusivamente, à cobrança coerciva das dívidas ao Estado e a outras pessoas coletivas de direito público, explicando-se no preâmbulo que esta medida, designada como temporária e excecional, *"exclui do processo de execução fiscal a execução de dívidas a entidades que não integrem a Administração Pública e actuem no âmbito do direito privado"*, libertando-se *"o processo de execução fiscal para a função para que foi concebido, que é a cobrança coerciva das receitas do Estado e outras de direito público no âmbito de relações administrativas e fiscais."* Logo, as referidas dívidas da Caixa Geral de Depósitos, que eram de direito privado, passaram a ser cobradas via processo de execução comum, nos tribunais comuns.

Assim, o que sempre esteve em causa, na nossa opinião, foi, na verdade, a não utilização do processo de execução fiscal para a cobrança de dívidas de natureza privada ou que não fossem constituídas no âmbito de relações de natureza administrativa e fiscal, e não, a natureza das entidades envolvidas, quando incumbidas de tarefas públicas, solução que veio a ser integrada, em termos definitivos, no artigo 148.º do CPPT, aprovado pelo Decreto-Lei n.º 433/99, de 26 de outubro, com a fórmula já anunciada que, por sua vez, preceitua que o processo de execução fiscal, nos casos e termos expressamente previstos na lei, pode igualmente ser utilizado para a cobrança de outras dívidas ao Estado e a outras pessoas coletivas de direito público que devem ser pagas por força de ato administrativo.

Isto, sobretudo, quando o artigo 2.º, n.º 3 do CPA de 91, já dispunha, por exemplo, a aplicação do regime instituído por aquele Código (onde se incluía as regras relativas à execução dos atos administrativos, *máxime* artigo 155.º), aos atos praticados por entidades concessionárias no exercício de poderes de autoridade.

Pelo que, o que releva para aferir o âmbito de aplicação do processo de execução fiscal, em face do disposto nos artigos 2.º, n.º 1 e 179.º do CPA, e artigo 148.º, n.º 2, alínea a) do CPPT é, apenas e tão só, o facto da obrigação pecuniária, objeto da execução ter sido criada por ato administrativo, no âmbito de poderes públicos de autoridade conferidos por lei ou contrato à entidade exequente, sendo, para o efeito, irrelevante a natureza pública ou privada desta entidade.

Dito de outro modo, qualquer ato que fixe obrigações pecuniárias no âmbito da atividade sujeita ao CPA (de autoridade), conforme artigo 2.º, n.º1, goza da prerrogativa prevista no artigo 179.º deste diploma, ou seja, na falta de cumprimento voluntário da obrigação, a entidade credora tem o poder de extrair certidão de dívida e utilizar o processo de execução fiscal, nos termos do artigo 148.º e seguintes do CPPT.

3. As normas de habilitação para a cobrança coerciva de obrigações pecuniárias fixadas por ato administrativo através do processo de execução fiscal

3.1. O artigo 179.º do CPA como norma de habilitação geral

Como já vimos, nos termos do disposto no artigo 148.º n.º 2 alínea a) do CPPT, a utilização do processo de execução fiscal para a cobrança de *"outras dívidas ao Estado e a outras pessoas colectivas de direito público que devam ser pagas por força de ato administrativo"*, só é possível *"nos casos e termos expressamente previstos na lei"*.

Considerando o disposto na referida norma, tem, segundo se crê, havido consenso da doutrina[215] e da jurisprudência, no sentido de que o artigo 179.º do CPA, contém uma *norma de caráter geral*, que possibilita a cobrança de dívidas ao Estado e a outras pessoas coletivas de direito público, cujo pagamento tenha sido imposto por ato administrativo.

[215] Neste sentido, vd. SOUSA, JORGE LOPES DE, Código de ...cit. Vol. III, págs. 31 e 32; NETO, SERENA CABRITA; TRINDADE, CARLA CASTELO, Contencioso...cit. Vol. II, pág. 503;

Assim, o artigo 179.º do CPA serve de norma habilitante para a cobrança de créditos resultantes de ato administrativo, via processo de execução fiscal, mesmo quando não exista norma de habilitação especial, nomeadamente, na lei orgânica ou que discipline a atividade da entidade credora da obrigação pecuniária que, de forma expressa, preveja a aplicação do mencionado regime àquelas dívidas. Mesmo, na nossa perspetiva, quando essa entidade seja privada, mas, claro está, se encontre no exercício da função administrativa, atento ao disposto, como se viu, no artigo 2.º, n.º 1.º do CPA.

Neste sentido, vide, por exemplo, o Acórdão do STA, de 20.05.2009, Proc. n.º 0427/09, no qual a Fazenda Pública recorria da sentença proferida pelo Tribunal Administrativo e Fiscal de Mirandela, que considerou que a dívida exequenda do IFAP, IP – relativa à recuperação de subsídio tido por indevidamente pago ao executado, acrescido de juros vincendos até integral pagamento calculados à taxa legal – devia ser cobrada via processo de execução fiscal, julgando, assim, procedente a reclamação deduzida da decisão do Chefe do Serviço de Finanças de Mirandela que determinara a extinção do processo de execução fiscal, instaurado naquele Serviço de Finanças, com base em certidão de dívida remetida pelo então IFADAP.

Nas sua alegações, a Fazenda Pública defendeu que *"considerando que os pressupostos normativos contidos no art. 148°nº2 al. a) do CPPT, são de natureza cumulativa, temos então que, independentemente da verificação do requisito administratividade, ou não, da relação jurídica entre IFADAP,IP e particular/ contribuinte – dos citados diplomas decorre a não verificação daquele requisito, ou seja, a inexistência de previsão normativa expressa sobre a admissibilidade de utilização do processo de execução fiscal para cobrança de créditos do IFAP,IP, provindos do Ex-IFADAP."*

No entanto, não foi este o entendimento do STA, que negou provimento ao recurso, mantendo a decisão recorrida, com base nas seguintes conclusões: *"Nos termos do artigo 148.º, alínea a) do CPPT podem ser cobradas mediante processo de execução fiscal, nos casos e termos expressamente previstos na lei, as dívidas ao Estado e a outras pessoas colectivas de direito público que devam ser pagas por força de acto administrativo. Isso significa que a admissibilidade da utilização do processo de execução fiscal depende necessariamente de lei expressa que tal preveja. A recorrente entende que não se encontra consagrada essa previsão normativa. Mas não lhe assiste razão.*

Com efeito, relativamente a dívidas que devam ser pagas por força de acto administrativo, como é o caso, o n.º 1 do artigo 155.º do CPA estabelece que "quando por força de um acto administrativo devam ser pagas a uma pessoa colectiva pública, ou por ordem desta, prestações pecuniárias, seguir-se-á, na falta de pagamento voluntário no prazo fixado, o processo de execução fiscal regulado no Código de Processo Tributário". Ora, esta norma de carácter geral satisfaz a referida exigência de lei expressa e dessa forma legitima a cobrança dos créditos em causa mediante o processo de execução fiscal."[216]

No mesmo sentido, vão os Acórdãos do susodito Tribunal Superior, de 27.02.2013 e 18.06.2013, Procs. n.ºs 01242/12 e 01380/12, que decidiram revogar as sentenças recorridos que haviam decidido pela incompetência dos Tribunais Administrativos e Fiscais para conhecer da oposição à execução por contraordenação e respetiva coima, aplicada pelo Instituto de Infraestruturas Rodoviárias, IP, expondo esta fundamentação: *"A cobrança de créditos de natureza não tributária, como é o caso das prestações pecuniárias devidas ao Instituto de Infra-Estruturas Rodoviárias, IP., através do processo de execução fiscal, depende de haver fundamento legal expresso o que acontece por força do estabelecido no art. 17º-A aditado à Lei nº 25/2006, de 30 de Junho, pela Lei nº 55-A/2010, de 31 de Dezembro.*

Para além deste fundamento legal especialmente plasmado, a execução coerciva da dívida em causa sempre estaria legitimada, por força da aplicação da regra geral do art. 155º, nº 1, do CPA, uma vez que o processo de execução em causa tem em vista o pagamento de prestação pecuniária que deve ser paga a "uma pessoa colectiva pública, ou por ordem desta", caindo, desta forma, na previsão daquele preceito."

[216] Ver, igualmente, e no mesmo sentido, entre outros, o Ac. do STA, de 14.11.2007, Proc. n.º 0773/07, que decidiu que a cobrança de uma dívida ao INGA, I.P. – atual IFAP, I.P. – *«referente ao subsídio atribuído no âmbito das Restituições à Exportação de Vinho (...) instaurada «com base na certidão de dívida emitida (...) pelo Conselho Directivo do (...) NGA»*, é feita por meio de processo de execução fiscal, e que *"(...) relativamente às dívidas que devam ser pagas por força de acto administrativo, existe uma norma de carácter geral que autoriza a utilização do processo de execução fiscal, que é o art. 155.º, n.º 1, do CPA (...).";* e o Ac. do STA, de 18.01.2012, Proc. n.º 0924/11, em que relativamente a uma dívida ao mesmo Instituto, resultante de subsídio/ajudas comunitárias indevidamente recebido(as) pelos executados e respetivos juros de mora, este Tribunal Superior decidiu que o artigo 155.º do CPA de 91, é uma norma de carácter geral que *"satisfaz a referida exigência de lei expressa, e, dessa forma, legitima a cobrança dos créditos do IFADAP, de reposição considerada indevidamente recebida, mediante o processo de execução fiscal."*

Recentemente, o Tribunal de Conflitos, no Acórdão de 25.06.2020, n.º 046/19, também se pronunciou acerca do assunto em referência, quando julgou a competência dos tribunais da jurisdição administrativa e fiscal, no caso, dos tribunais tributários, para a tramitação e apreciação das execuções para cobrança de dívidas de natureza não tributária, que não se mostrem voluntariamente liquidadas e de que é credor o Turismo de Portugal, I.P., resultantes de ato administrativo proferido por esta entidade, através do qual resolveu o contrato de concessão de incentivos financeiros disciplinado, mormente, pelo DL n.º 287/2007, de 17.08 (sucessivamente alterado pelo DL n.º 65/2009, pelo DL n.º 167-B/2013, e pelo DL n.º 148/2014) e pela Portaria n.º 1464/2007, de 15.11, que havia sido celebrado com o executado e, nessa sequência, determinou a devolução das quantias em dívida.

Este Tribunal considerou que a relação contratual estabelecida entre as partes tem natureza administrativa e, nestes termos, a cobrança da dívida exequenda se mostra sujeita ao processo de execução fiscal para cuja prossecução é competente a administração tributária, correndo o mesmo nos tribunais da jurisdição administrativa e fiscal, *in casu* e, mais especificamente, nos tribunais tributários, considerando o disposto nos artigos 148.º, n.º 2, al. a), 150.º, n.º 1, ambos do CPPT, 179.º, n.º 1, do CPA e 16.º, n.º 1, do DL n. º 129/2012, e isto, sem prejuízo deste último artigo, do diploma que aprova a orgânica do referido Instituto, não afirmar de forma explícita/expressa que as dívidas decorrentes das certidões que emitam seguem o regime de cobrança, estabelecido no processo de execução fiscal (cfr. ponto 20 da fundamentação).

3.2. As normas de habilitação especial

O CPA, enquanto lei geral relativa à organização e atividade administrativa, é *coadjuvado*[217] por vários diplomas que, de forma especial, regulam a organização e atividade das diferentes entidades que desempenham a função administrativa. E é nestes diplomas, como vamos ver alguns exemplos, em que, normalmente, se encontram as normas de habilitação especial que atribuem às entidades em questão a possibilidade de cobrança coerciva dos seus créditos através do processo de execução fiscal.

[217] Usando a expressão de FARINHO, DOMINGOS SOARES, O âmbito... cit. pág. 122.

Podemos dizer então, que são múltiplas as normas que de forma especial permitem a diferentes entidades, inclusive de natureza privada, usar o processo de execução fiscal para cobrar as suas dívidas, cujo pagamento é exigido por força de ato administrativo, e essa multiplicidade decorre do facto de hoje em dia as tarefas administrativas estarem, igualmente, a ser desempenhadas, como já observamos, por pessoas coletivas distintas do Estado e das restantes pessoas coletivas territoriais[218],

- A *Direcção-Geral de Recursos Naturais, Segurança e Serviços Marítimos*, é um serviço central da administração direta do Estado dotado de autonomia administrativa, que sucedeu nas atribuições do Instituto Portuário e dos Transportes Marítimos, I. P., da Direcção-Geral das Pescas e Aquicultura e da Comissão de Planeamento de Emergência de Transporte Marítimo. Tem por missão a execução das políticas de preservação e conhecimento dos recursos naturais marinhos, a execução das políticas de pesca, da aquicultura, da indústria transformadora e atividades conexas, do desenvolvimento da segurança e dos serviços marítimos, incluindo o setor marítimo-portuário, bem como garantir a regulamentação, a inspeção, a fiscalização, a coordenação e o controlo das atividades desenvolvidas no âmbito daquelas políticas. Por determinação legal, exerce os seguintes poderes de autoridade do Estado: liquidação e cobrança, voluntária e coerciva, de taxas que lhe sejam devidas nos termos da lei e, bem assim, dos rendimentos provenientes da sua atividade, sendo os seus créditos correspondentes equiparados aos créditos do Estado e constituindo título executivo as faturas, certidões de dívida ou títulos equivalentes; a aplicação e cobrança, voluntária e coerciva, de coimas, nos termos legais; a execução coerciva das demais decisões de autoridade (cfr. artigos 1.º, 2.º, n.º 1, 8.º, n.º 1, alíneas a) a c), e 10.º do Decreto-Lei n.º 49-A/2012, de 29 de fevereiro, na sua versão atual dada pelo Decreto-Lei n.º 237/2012, de 31.10.2012);
- O *Instituto da Vinha e do Vinho, I. P.*, é um instituto público integrado na administração indireta do Estado, dotado de autonomia

[218] Embora fuja ao âmbito do nosso trabalho, vale destacar, pelo peso crescente dos tributos de que são credoras. que estas normas de habilitação especial se encontram com frequência nas leis orgânicas das entidades reguladores.

administrativa e financeira e património próprio, tem por missão coordenar e controlar a organização institucional do setor vitivinícola, auditar o sistema de certificação de qualidade, acompanhar a política comunitária e preparar as regras para a sua aplicação, bem como participar na coordenação e supervisão da promoção dos produtos vitivinícolas. A cobrança coerciva dos seus créditos é feita pelo processo de execução fiscal, nos termos consagrados no CPPT (cf. artigo 1.º, 3.º, n.º 1 n.º 1 e 10.º do Decreto-Lei n.º 66/2012, de 16 de março).

- O *Instituto de Financiamento da Agricultura e Pescas – IFAP, I.P.*, foi criado na sequência da extinção do Instituto de Financiamento e Apoio ao Desenvolvimento da Agricultura e Pescas (IFADAP, I.P.) e do Instituto Nacional de Intervenção e Garantia Agrícola (INGA, I.P.) (cfr. Decreto-Lei n.º 87/2007 de 29 de março). É um instituto público de regime especial, nos termos da lei, integrado na administração indireta do Estado, dotado de autonomia administrativa e financeira e património próprio, que tem por missão proceder à validação e ao pagamento decorrente do financiamento da aplicação das medidas definidas a nível nacional e comunitário, no âmbito da agricultura, desenvolvimento rural, pescas e setores conexos, bem como propor as políticas e estratégias de tecnologias de informação e comunicação no âmbito da agricultura e pescas. A cobrança coerciva dos valores relativos ao reembolso e à aplicação de sanções, resultantes do recebimento indevido de fundos nacionais ou comunitários dos quais seja a entidade pagadora, é efetuada com recurso ao processo de execução fiscal, nos termos previstos no CPPT, constituindo a certidão de dívida emitida pelo IFAP, I. P., título executivo para o efeito (cf. artigos 1.º, n.º 1, 3.º, n.º 1 e 12.º, n.ºs 1 a 4 do Decreto-Lei n.º 195/2012, de 23 de agosto, retificado pela Declaração de Retificação n.º 50/2012).
- A *Agência para o Desenvolvimento e Coesão, I.P. (Agência, I.P.)*, é um instituto público de regime especial, integrado na administração indireta do Estado, dotado de autonomia administrativa e financeira e património próprio, que tem por missão coordenar a política de desenvolvimento regional e assegurar a coordenação geral dos fundos europeus estruturais e de investimento. Sucede nas atribuições do Instituto Financeiro para o Desenvolvimento

Regional, I.P, do Instituto de Gestão do Fundo Social Europeu, I.P., e da estrutura de missão do Observatório do Quadro de Referência Estratégico Nacional. A cobrança coerciva de créditos, resultantes da não utilização ou da utilização indevida de fundos nacionais ou europeus, dos quais a Agência, I.P., seja entidade pagadora, é efetuada por recurso ao processo de execução fiscal, nos termos previstos no CPPT, constituindo a certidão de dívida emitida pela Agência, I.P., título executivo para o efeito (cf. artigos 1.º, n.º 1 e 3.º, n.º 1, 14.º e 18.º do Decreto-Lei n.º 140/2013, de 18 de outubro).

Neste particular, o Decreto Regulamentar n.º 84-A/2007, de 10 de dezembro, na sua última versão dada pelo Decreto Regulamentar n.º 4/2010, de 15 de outubro, que estabelece o regime geral de aplicação do Fundo Social Europeu (FSE), determina que, sempre que as entidades obrigadas à restituição de qualquer quantia recebida, no âmbito das comparticipações do FSE e do Estado Português, não cumpram a sua obrigação no prazo estipulado, é a mesma realizada através de execução fiscal, a promover pelo IGFSE, I. P., nos termos da legislação aplicável, sendo que por força da aludida sucessão de atribuições, agora se deve ler Agência para o Desenvolvimento e Coesão, I.P. (cf. artigos 1.º e 45.º, n.º 11).

- O *IAPMEI – Agência para a Competitividade e Inovação, I. P.*, é um instituto público de regime especial, nos termos da lei, integrado na administração indireta do Estado, dotado de autonomia administrativa e financeira e património próprio, que tem por missão promover a competitividade e o crescimento empresarial, assegurar o apoio à conceção, execução e avaliação de políticas dirigidas à atividade industrial, visando o reforço da inovação, do empreendedorismo e do investimento empresarial nas empresas que exerçam a sua atividade nas áreas sob tutela do Ministério da Economia, designadamente das empresas de pequena e média dimensão, com exceção do setor do turismo e das competências de acompanhamento neste âmbito, atribuídas à Direção-Geral das Atividades Económicas (DGAE). Os créditos devidos ao IAPMEI, I.P. ficam sujeitos ao regime de processo de execução fiscal, constituindo título executivo a certidão de dívida emitida por este instituto, acompanhada de cópia dos contratos ou outros documentos a ele referentes (cf. artigos 1.º, n.º 1, 3.º, n.º 1. 9.º e 14.º do Decreto-Lei n.º 266/2012, de 28 de dezembro).

- Ao *Instituto de Gestão Financeira da Segurança Social, I. P.* compete a instauração e instrução do processo de execução, relativo às dívidas à segurança social, que correm termos nas secções de processo das delegações do referido Instituto, que são considerados órgãos de execução, devendo, para o efeito, as instituições da segurança social, e outras a estas legalmente equiparadas, remeter as certidões de dívida às referidas secções de processo executivo.

Consideram-se dívidas à Segurança Social todos os montantes devidos às instituições do sistema de segurança social ou pagos indevidamente por estas a pessoas singulares, coletivas ou outras entidades a estas legalmente equiparadas, designadamente, atento o objeto do nosso estudo: prestações, subsídios e financiamentos de qualquer natureza, incluindo juros; reposições de pagamentos indevidos efetuados por qualquer instituição do sistema de segurança social. O processo de execução de dívidas à Segurança Social aplica-se igualmente às situações de incumprimento relativas à obrigação de reposição de prestações de qualquer natureza, pagas por fundos cujo funcionamento ou gestão, estratégica ou operacional, tenham sido legalmente entregues a instituições do sistema de segurança social (cf. artigos 1.º, 2.º, 3.º-A e 4.º do Decreto-Lei n.º 42/2001, de 9.02, com a última alteração introduzida pela Lei n.º 2/2020, de 31.03).

Ao processo de execução das dívidas à Segurança Social aplica-se em tudo o que não estiver regulado no Decreto-Lei n.º 42/2001, de 9,02, a legislação específica da segurança social, a LGT e o CPPT (cfr. artigo 6.º do referido diploma).

- O *Instituto Português da Qualidade, I. P.*, é um instituto público, integrado na administração indireta do Estado, dotado de autonomia administrativa e financeira e património próprio. Tem por missão a coordenação do sistema português da qualidade e de outros sistemas de qualificação regulamentar que lhe forem conferidos por lei, a promoção e a coordenação de atividades que visem contribuir para demonstrar a credibilidade da ação dos agentes económicos, bem como o desenvolvimento das atividades necessárias à sua função de laboratório nacional de metrologia. Os créditos devidos ao IPQ, I. P. ficam sujeitos ao regime de processo de execução fiscal, constituindo título executivo a certidão de dívida emitida pelo IPQ, I. P., acompanhada de cópia dos contratos ou outros documentos a ele referentes (cf. artigos 1.º, n.º 1, 3.º, n.º 1 e 13.º do Decreto-Lei n.º 71/2012 de 21.03, alterado pelo Decreto-Lei n.º 80/2014, de 15.05).

- As *instituições de ensino superior*, a que se refere o artigo 1.º, n.º 2 da Lei n.º 62/2007, de 10.09 – onde se incluem como vimos as instituições de ensino superior públicas de natureza fundacional – podem, nos termos dos artigos 1.º, n.º 2 e 62.º, n.ºs 1, alínea e), 3 alínea a), e 4, do Despacho n.º 9138/2020, de 25.09, que aprova o Regulamento de Atribuição de Bolsas de Estudo a Estudantes do Ensino Superior; no caso de fraude na atribuição de bolsa de estudo ou outra forma de apoio de ação social escolar, e subsequente, incumprimento da obrigatoriedade de reposição das verbas indevidamente recebidas, acrescidas de juros de mora calculados à taxa legal em vigor, proceder à cobrança desses créditos via processo de execução fiscal, que será feita pela Autoridade Tributária e Aduaneira, após remessa para esta da respetiva certidão de dívida.
- A Lei n.º 25/2006, de 30 de junho, veio estabelecer o regime sancionatório aplicável às transgressões ocorridas em matéria de infraestruturas rodoviárias, que podem ser objeto de contratos de concessão, onde seja devido pagamento de taxa de portagem. O artigo 17.º-A do citado diploma estabelece que "compete à administração tributária, nos termos do Código de Procedimento e de Processo Tributário, promover a cobrança coerciva dos créditos relativos à taxa de portagem, dos custos administrativos e dos juros de mora devidos, bem como da coima e respetivos encargos". O legislador determinou, assim que, o processo de execução fiscal é o meio processual a usar para a cobrança coerciva de tais créditos.

Embora não faça parte do âmbito deste trabalho, não podemos deixar de assinalar que estas normas que habilitam, de forma especial, a utilização do processo de execução fiscal por diferentes entidades públicas, fazem-no, nalguns casos, de uma forma que não distingue a natureza das dívidas que podem ser objeto do referido processo. Basta olhar para a proveniência das receitas das referidas entidades – por exemplo, o produto da venda de serviços ou de quaisquer outras receitas atribuídas por lei, contrato ou outro título –, para logo percebermos que podem originar dívidas de natureza não administrativa e tributária ou que não emergem de uma relação jurídica administrativa ou tributária e, por isso, de natureza privada; com isso, se levantam questões de legalidade e inconstitucionalidade, relativamente à utilização do processo de execução fiscal para cobrar este tipo de dívidas.

Capítulo V
Meios para impedir a instauração ou obter a suspensão do processo de execução fiscal de obrigações pecuniárias não tributárias criadas por atos administrativos, enquanto se discute a legalidade dos referidos atos

1. Enquadramento

Como tivemos oportunidade de observar, determina o artigo 179.º n.ºs 1 e 2 do CPA, que findo o prazo fixado para o pagamento voluntário da obrigação pecuniária devida por força de um ato administrativo, sem que tal pagamento seja efetuado, segue-se de imediato o processo de execução fiscal, sendo que, para o efeito, o órgão competente emite uma certidão com valor de título executivo, onde é declarado o valor da dívida, que remete ao competente serviço da Administração Tributária, juntamente com o processo administrativo, que promoverá a instauração do mencionado processo executivo.

E isto acontece, nota muito importante, salvo nos casos em que o ato possa estar excecionalmente sujeito a impugnação administrativa necessária, independentemente da utilização pelo destinatário do ato dos meios de impugnação administrativa e contenciosa que tenham por objeto a discussão da legalidade do referido ato administrativo que deu origem à dívida exequenda, porque estes, como vamos ver de seguida, não têm a virtualidade de por si, uma vez apresentados, impedir a instauração ou de desencadear a suspensão do processo de execução fiscal, caso este já esteja instaurado[219].

Por isso, dedicamos este capítulo à análise dos meios ao alcance dos particulares para obstar à instauração ou ao prosseguimento do processo de execução fiscal, enquanto discutem a legalidade da dívida exequenda, impedindo, assim, os efeitos da cobrança coerciva desta, o que significa a penhora dos seus bens e, sendo caso disso, a venda dos bens penhorados, a fim de que o produto desta seja usado na execução, que é o que iria acontecer, no âmbito da normal tramitação do processo de execução fiscal.

O que trataremos então aqui, visto de outra perspetiva, é perceber quais são as vias que podem ser utilizadas para promover a suspensão da eficácia do ato administrativo impositivo de obrigação pecuniária, ligadas à discussão da legalidade do referido ato.

E estas, embora não sejam as únicas – porque o pagamento da dívida antes ou já depois de instaurado o processo de execução fiscal também pode ser usado com o fito de obviar aos efeitos da cobrança coerciva da dívida –, são aquelas que estão associadas ao emprego dos meios procedimentais e processuais disponíveis para discutir a legalidade das dívidas, e que, por isso, se vão encontrar no CPA – aqui vamos relembrar os efeitos da interposição da reclamação/recurso necessário, e dos mecanismos associados à apresentação da reclamação/recurso facultativos, problematizando algumas questões que nos parecem importantes – e no CPTA. Nesta

[219] Neste sentido, quanto à utilização de ação administrativa contra ato que ordenou a devolução de quantias atribuídas pelo IFADAP (atual IFAP, IP), concluiu o STA, no Ac. de 18.06.2014, Proc. n.º 01859/13: *"(...) para que no caso concreto, devolução de quantias atribuídas pelo IFADAP, a recorrente obtivesse a suspensão da eficácia do acto que lhe ordenou a reposição, isto é, para que conseguisse paralisar os efeitos que esse acto viesse a produzir na sua esfera jurídica, era fundamental que, simultaneamente com a acção administrativa especial que intentou, tivesse prestado garantia, nos termos do disposto no art. 50º, n.º 2 do CPTA ou, então, tivesse deduzido uma providência cautelar destinada à suspensão de eficácia desse mesmo acto nos termos do disposto no art. 112º, n.º 2, al. a) do mesmo Código. Nestes autos, não há notícia de que a recorrente tenha lançado mão de qualquer um desses meios que o legislador colocou ao seu dispor e, portanto, estava a Administração autorizada a proceder à cobrança coerciva das quantias em questão, nos termos do disposto nos arts. 149º, 150º e 155º do Código de Procedimento Administrativo."*

parte, estudaremos os meios previstos neste diploma, e que decorrem da dedução da ação administrativa de impugnação de ato administrativo, nos termos do artigo 50.º, n.º 2 do CPTA e da apresentação de providência cautelar, considerando o regime que se mostra legalmente consagrado no artigo 120.º, n.ºs 1, 2 e 6 do CPTA.

Sendo que estes últimos, os mecanismos previstos no CPTA, revestem particular importância, porque são os que, a maioria das vezes, têm de ser usados para evitar as consequências que a demora do julgamento da ação administrativa de impugnação do ato administrativo, onde se discute, portanto, a legalidade da dívida, possa trazer para o património do destinatário do ato impositivo de obrigação pecuniária.

Como também iremos ver, os tribunais já admitiram que, estando instaurado o processo de execução fiscal, mesmo quanto a estas dívidas, sem natureza tributária, e enquanto se discute, em sede própria, a sua legalidade, através da ação administrativa de impugnação de ato administrativo, sejam usados os meios contemplados nos artigos 52.º da LGT e 169.º e 170.º do CPPT, para obter a suspensão da execução fiscal. Aqui será interessante ver, por exemplo, a possibilidade de o particular beneficiar do pedido de dispensa da prestação de garantia junto do órgão de execução fiscal.

Vamos defender que devem ser considerados como meios aptos a obter a suspensão da execução fiscal, nos termos do artigo 169.º, n.º 1 do CPPT, a utilização das impugnações administrativas, enquanto meios impugnatórios em que se discute a legalidade da dívida exequenda sem natureza tributária. E bem assim, que a oposição à execução fiscal, constitui, nos mesmos termos, um mecanismo que pode ser usado para obstar ao prosseguimento da execução fiscal, mesmo nos casos em que por via dela se esteja a discutir a exigibilidade da dívida exequenda, objeto do presente estudo, atento o disposto no artigo 169.º, n.ºs 1 e 12 do CPPT.

Por fim, damos conta, neste particular, de uma diferença quanto às dívidas provenientes de um ato de liquidação de um tributo. Nos termos do artigo 97.º, n.º 3, alínea a) parte final do CPPT, o efeito suspensivo de atos de liquidação só pode ser obtido mediante prestação de garantia ou concessão da sua dispensa nos termos previstos nas normas tributárias (artigos 52.º da LGT e 169.º e 170.º do CPPT), e portanto, a via processual da providência cautelar prevista no artigo 112.º, n.º 2 alínea a) do CPTA, de suspensão de eficácia de um ato administrativo não pode ser utilizada para suspender a eficácia do referido ato de liquidação, enquanto se discute a respetiva legalidade [220].

2. Pagamento da obrigação pecuniária

O destinatário do ato administrativo que criou a obrigação pecuniária, pretendendo impugnar a legalidade concreta do mesmo, através dos meios procedimentais ou processuais que tenha ao seu dispor, de maneira a evitar a adoção de medidas pela administração tributária que possam atingir o seu património, através da cobrança coerciva da dívida em sede de execução fiscal, uma vez que, como já vimos, em regra, a utilização dos referenciados meios impugnatórios, *per si*, não tem a virtualidade de obviar à execução do referido ato; pode pagar desde logo a referida obrigação pecuniária, no prazo voluntário que tenha para o efeito, e depois deste já estar ultrapassado, mesmo estando já instaurada a execução fiscal contra si.

Ou seja, nestas circunstâncias, o pagamento voluntário da obrigação pecuniária, considerando que é feito para evitar os efeitos do prosseguimento da execução fiscal; não pode significar que o particular esteja a renunciar ao direito de impugnar o ato administrativo que a determinou, nem tampouco pode ser visto como uma aceitação do ato administrativo, para os efeitos de lhe estar vedado o direito à sua impugnação, nos termos do artigo 186.º, n.º 2 do CPA e artigo 56.º do CPTA.

Para nós, e quanto a este último segmento, apelando aos termos consignados na citada norma do CPTA relativos à disciplina da aceitação tácita dos atos administrativos, se o pagamento da obrigação pecuniária é realizado para impedir os efeitos da cobrança coerciva da mesma, nunca poderia ser interpretado como uma conduta do particular que evidenciasse a *"prática, espontânea e sem reserva, de facto incompatível com a vontade de impugnar"*. [221]

[220] Solução legislativa que corporiza o que já vinha sendo defendido pela doutrina e jurisprudência. Vd. NETO, SERENA CABRITA; TRINDADE, CARLA CASTELO, Contencioso ...cit. Vol. II, pág. 367, citando vários autores. Ver, igualmente, o Ac. do STA de 06.02.2013, Proc. n.º 041/13 (voto vencido).

[221] Como explicam, OLIVEIRA, MÁRIO ESTEVES DE; GONÇALVES, PEDRO; AMORIM, J. PACHECO DE, Código ...cit. pág. 287 *"(...) se se acata o comando contido num acto para evitar um mal maior (que derivaria do seu não acatamento), não fica precludida, sem mais, a legitimidade para dele reclamar ou recorrer administrativamente."*

O pagamento da dívida em sede de execução fiscal, implica já, a extinção deste processo, conforme previsão estabelecida nos artigos 176.º, n.º 1 alínea a), 264, n.º 1 e 269.º do CPPT[222].

Cumpre chamar a atenção, também, para o seguinte: caso em sede de impugnação, o ato administrativo, do qual decorre a obrigação pecuniária, venha a ser anulado, declarado nulo ou inexistente, o particular, além de ter direito à restituição do que pagou indevidamente, se provar que a prática do ato ilegal gerou danos na sua esfera jurídica, nomeadamente derivados da disponibilização do seu património para prover ao pagamento da dívida, pode exigir a reparação dos referidos danos, fundando o seu pedido em responsabilidade civil extracontratual do autor do ato administrativo, atento o disposto no artigo 22.º da CRP e nos artigos 7.º e 9.º RRCEE, aprovado pela Lei n.º 67/2007, de 31.12.

Parece-nos, contudo, que, nestes casos, não haverá lugar a qualquer direito ao pagamento de juros indemnizatórios por parte da entidade que emitiu o ato administrativo, cuja disciplina se encontra prevista no artigo 43.º da LGT e 61.º do CPPT, dado que tal instituto se mostra circunscrito ao pagamento indevido de dívidas de natureza tributária.

Resta-nos dizer, seguindo JORGE LOPES DE SOUSA, que, no caso de o pagamento ter sido efetuado quando se encontrava já pendente a execução fiscal, o meio que o executado deverá lançar mão para obter a extinção deste processo, se a administração tributária não o tiver feito oficiosamente, é requerer a referida extinção no processo de execução fiscal; e se a sua pretensão for indeferida, reclamar de tal decisão para o tribunal tributário, nos termos do artigo 276.º do CPPT.

Embora estando em causa um ato administrativo que aplicou uma multa, é útil citar parte do sumário do Ac. do STA, de 21.01.1988, Proc. n.º 022480 que assim concluiu *"Não se verifica a espontaneidade do pagamento de multa aplicada sob pena de execução coerciva, na falta de pagamento voluntario no prazo legal, pelo que, não havendo aceitação tacita, o recurso contencioso deve prosseguir."*

[222] Dá-se conta do Ac. do TCAS, de 24.06.2021, Proc. n.º 188/20.4BEFUN, que concedeu provimento ao recurso da sentença do TAF do Funchal que rejeitou liminarmente a oposição à execução fiscal instaurada para cobrança de dívidas ao IFAP, referente a ajudas indevidamente recebidas no âmbito de medidas "Agro-Silva-Ambientais", com base no entendimento de que considerando que o fundamento da oposição era a prescrição da dívida, instaurado o processo de execução fiscal, só se poderá concluir que o pagamento voluntário da dívida exequenda foi feito espontaneamente *"(...) se não resultar da tramitação desse PEF uma iminência na execução, que reflicta a designada "coacção lícita", não o sendo no caso inverso."*

Isto porque o pagamento da dívida exequenda, que pode servir de fundamento da oposição à execução fiscal, nos termos do artigo 204.º, n.º 1, alínea f) do CPPT, segundo este autor, é o que tiver sido efetuado antes da instauração da execução fiscal[223].

3. Impugnações administrativas necessárias

Atento o que já expusemos noutra parte, se a lei fizer depender o acesso aos meios contenciosos de impugnação do ato administrativo que crie obrigação pecuniária, da prévia utilização de reclamações ou recursos administrativos, tais atos estão sujeitos a impugnação administrativa necessária (artigo 185.º, n.º 1 do CPTA), que, quando deduzidas, fazem suspender os efeitos do referido ato (artigo 189.º, n.º 1 do CPA), ou seja, a administração não pode prosseguir com a sua execução.

Como já vimos, também, esta não será regra, mas sim a natureza facultativa da utilização dos meios de impugnação administrativos. Em todo o caso, vale a pena deixar os seguintes apontamentos.

O CPA ao associar a dedução dos meios de impugnação necessários ao efeito suspensivo automático do ato administrativo reclamado ou recorrido, assume, o que já vinha sendo reclamado pela doutrina, como a solução que melhor se compagina com direito fundamental à tutela jurisdicional efetiva, previsto no artigo 268.º, n.º 4 da CRP, no sentido de a suspensão da eficácia do ato servir de "contrapeso"[224] à restrição que se impõe ao referido direito, por o destinatário do ato lesivo, não poder de imediato impugná-lo junto dos tribunais e aceder às vias cautelares de suspensão da eficácia do mesmo. Imagine-se assim, os efeitos que poderiam resultar para a esfera jurídica do particular se, independentemente da impugnação administrativa do ato apresentada, a Administração pudesse continuar a executar o ato, sem que este pudesse aceder à via judicial de suspensão da sua eficácia (que depende, como vamos ver, da apresentação do meio judicial de impugnação do referido ato).

Por isso, não se prevê, pelo menos enquanto regime regra, e ao contrário do se encontrava estabelecido nos artigos 163.º, n.º 1 e 170.º, n.º 1 do CPA de 91, que tal efeito suspensivo possa ser levantado

[223] Vd. SOUSA, JORGE LOPES DE, Código de Procedimento..., cit. Vol. III, pág. 493.

[224] Cfr. SAMPAIO, JORGE SILVA; COIMBRA, JOSÉ DUARTE, Os procedimentos Administrativos...cit. pág. 553.

por decisão administrativa motivada em prejuízo para o interesse público[225].

Outrossim, deve-se entender que a suspensão dos efeitos do ato impugnado opera com a apresentação da reclamação ou recurso hierárquico necessário pelo particular, mantendo-se até à decisão expressa de deferimento ou indeferimento destes meios impugnatórios.

Questão mais complexa se coloca, no entanto, nos casos em que os órgãos da administração não decidam a reclamação ou o recurso hierárquico necessário, quanto a saber até quando permanece o efeito suspensivo que derivou da interposição das impugnações necessárias?

Para nós, abrindo-se as vias de impugnação administrativa (no caso da reclamação) e contenciosa do ato administrativo, com o decurso dos prazos de decisão destes meios, nos termos do exposto nos artigos 192.º, n.º 3 e 198.º, n.º 4 do CPA, e podendo o particular usar, como ainda vamos ver, os mecanismos associados a estas novas vias, para obter a suspensão da eficácia do ato, não nos parece que se possa concluir que o efeito suspensivo do ato se possa manter para lá das referidas datas.

E isto porque, como se disse anteriormente, o efeito suspensivo ligado ao uso das impugnações administrativas necessárias existe para acautelar a

[225] Sobre esta matéria, SAMPAIO, JORGE SILVA; COIMBRA, JOSÉ DUARTE, Os procedimentos Administrativos...cit, págs. 551 e 552 (nota de rodapé n.º 28), entendem que da conjugação do artigo 3.º, n.ºs 3 e 4 do DL n.º 4/2015, de 07 de janeiro resulta que *"(...) o efeito imediato é o de revogar as disposições especiais que, prevendo impugnações administrativas necessárias, não estabelecem a suspensão do ato impugnado ou, mais rigorosamente, o de modificar tais disposições introduzindo-lhes tal efeito. Nesta medida, qualquer impugnação administrativa necessária pré-existente inclui, de ora em diante, a regra da suspensão da eficácia do ato impugnado. No entanto, e logicamente, os n.ºs 3 e 4 do artigo 3.º do Decreto-Lei n.º 4/2015, de 7 de janeiro, não determinam que, no futuro, disposições especiais venham a prever impugnações administrativas necessárias sem suspensão da eficácia do ato impugnado: por um lado, vale a regra lex specialis derogat legi generali e, por outro, o Decreto-Lei n.º 4/2015 não possui qualquer «valor reforçado» (outra questão é a de saber se a introdução de meios impugnatórios sem associação a uma regra de suspensão de eficácia do ato impugnado é ou não inconstitucional (...)."* Em sentido semelhante, considerando, igualmente, o disposto no artigo 3.º, n.ºs 3 e 4 do DL n.º 4/2015, de 07 de janeiro, estes autores entendem que se devem considerar derrogadas as disposições especiais na parte em que possibilitem afastar o efeito suspensivo da impugnação administrativa necessária, por decisão administrativa, fundada em razões de interesse público, esclarecendo que este efeito derrogatório só se aplica às normas que existiam à data de entrada em vigor do novo CPA, o que não significa que disposições posteriores não possam contemplar este tipo de exceções.

restrição ao direito à tutela jurisdicional efetiva que resultaria para o destinatário do ato do facto de não o poder de imediato impugnar, ou junto do superior hierárquico (pedindo a suspensão dos efeitos do ato) ou dos tribunais e aceder às vias cautelares de suspensão da eficácia do mesmo; pelo que, a partir das referidas datas, uma vez que já pode aceder a estas vias, e assim acautelar o seu direito, não existe, quanto a nós, fundamento para a manutenção da suspensão dos efeitos do ato administrativo que ocorreu, em virtude da apresentação dos mencionados meios de impugnação administrativa necessária[226].

É claro que este entendimento tem o evidente efeito perverso de poder contribuir para que os órgãos da administração não sintam pressão para decidir as reclamações ou recursos administrativos apresentados, uma vez que, mesmo sem essa decisão, podem executar o ato, em prejuízo dos interesses dos particulares lesados.

4. Impugnações administrativas facultativas

Já nos termos do artigo 189.º, n.º 2 do CPA, a utilização das impugnações administrativas facultativas não tem efeito suspensivo do ato impugnado, o que corresponderá, então, aos casos regra.

Dito de outro modo, quando não ocorra pagamento voluntário, independentemente da apresentação de reclamação ou recurso pelo particular contra o ato administrativo que fixe obrigação pecuniária, a administração pode proceder à execução do ato, extraindo certidão de dívida e remetendo-a aos competentes serviços para efeitos de instauração de processo de execução fiscal[227].

[226] OLIVEIRA, MÁRIO ESTEVES DE; GONÇALVES, PEDRO; AMORIM, J. PACHECO DE, Código...cit., pág. 780, entendiam na vigência do anterior CPA e da disciplina do indeferimento tácito (sua natureza e efeitos), que nestas situações em que o recurso hierárquico não era decidido de forma expressa, que se mantinha a suspensão da eficácia do ato.

[227] O STA, no Acórdão de 05.11.2014, Proc. n.º 01322/13, apreciando sentença do TAF de Mirandela que julgou improcedente a oposição à execução fiscal instaurada para cobrança coerciva de dívida ao IFADAP, atual IFAP, resultante da rescisão unilateral do contrato de atribuição de ajudas no âmbito de medidas agro ambientais, decidiu que *"(...) não se verifica a inexigibilidade da dívida exequenda em razão da alegada interposição de recurso hierárquico para o Ministro da Agricultura e Pescas, porquanto, mesmo que em causa estivesse um recurso hierárquico – o que não é o caso, como bem explica o Excelentíssimo Procurador-Geral Adjunto no seu parecer junto aos autos, porquanto este pressupõe a existência de uma relação de hierarquia e não há relação hierárquica entre o*

E isto é assim, considerando os termos já explicitados para as impugnações administrativas necessárias, porque ao contrário daquelas, podendo o destinatário do ato, desde logo, impugná-lo judicialmente nos tribunais, pode também na dependência desta ação requerer a suspensão judicial do ato em causa, nos termos do artigo 112.º, n.º 2, alínea a) do CPTA, acautelando assim os seus interesses.

Prevê, no entanto, a segunda parte do artigo 189.º, n.º 2 do CPA, que o efeito suspensivo do ato impugnado também pode ocorrer com a utilização dos meios de impugnação administrativa facultativa, além dos casos em que a lei possa dispor nesse sentido, por decisão do autor do ato, ou do órgão competente para conhecer do recurso, oficiosamente ou a pedido do interessado, quando considerar que a sua execução imediata cause prejuízos irreparáveis ou de difícil reparação ao destinatário e a suspensão não cause prejuízo de maior gravidade para o interesse público.

Estabelecendo para o efeito os n.ºs 3 e 4 do anunciado artigo, que a referida suspensão pode ser pedida pelos interessados a qualquer momento, devendo a decisão ser tomada no prazo de cinco dias, que devem ser considerados úteis (artigo 87.º, alínea d) do CPA), e decretada a suspensão da execução do ato, quando as provas apresentadas revelem uma probabilidade séria de veracidade dos factos alegados pelos interessados, que sustentem, portanto, que a execução imediata do ato causa prejuízos irreparáveis ou de difícil reparação ao destinatário do mesmo, não se exigindo uma prova plena[228].

Entendemos que o preenchimento dos requisitos que podem fundamentar a suspensão de eficácia do ato ao abrigo desta norma deve ser feito por referência ao que tem vindo a ser estabelecido e entendido para a concessão das providências cautelares, no que diz respeito à verificação do critério do *periculum in mora* e ao critério de verificação negativa relativo à ponderação dos interesses, previstos no artigo 120.º, n.ºs 1, primeira parte, e 2 do CPTA.

IFADAP e o Ministro da Agricultura e Pescas –, o recurso hierárquico facultativo não suspende a eficácia do acto recorrido (cfr. o n.º 3 do artigo 170.º do Código de Procedimento Administrativo – CPA), e em causa não está nenhuma impugnação administrativa necessária."

[228] Neste sentido, QUADROS, FAUSTO DE, [et al.], Comentários à Revisão do Código do Procedimento Administrativo, pág. 405, Almedina, 2016.

Portanto, os órgãos administrativos, quando sejam chamados a decidir um pedido de suspensão de eficácia ao abrigo desta norma do CPA, não terão que avaliar a probabilidade do êxito da pretensão impugnatória do interessado, mas sim e apenas, através de um juízo de probabilidade séria sobre a veracidade dos factos alegados, se a execução imediata do ato lhe causa prejuízos irreparáveis ou de difícil reparação e a suspensão não causa prejuízo de maior gravidade para o interesse público.

Atendendo a que nestes casos, o que está em jogo é, em princípio, e somente um interesse patrimonial do autor do ato, é difícil sustentar-se que a suspensão do ato administrativo cause prejuízos de maior gravidade para o interesse público. Assim vem entendendo a jurisprudência, conforme vamos ver, quando chamada a analisar o critério da ponderação de interesses, previsto no artigo 120.º, n.º 2 do CPTA.

Desta forma, no âmbito das impugnações administrativas facultativas, o particular, quando é notificado do ato administrativo impositivo de obrigação pecuniária, tem ao seu dispor esta via, para obter a suspensão da eficácia do referido ato, que pode ser mais célere e barata, comparativamente, com a via judicial e cuja utilização também é favorecida pelo facto de resultar do n.º 5 do susodito artigo que este pode pedir a suspensão judicial do ato administrativo, quer em simultâneo, com pedido de suspensão de eficácia do ato deduzido perante os órgãos administrativos, quer no caso de esse pedido não ser atendido, e o ato não ser administrativamente suspenso (parecendo o legislador aqui indicar que contra o indeferimento do pedido de suspensão administrativa do ato o particular não deve impugnar esta decisão em tribunal, mas logo usar as vias judiciais disponíveis para pedir a suspensão de eficácia do ato administrativo que fixe a obrigação pecuniária).

Com a decisão de deferimento ou indeferimento da impugnação administrativa apresentada, deve-se entender que o efeito suspensivo do ato administrativo, atribuído pela lei ou decidido pela Administração, não se mantém.

O mesmo não ocorrendo, na nossa opinião, quando os efeitos do ato são suspensos por decisão da Administração, e esta não decide a reclamação ou recurso apresentados.

Nestes casos, deve-se entender, ainda assim, que o efeito suspensivo do ato se mantém, porque há uma decisão administrativa nesse sentido, e este efeito pode mesmo manter-se até ao desfecho da decisão judicial, caso o particular tenha apresentado, entretanto, ação administrativa de impugnação do ato administrativo. O que pode acontecer, no entanto, é a administração iniciar a execução do ato, mesmo não decidindo a reclamação ou recurso apresentados e, por isso, nos parecer mais previdente, nestas situações, que o particular acautele os seus interesses, através da apresentação do pedido de suspensão judicial do ato administrativo, através da apresentação de providência cautelar, nos termos dos artigos 112.º n.º 2, alínea a) e 113.º, n.º 1 do CPTA (que pode ser apresentada previamente ou como incidente da ação judicial).

Não se pode deixar de notar neste conspecto que, se o interessado não se encontrar numa situação em que a execução imediata do ato lhe causa prejuízos irreparáveis ou de difícil reparação, nos termos do artigo 189.º, n.º 2 do CPA, não disporá de nenhum mecanismo no plano das garantias de impugnação administrativa, para obviar à execução do ato.

Nestas situações, independentemente de utilizar os meios de impugnação administrativa facultativa para contestar a legalidade do referido ato, não tendo interesse em pagar logo a dívida exequenda, tem que obter a suspensão da eficácia do mesmo pela via judicial, nos termos dos artigos 50.º, n.º 2 ou 120.º, n.º 6 do CPTA, ou como iremos defender, se, entretanto, o processo de execução fiscal já tiver sido instaurado, prestando esta garantia nos termos do artigo 169.º, n.º 1 do CPPT. Considerando que ele também poderá não estar numa situação de *periculum in mora*, para pedir a suspensão do ato por via do decretamento da providência cautelar ao abrigo do artigo 120.º, n.ºs 1 e 2 do CPTA ou que fundamente a dispensa de garantia nos termos dos artigos 52.º, n.º 4 da LGT e 170.º do CPPT.

Parece-nos, por isso, que deveria ser admissível ainda nesta fase, que com a apresentação dos referidos meios de impugnação administrativa o particular pudesse, desde logo, oferecer a prestação de uma garantia a favor da entidade credora, que podia ser usada, mesmo se sobreviesse uma decisão de indeferimento da referida impugnação, para suspender a eficácia do ato já em sede judicial, dispensando a utilização dos mecanismos previstos nos artigos 50.º, n.º 2 do CPTA ou 120.º, n.º 6 do CPTA, porque serviria o mesmo fim.

Isto porque, não prevendo o legislador o efeito suspensivo do ato administrativo com a utilização das impugnações facultativas (o que, de resto, seria uma solução para não se levantar o problema que agora se põe em evidência), que sentido faz o particular destinatário do ato avançar para a via judicial, apresentando uma providência cautelar, e prestando garantia, ou desde logo impugnando o ato, e prestando garantia, ou prestando garantia já no processo de execução fiscal, nos termos dos normativos citados, apenas para obter a suspensão da eficácia do ato, se ainda pode nesta sede, obter uma decisão favorável à sua pretensão impugnatória, porque não se mostram ultrapassados os prazos para os órgãos administrativos decidirem (o que ocorrendo vai dar causa à inutilidade superveniente da lide processual e à imputação dos custos desta à Administração).

E mais, quando o próprio legislador nos artigos 50.º, n.º 2 do CPTA ou 120.º, n.º 6 do CPTA, entendeu que nestes casos, em que esteja apenas em causa o pagamento de uma quantia certa, sem natureza sancionatória, os interesses das entidades credoras estão assegurados com a prestação de uma garantia pelo destinatário do ato. Não estarão, igualmente, se a garantia for prestada em sede de procedimento administrativo?! Parece-nos, que sim.

É evidente que uma solução como a gizada teria que também prever um meio de recurso para os tribunais, para as hipóteses em que os órgãos administrativos não aceitassem, por não ser idónea ou suficiente a garantia prestada, o que parece só existir em sede de execução fiscal, uma vez que o acionamento dos meios de prestação de garantia, previstos nos artigos 50.º, n.º 2 do CPTA ou 120.º, n.º 6 do CPTA, está dependente da instauração de uma ação administrativa ou de uma providência cautelar[229].

5. Ação administrativa de impugnação de ato administrativo com prestação de garantia, nos termos do artigo 50.º, n.º 2 do CPTA

Confrontado com o ato administrativo do qual decorre a obrigação pecuniária, o particular pode optar por impedir os efeitos da execução do referido ato, através da apresentação de uma ação administrativa de impugnação de ato administrativo, com prestação de garantia, nos termos do artigo 50.º, n.º 2 do CPTA, obtendo, dessa forma, automaticamente, a suspensão da eficácia do mesmo, sem ter que lançar mão da tutela cautelar, e demonstrar para o efeito os requisitos gerais de que depende o decretamento de uma providência cautelar.

[229] Vd. as conclusões do Ac. do TCAS, de 29.09.2011, Proc. n.º 07633/11.

A razão que justifica a previsão deste mecanismo parece residir no facto de o legislador ponderar dois pontos: em primeiro lugar, atendendo à impugnação do ato em causa, existirem dúvidas quanto à possibilidade legal de cobrança da dívida; e em segundo, o interesse do credor da obrigação pecuniária, que é o direito de crédito que este se arroga titular, quando não tenha natureza sancionatória, ficar desde logo assegurado com a execução da garantia prestada, caso a pretensão impugnatória do destinatário do ato vier a não merecer provimento.

O normativo citado, dispõe, assim, que *"a impugnação de um ato administrativo suspende a eficácia desse ato quando esteja apenas em causa o pagamento de uma quantia certa, sem natureza sancionatória, e tenha sido prestada garantia por qualquer das formas previstas na lei tributária"*.

Cumpre dizer neste momento que, sem prejuízo de adiante fazermos uma análise autónoma do mecanismo de suspensão da eficácia do ato previsto no artigo 120.º, n.º 6 do CPTA, e explicarmos noutro ponto a relação de alternatividade que este estabelece com o mecanismo previsto no artigo ora em análise, o que se vai dizer de seguida em relação aos requisitos de que depende o acionamento da previsão do artigo 50.º, n.º2 do CPTA, serve para aplicar no artigo 120.º, n.º 6 do CPTA; conclusão reforçada pela última versão dada a este artigo pela Lei n.º 118/2019, de 17 de setembro, porquanto os requisitos para ativar as identificadas vias de tutela são os mesmos. Por isso, não ser de estranhar que alguma jurisprudência, que se irá citar aqui, ser forjada na aplicação daquele artigo relativo aos critérios de decisão das providências cautelares.

Destarte, para que o efeito suspensivo automático do ato determinado neste artigo funcione com a impugnação do ato administrativo, devem ser observados três requisitos: (1) esteja apenas em causa o pagamento de uma quantia certa; (2) sem natureza sancionatória; (3) e tenha sido prestada garantia por qualquer das formas previstas na lei tributária.

Sobretudo em relação aos dois últimos pressupostos assinalados, a jurisprudência e a doutrina têm chegado a algumas conclusões que merecem ser aqui destacadas.

A natureza sancionatória do ato impugnado impõe-se logo como um fator impeditivo do decretamento do efeito suspensivo automático previsto no artigo 50º nº 2 CPTA. E se há situações em que é líquida a natureza sancionatória do ato que fixa o pagamento de quantia certa, para efeitos de descartar a aplicação deste artigo, outras existem em que a sua qualificação enquanto tal se não divisa como pacífica.

A este propósito escreveram MÁRIO e RODRIGO ESTEVES DE OLIVEIRA "*(...) não é fácil determinar o que é uma sanção para estes efeitos. (...) No entanto, estando o problema circunscrito aqui às sanções pecuniárias, o preceito, em princípio (porque podem existir algumas hipóteses de fronteira), não suscitará muitas dúvidas: devem qualificar-se como tal as multas contratuais (al. e) do artigo 180º do CPA), as multas disciplinares (artigo 12º/2 do Decreto – Lei nº 24/84, de 16 de Janeiro) e as multas por ilícito administrativo não contra-ordenacional, etc. Diversamente, não constituem sanções pecuniárias as ordens de reposição de dinheiros indevidamente pagos ou que determinem o pagamento de indemnizações administrativas (v. por exemplo, artigo 115/4 e 157º/2 do CPA).*"[230]

Já MÁRIO AROSO DE ALMEIDA e CARLOS CADILHA entendem que não tem carácter sancionatório "*(..)o ato que estabeleça a obrigação de reposição de verbas recebidas indevidamente por funcionários, agentes ou credores do Estado, cujo procedimento se encontra regulado nos artigos 36.º e segs. do Decreto-Lei n.º 155/92, de 28 de julho) (...) Excluem-se, pois, medidas disciplinares que imponham uma pena de multa, bem como as decisões que, no âmbito de procedimento disciplinar, determinem a reposição de quantias, nos termos previstos no artigo 219.º, n.º l, da Lei Geral do Trabalho (...). Ao mesmo tipo de obrigações se refere o artigo 179.º do CPA, que manda aplicar, na falta de pagamento voluntário no prazo fixado, o processo de execução fiscal regulado na lei processual tributária, para efeito de cobrança coerciva.*"[231]

Por sua vez, os tribunais superiores da jurisdição administrativa, no seu labor de aplicar a lei ao caso concreto, decidiram, num processo em que se pediu a atribuição de efeito suspensivo à impugnação intentada contra ato que determinou a devolução do incentivo recebido que "*(...) o acto que revoga o financiamento concedido tem claramente natureza sancionatória. É a sanção pelo incumprimento do contrato de financiamento. Com uma natureza completamente distinta do acto que ordena a restituição de importâncias indevidamente pagas. No caso as importâncias concedidas à Autora eram devidas, por força*

230 OLIVEIRA, RODRIGO ESTEVES; OLIVEIRA, MÁRIO ESTEVES, Código de Processo nos Tribunais Administrativos, Vol. I, pág. 336, Almedina, 2006.

231 Cfr. ALMEIDA, MÁRIO AROSO DE; CADILHA, CARLOS, Comentário ...cit. pág. 327.

do contrato. A sua restituição não é por terem sido indevidamente concedidas, mas como sanção pelo incumprimento do contrato."[232]

Por concluírem tratar-se de incumprimento obrigacional no domínio dos deveres impostos aos beneficiários, os tribunais, também, propugnaram pela natureza sancionatória do *"(...) acto administrativo de redução do financiamento concedido no âmbito do Quadro Comunitário de Apoio para o período 2000/2006, regulado pelo Decreto Regulamentar nº 12-A/00 de 15.Set., prevista no artº 21º da Portaria 799-B/00 de 20.Set."* e do valor a restituir determinado em consequência do mesmo, na medida em que é a *"consequência da ordenada redução do financiamento."*[233]. No mesmo sentido, decidiram pelo carácter sancionatório do *"ato administrativo de revogação do financiamento concedido no âmbito do Quadro Comunitário de Apoio para o período 2000/2006, regulado pelo Decreto Regulamentar nº 12-A/00 de 15.Set., prevista no artº 23º da Portaria 799-B/00 de 20.Set."*, e do valor a restituir *"na medida em que é a consequência da ordenada revogação*[234]*; e do "acto administrativo que determinou a resolução do contrato de concessão de incentivos celebrado no âmbito do Sistema de Incentivos Financeiros à Qualificação e Internacionalização de PME".*[235]

Consideraram, entretanto, destituídos de natureza sancionatória os atos administrativos proferidos *"(...) pela Autoridade de Gestão do POPH que ordena ao beneficiário do financiamento a restituição de quantia certa, em virtude de ter sido detectada a realização de despesas não elegíveis"*[236], e também *"(...) o acto administrativo que anulou a decisão de aprovação de pedido de apoio financeiro, concedido no âmbito das medidas e acção 1.1.1. destinadas à "Modernização e capacitação das Empresas" (PDR2020) e que integra ordem para a reposição de verbas indevidamente recebidas pelo beneficiário (...), com o fundamento na falta de condições de elegibilidade da respectiva candidatura (...)"*[237]

Sem, no entanto, abordar a questão relativa à natureza sancionatória do ato, aplicou-se à decisão que determina a restituição das prestações de

[232] Cfr. Ac. do TCAN, de 19.11.2021, Proc. n.º 00135/19.6BEAVR-S1.

[233] Cfr. Ac. do TCAS, de 01.10.2009, Proc. n.º 04551/08;

[234] Cfr. Ac. do TCAS, de 25.06.2015, Proc. n.º 11981/15;

[235] Cfr. Ac. TCAS, de 17.09.2015, Proc. n.º 12245/15;

[236] Cfr. Ac. TCAS, de 20.10.2016, Proc. n.º 13698/16; Vide também o Ac. do TCAS, de 10.03.2016. Proc. n.º 12812/15;

[237] Cfr. Ac. do TCAN, de 28.04.2017, Proc. n.º 00246/16.0bEVIS-A;

desemprego concedidas a ex-trabalhador a disciplina do artigo 50.º, n.º 2 do CPTA [238].[239]

Para ser decretada a suspensão automática do ato impugnado, o artigo 50.º, n.º 2 do CPTA exige, além do mais, que seja prestada garantia por qualquer das formas previstas na lei tributária, e essas formas são as do artigo 199.º do CPPT.

Os n.ºs 1 e 2 do citado artigo dispõem, para este efeito, que deverá ser oferecida *"garantia idónea"*[240], mediante a prestação de garantia bancária, caução, seguro-caução ou qualquer meio suscetível de assegurar os créditos do exequente (penhor ou hipoteca voluntária).

A garantia deverá ser constituída constando da mesma o credor como entidade beneficiária[241].

Ora, no particular conspecto em que nos movemos, vem sendo entendido à luz da interpretação, que já era feita da norma do artigo 76.º,

[238] Vd. Ac. do TCAS, de 29.09.2011, Proc. n.º 07633/11.

[239] Outros exemplos, vd. no Ac. do TCAS, de 14.05.2020, Proc. n.º 91/18.8BELSB-A, em que estava em causa o incidente de prestação de garantia para ao abrigo do artigo 50.º, n.º 2 do CPTA obter a suspensão automática do *"(...) despacho do Secretário de Estado da Energia (...) que declarou a nulidade das decisões contidas nos n.ºs 11 e 12 do Despacho n.º 11566-A/2015, de 03/10, do Secretário de Estado da Energia, eliminando a Contribuição Extraordinária do Setor Energético (CESE) e da tarifa social como medidas ou eventos extramercado em Portugal e impedindo a sua ponderação na medição dos efeitos nos preços grossistas de eletricidade dos produtores portugueses de medidas ou eventos extramercado registados fora de Portugal e (ii) do despacho do Secretário de Estado da Energia (...) que fixa o valor a pagar pelos produtores portugueses em virtude do efeitos nos preços grossistas de eletricidade de medidas ou eventos extramercado fora de Portugal sem atender ao efeito nos mesmos preços das medidas ou eventos extramercado ocorridos em Portugal, como a CESE e a tarifa social."*; e também o Ac. do TCAN de 25.05.2019, Proc. n.º 00016/19.3BECBR-A, no qual se julgou, ao abrigo do artigo 120.º, n.º 6 do CPTA, o oferecimento de garantia para suspender a eficácia da decisão do IFAP de *"(...) devolução do valor indevidamente recebido (...)no âmbito da Ação n.º 3.1.2 – "Criação e Desenvolvimento de Microempresas" – da Medida n.º 3.1 – "Diversificação da Economia e Criação de Emprego", integrada no subprograma n.º 3 – "Dinamização das zonas rurais" – do PRODER, do Eixo n.º 3 – "Qualidade de Vida nas Zonas Rurais e Diversificação da Economia Rural"."*

[240] No Ac. de 18.06.2014, Proc. n.º 0507/14, o STA concluiu que *"I – Apesar da falta de definição legal de "garantia idónea", não pode deixar de concluir-se, em face das normas contidas nos arts. 169º, 199º e 217º do CPPT e art. 52º da LGT, que essa idoneidade depende da capacidade de, no caso de o órgão da execução ter de accionar a garantia prestada (ou, mais precisamente, de efectuar o pagamento da dívida em cobrança através do património do garante), ela se mostre apta a assegurar essa cobrança."*

[241] Vd. Ac. do TCAS, de 23.02.2006, Proc. n.º 01377/06.

n.º 2 da LPTA[242], que disciplinava o que agora se encontra regulado no artigo 120.º, n.º 6 do CPTA, que a garantia em causa deve cobrir apenas o montante da obrigação pecuniária objeto da impugnação, e *"não também quaisquer acréscimos que sejam exigíveis por mora no pagamento"*, afastando, assim, nestes casos, a aplicação do regime previsto no artigo 199.º, n.ºs 4, 5 e 6 do CPPT[243].

Sobre esta matéria, MÁRIO AROSO DE ALMEIDA e CARLOS CADILHA[244], posicionam-se no mesmo sentido adiantado, pois consideram que a remissão para a lei processual tributária prevista no artigo 50.º, n.º 2 do CPTA, *"(...) deve considerar-se feita quanto às modalidades de prestação de caução, e não para as disposições que regulam o procedimento de constituição da garantia e determinação do respetivo montante."* Segundo estes autores, *"Este entendimento decorre não apenas do elemento literal de interpretação ("por qualquer das formas previstas na lei tributária"), mas também de considerações de ordem sistemática, tendo sobretudo em linha de conta a diferente estrutura e finalidade do processo de execução fiscal, por confronto com o processo impugnatório: num caso, está em causa a necessidade de assegurar os créditos do exequente, cujo direito se encontra já definido, justificando-se por isso a exigência de juros moratórias; no outro, pelo contrário, a impugnação tem justamente em vista discutir a legalidade do ato que impôs o pagamento, pelo que se não encontra ainda judicialmente definido o direito do credor."*[245]

[242] Vd. Ac. do STA de 04.07.96, Proc. n.º 040570 e de 11.07.96, Proc. n.º 040591.

[243] Vd. Ac. do TCAS de 20.10.2016, Proc. n.º 13698/16. E em sentido contrário, mas com um voto vencido o Ac. do TCAS de 23.02.2006. Proc. n.º 01377/06.

[244] Cfr. ALMEIDA, MÁRIO AROSO DE; CADILHA, CARLOS, Comentário ...cit. pág. 328. Repetem as mesmas conclusões no comentário ao artigo 120.º, n.º 6 do CPTA,...cit. pág. 986.

[245] Sobre as questões relativas à idoneidade e suficiência da garantia, parece-nos importante citar, nesta parte, alguma jurisprudência que vem sendo produzida pelos tribunais superiores. No recente Ac. de 14.05.2020, Proc. n.º 91/18.8BELSB-A, o TCAS entendeu relativamente ao mecanismo previsto no artigo 50.º, n.º 2 do CPTA que *"II. Sendo exigível a existência de uma quantia certa, está em causa a quantia que tenha sido exigida, referente a factos ou eventos pretéritos ou já ocorridos, excluindo do seu âmbito quaisquer quantias que possam vir a ser exigidas no futuro. III. A idoneidade ou suficiência da garantia prestada afere-se por equivalência ao valor da quantia que está em causa no ato impugnado e não qualquer outra. IV. Quaisquer outras quantias que venham a ser exigidas no futuro, através do ato impugnado ou de novos atos consequentes ou de execução não integram o objeto do presente incidente de prestação de caução, nem a garantia prestada, não relevando para aferir se a garantia é idónea ou suficiente."*

Quanto ao momento e meio processual, referência para a prestação da garantia aqui em análise, o TCAS no Acórdão de 29.09.2011, proferido no Proc. 07633/11, esclareceu que *"A garantia aqui é "oferecida" e não exigida, podendo ser prestada antes da AAE, sendo a respectiva documentação junta à p.i. (assim MÁRIO AROSO..., Comentário ..., 2010, p. 336), onde se fará o requerimento (incidente atípico) de suspensão da eficácia(2), ou durante a AAE, sendo que, também neste caso, é lógico que o efeito suspensivo só ocorrerá com a aceitação*

O TCAN no Ac. de 25.05.2019, Proc. n.º 00016/19.3BECBR-A, em que estava em causa o oferecimento de garantia para obstar aos efeitos de decisão do IFAP que determinou a devolução do indevidamente recebido, no âmbito do mecanismo previsto no artigo 120.º, n.º 6 do CPTA, concluiu que: *"Deste modo, não merece censura o entendimento adotado pelo tribunal de 1ª instância ao ter concluído pela inverificação da idoneidade da garantia prestada, predominantemente pela sua insuficiência em garantir o pagamento do valor em causa, uma vez que o valor patrimonial tributário da fração voluntariamente hipotecada é do ponto de vista tributário incontornavelmente inferior à quantia controvertida em dívida. Com efeito, é insofismável que o valor patrimonial tributário do imóvel sobre o qual foi constituída a hipoteca, calculado nos termos do Código do IMI, é de 140.790,65€, sendo que o valor controvertido em disputa ascende a 179.703€. Entendendo a Recorrente que o valor tributário atual da fração não se encontra ajustado à realidade sempre poderia ter requerido a sua correção. Não o tendo feito, só se poderá queixar de si própria."*

No Ac. do TCAN de 28.04.2017, Proc. n.º 00246/16.0BEVIS-A, em que se pretendia caucionar dívida relativa à restituição de verbas recebidas na sequência da concessão do apoio e de contrato de financiamento celebrado com o IFAP, este Tribunal entendeu que a garantia prestada não se mostrava idónea ou adequada, para efeitos se suspensão do acto em causa, ao abrigo do disposto no artigo 120º n.º 6 do CPTA, porquanto *"(...) confrontando o teor do aditamento constante dos parágrafos 5.º e 6º, verifica-se ter sido cumprida a exigência do IFAP quanto à vigência da garantia até 30 dias sobre o trânsito em julgado – e que justificou o Despacho proferido pelo tribunal a quo (cfr. alínea j) dos factos/ocorrências processuais supra registadas) – mas, no que se reporta à determinação, segundo o mesmo despacho, de alteração da garantia "nos termos da qual não se delimite a factos verificados na vigência da garantia, mas a factos relativos ao procedimento (...)", o parágrafo 6.º persiste em subordinar a garantia em causa "a factos verificados na pendência da mesma" ainda que, agora, com o acrescento de "concernentes a factos constitutivos de direitos do Beneficiário ocorridos no âmbito do pedido de apoio formulado pela R..., SA, à Autoridade de Gestão do Programa de Desenvolvimento Rural do Continente (PRODER), com o n° PA/44357, assim como do procedimento de anulação administrativa de tal pedido, iniciado pela Autoridade de Gestão do Programa de Desenvolvimento Rural do Continente (PDR 2020)". Resultando assim do teor do parágrafo 6 que o mesmo configura uma cláusula ininteligível ou equívoca, o que invalida um juízo de idoneidade da garantia em causa. Na verdade, ainda que nessa cláusula se identifiquem tais factos como os concernentes ao procedimento de anulação administrativa do pedido de apoio formulado pela R.., SA, à Autoridade de Gestão do PRODER, com o n° PA/44357, não se percebe a limitação aos factos ocorridos na pendência da garantia. Limitação que, a manter-se, poderia inviabilizar a activação da garantia para os factos anteriores à sua constituição."*

pelo juiz da garantia entretanto apresentada em requerimento incidental autónomo e após o contraditório (assim MÁRIO/RODRIGO E. DE OLIVEIRA, CPTA e ETAF Anot., nota ix)."[246]

Uma nota final, para evidenciar o seguinte. Prestada a garantia, para obviar à execução do ato administrativo criador da obrigação pecuniária, o particular pode, desde logo, em conformidade com o artigo 4.º, n.º 2 alínea f) do CPTA, cumular com o pedido de impugnação do ato administrativo, pedido de reparação dos prejuízos à luz da Lei n.º 67/2007, 31/12, que se provarem estar associados à prestação da susodita garantia, se esta se revelar indevida, em consequência do ganho de causa na referida ação administrativa. Outrossim, o referido pedido de reparação de danos por prestação de garantia indevida, poderá ser deduzido, de forma autónoma, em ação administrativa para efetivação de responsabilidade civil, nos termos do artigo 37.º, n.º 1 alínea k) do CPTA[247].

6. Providência Cautelar

6.1. Aspetos gerais

Conforme logo decorre do disposto no artigo 182.º, n.º 1 parte final, e n.º 2, do CPA, no âmbito do contencioso administrativo, a providência cautelar específica para obviar à execução de atos administrativos criadores de obrigação pecuniária é a suspensão de eficácia de atos administrativos (artigo 112.º, n.º 2 alínea a) do CPTA). Por isso, se exclui no referido normativo, que a execução destes atos possa ser impedida através da

[246] Em anotação ao artigo 50.º, n.º 2 do CPTA, ALMEIDA, MÁRIO AROSO DE; CADILHA, CARLOS, Comentário ...cit. pág. 329, escrevem o seguinte: *"Estabelece, entretanto, o n.º 2 que "(...) a impugnação de um ato administrativo suspende a eficácia desse ato quando (...) tenha sido prestada garantia por qualquer das formas previstas na lei tributária», com o que exige a anterioridade da caução relativamente à apresentação em juízo do pedido impugnatório. E a solução justifica-se porque, visando a prestação de caução prevenir a insolvência do devedor, justifica-se que o efeito suspensivo da impugnação apenas opere quando se encontre verificado condicionalismo que, nos termos da lei, se destina a acautelar o cumprimento da obrigação. Nada obsta, entretanto, a que o interessado venha a constituir a garantia ou a efetuar a correspondente prova já na pendência do processo impugnatório, o que implica que o efeito suspensivo apenas opere a partir do momento em que o juiz verifique a idoneidade da caução após a audição dos requeridos. Neste sentido aponta, não só o disposto no n.º 6 do artigo 120.º (que sugere que, em sede cautelar, a prestação da caução possa ter lugar no decurso do processo cautelar), como também outros dispositivos que visam consagrar a efetividade da tutela jurisdicional, e, em particular, o do artigo 114,º, n.º 1, alínea c), que permite a dedução de pedidos cautelares mesmo na pendência do processo principal."*

[247] Vd. ALMEIDA, MÁRIO AROSO DE; CADILHA, CARLOS, Comentário ...cit. pág. 328.

dedução de embargos, sem prejuízo, no entanto, da aplicabilidade das garantias previstas na lei processual tributária.

A providência cautelar de suspensão da eficácia do ato é uma providência cautelar tipicamente de natureza conservatória, porquanto tem por finalidade manter, provisoriamente, a situação que existia antes da prática do ato administrativo em causa, até à prolação da decisão do processo principal, no qual se pretende obter a anulação ou a declaração de nulidade do referido ato.

Por isso, a necessidade de obter esta tutela provisória, é o meio de assegurar a utilidade da sentença a proferir no processo principal (artigo 112.º, n.º 1 do CPTA), uma vez que a demora associada à prolação desta decisão judicial, pode gerar situações de facto consumado ou prejuízos de difícil reparação para os interesses que o requerente da tutela cautelar visa assegurar no processo principal (artigo 120.º, n.º 1 do CPTA).

Decorrem da anunciada finalidade do processo cautelar, as características que se têm relacionado a este tipo de tutela, que são a sua *instrumentalidade, provisoriedade* e *sumariedade.*

A instrumentalidade está ligada à circunstância de o processo cautelar estar funcionalizado a garantir a utilidade do processo principal (artigo 112.º, n.º 1 do CPTA), estando deste modo dependente deste processo, onde se vai decidir o mérito da causa objeto do litígio, no caso em análise, a legalidade do ato administrativo impositivo da obrigação pecuniária, podendo ser intentado preliminarmente ou como incidente deste processo (artigo 113.º, n. º1 e artigo 114.º, n.º 1 do CPTA).

Alguns dos afloramentos desta característica, vislumbram-se no facto de o processo cautelar ter de ser desencadeado por quem possua legitimidade para intentar o processo principal (artigo 112.º, n.º 1 do CPTA); dever ser apresentado no tribunal competente para julgar o processo principal, que vai ser também o tribunal competente para julgar o processo cautelar (artigos 114.º n.º 2 e 20.º, n.º 6 do CPTA); na necessidade de no requerimento cautelar, ser indicada a ação de que o processo depende ou irá depender (artigo 114.º, n.º 3 alínea e) do CPTA); que justifica a extinção do processo cautelar ou a caducidade das providências cautelares já decretadas por razões ligadas ao processo principal, como por exemplo, se o pedido cautelar tiver sido apresentado antes de instaurado o processo principal, e se verificar desde logo que o processo principal já não pode ser instaurado por caducidade do direito de ação ou, se decretada a providência, o processo principal não vier a ser apresentado dentro do prazo legalmente estabelecido para o efeito (isto é, dentro do prazo de impugnação dos atos anuláveis, previsto no artigo 58.º, n.º 1 alínea b) do CPTA), ou se não tiver sujeito a prazo (no caso dos processos dirigidos a obter uma declaração de nulidade do ato, conforme artigo 58.º, n.º 1, alínea a), do CPTA), se o requerente não usar dessa via no prazo de 90 dias, contados desde o trânsito em julgado da decisão cautelar (artigo 123.º, n.º 1 alínea a) e n.º 2 do CPTA); ou, se tendo o processo principal já sido instaurado, o correspondente processo estiver parado durante mais de três meses por negligência do requerente em promover os respetivos termos ou de algum incidente de que dependa o andamento do processo (artigo 123.º, n.º 1 alínea b) do CPTA); ou se verificar o trânsito em julgado da decisão que ponha termo ao processo principal, no caso de ser desfavorável ao requerente (artigo 123.º, n.º 1 alínea e) do CPTA).

Outro dos aspetos ligados à característica da instrumentalidade diz respeito à necessária identidade entre os factos que integram a causa de pedir da ação principal e os que fundamentem a concessão da providência cautelar, mesmo que os pedidos sejam distintos em ambos os processos[248].

[248] No Ac. do TCAN de 17.06.2016, Proc. n.º 00337/15.4BECBR-A, foi revogada a sentença do tribunal de primeira instância que indeferiu por *"(...) falta dos requisitos gerais da instrumentalidade e da utilidade, previstos no artigo 112.º, n.º 1 e artigo 113.º, n.º 1 do CPTA"*, a providência cautelar intentada contra o Instituto da Segurança Social, I.P./Centro Distrital de Coimbra (ISS, I.P.), de *"suspensão de eficácia de acto de redução mensal de comparticipações financeiras relativas a Acordos de Cooperação para a resposta Lar Residencial entre ambos celebrados mediante plano prestacional de 12 mensalidades, no valor de €12.203,88, com vista à liquidação, por compensação, do valor de 146.446,12€ considerado em dívida por despacho antecedente, nos termos do artigo 36.º n.º 1 do DL n.º 155/92 de 28/07 (...)"*. Transcrevem-se para aqui as principais conclusões desde douto tribunal: *"A este propósito importa, desde logo, sublinhar, com o apoio da doutrina e da jurisprudência, que a função instrumental e de dependência da tutela cautelar face à principal não implica uma coincidência rigorosa entre os pedidos formulados no processo cautelar e na acção principal, bastando que a providência cautelar seja utilizada ao serviço da situação substantiva accionada naquela acção (pré-ordenada e dependente da realização dos fins do processo principal), e que os factos que servem de fundamento à concessão da tutela cautelar integrem a causa de pedir do processo principal. O que implica que a aferição da existência (ou falta) do requisito/característica da instrumentalidade não deva ser realizada em moldes estanques ou absolutos, mas antes orientada no sentido de encontrar pontos essenciais de contacto e de identidade entre as acções cautelar e principais propostas, como sejam as partes e os factos que integrem ambas as acções, mesmo que os pedidos sejam diferentes. (....) a presente providência envolve as mesmas partes da acção principal e funda-se nos factos substanciais objecto dessa acção já que o que está efectivamente em causa em ambas as acções é a pretensão do Recorrido de devolução do montante de €146.446,12, a título de*

Por sua vez, a provisoriedade do processo cautelar, conexiona-se com o facto de este ter apenas o alcance de regular, transitoriamente, os interesses do destinatário do ato, na pendência do processo principal, até à prolação da sentença que vier a ser proferida neste processo e onde se vai estabelecer os termos definitivos do litígio.

Finalmente, a sumariedade vai-se manifestar na *"cognição sumária da situação de facto e de direito"*[249], trazida ao processo cautelar, que é a única compaginável com uma tutela célere que pretende evitar a produção dos prejuízos que possam ser provocados pela demora da decisão do processo principal, relegando-se, desta forma, para a ação principal, o juízo definitivo e pleno sobre a causa de pedir[250].

comparticipações financeiras indevidamente pagas, determinada pelo acto impugnado na acção principal – montante que está já a ser mensalmente compensado, em sede de prestações financeiras a atribuir à Recorrente ao abrigo de Acordos de Comparticipação conforme resulta do acto suspendendo, quando se discute, na acção principal, se aquele valor é ou não devido. O impugnado acto de reposição constituiu, assim, o pressuposto necessário à prática do acto suspendendo de pagamento em prestações mensais, por compensação/redução de comparticipações devidas nos termos dos referidos Acordos, no sentido de sem aquele acto, o acto cuja suspensão de efeitos se requer não teria sido praticado. Verifica-se assim, entre os dois actos em crise, uma conexão jurídica relevante. O que significa que existe entre o processo cautelar e a acção principal uma relação de interconexão e de dependência, expressa na identidade entre o direito ou interesse a acautelar e aquele que se faz valer na acção principal, pelo que, eventual sentença favorável a proferir na acção não será inócua para o processo cautelar. (...) Tal acto, enquanto acto conexo com o acto objecto da acção principal, deixará, naturalmente, de subsistir com a eventual constatação de inexistência da dívida, seja por prescrição, seja por declaração de nulidade ou anulação – neste caso, por força dos efeitos ultraconstitutivos de eventual sentença invalidatória, impositivos da sua remoção pela Administração recorrida, voluntariamente ou em execução de julgados – cfr. artigo 173.º n.º 2 do CPTA na parte em que prevê o dever da Administração "de remover, reformar ou substituir actos jurídicos e alterar situações de facto que possam ter surgido na pendência do processo e cuja manutenção seja incompatível com a execução da sentença de anulação.". Ou seja, se na acção principal se julgar que a Recorrente nada deve ao Recorrido com consequente reconhecimento da inoperância ou invalidade do acto impugnado, o acto suspendendo que determinou as compensações da quantia cuja devolução é exigida por aquele acto, deixará de ter base legal, impossibilitando a respectiva manutenção na ordem jurídica. (...)"

[249] Cfr. ANDRADE, J. C. VIEIRA DE, A justiça Administrativa ...cit, pág. 289.

[250] Vd. o Ac. do TCAN de 20.10.2017, Proc. n.º 01527/16.8BEPNF, em que se julgava o pedido de suspensão de eficácia de ato proferido pelo presidente do IFAP, IP, que resolveu unilateralmente contrato e determinou a devolução de quantias recebidas a título de subsídio ao investimento, e que confirmou o decidido pelo tribunal da primeira instância, que se transcreve: "*(...) não obstante as requeridas defenderem que existe causa que obsta ao conhecimento do mérito da acção principal, designadamente a caducidade do direito de acção da mesma por decurso do prazo de 3 meses previsto no art. 58º nº1 al. b) do NCPTA contado desde a notificação do acto de rescisão*

Compreende-se, portanto, face à função e características do processo cautelar anunciadas, que o legislador lhe tenha atribuído carácter urgente a este e aos seus incidentes, com as consequências que isso inevitavelmente implica no plano processual, nomeadamente, que os prazos processuais correm em férias, com dispensa de vistos prévios, mesmo em fase de recurso jurisdicional (artigo 36.º, n.º 1 f) e n.º 2 do CPTA).

Além de cumprir os demais requisitos prescritos no artigo 114.º, n.º 3 do CPTA, o interessado, para lhe ver concedida a tutela cautelar, deverá especificar, no requerimento cautelar, de forma articulada, os fundamentos do pedido, oferecendo prova sumária da respetiva existência (artigo 114.º, n.º 3, alínea g) do CPTA). Isto quer dizer que sobre si recai o ónus de alegação e prova dos factos e respetivos fundamentos de direito, de que depende o decretamento da providência cautelar (artigo 342.º, n.º 1 do CC)[251].

do contrato datado de 14-01-2016 (...), a verdade é que tal questão diz respeito à acção principal e não à acção cautelar e a mesma só poderá ser apreciada através de um juízo pleno e não perfunctório em sede de prolação do despacho saneador a proferir na acção principal [o qual, in casu, ainda não foi (...)] ou, em última instância, em sede de sentença (por se impor a realização de diligências probatórias), razão pela qual não se pode afirmar neste momento sem qualquer margem para dúvida e segundo um juízo meramente indiciário que se verifica no caso em apreço a excepção dilatória de intempestividade da prática de acto processual prevista na alínea k) do nº4 do art. 89º do NCPTA. Note-se que o requerente invoca que a acção principal é intentada só neste momento por se verificarem preenchidos todos os requisitos previstos no art. 58º nº3 do NCPTA, preceito legal segundo o qual a impugnação dos actos administrativos poderá ser admitida fora do prazo previsto no art. 58º nº2 b) do NCPTA, sendo certo que a apreciação de tal questão apenas poderá ser efectuada, repete-se, em sede de processo principal, eventualmente com o diferimento da sua apreciação para a sentença final a proferir no processo principal na medida em que, segundo um juízo indiciário, se nos afigura a necessidade de relegar o seu conhecimento para esse momento em virtude da necessidade da inclusão dessa questão como tema de prova em sede de despacho saneador. Por outro lado, não é despiciendo acrescentar que está provado (...) que em 08-03-2016 realizou-se uma reunião entre o requerente e o requerido IFAP a qual teve por finalidade discutir a rescisão do contrato, reunião esta que o requerente considera que o terá induzido em erro e justifica a apresentação fora do prazo previsto no art. 58º nº2 al. b) do NCPTA da acção principal e da presente acção cautelar. Também por aqui se conclui que tal questão e a medida em que a mesma terá contribuído para algum erro do requerente, apenas poderá ser apreciada em sede de acção principal por via de um juízo pleno e não perfunctório como o que aqui se exige e por inclusão dessa questão, repete-se, como tema de prova em sede de despacho saneador e posterior conhecimento na sentença final. (...)"

[251] No Ac. do TCAN de 18.11.2016, Proc. n.º 00396/08.6BEMDL-A, apreciou-se se tinha ocorrido erro de julgamento, pelo Tribunal a quo, ao ter decidido que se não verifica o requisito referente ao periculum in mora para que se pudesse decretar a providência cautelar, num

Deverá, igualmente, no requerimento cautelar, fazer prova do ato administrativo que fixa a obrigação pecuniária, cuja suspensão pretende e da sua notificação ou publicação (artigo 114.º, n.º 3 alínea h) do CPTA).

Um dos importantes aspetos relativos ao regime jurídico da providência cautelar de suspensão de eficácia do ato administrativo encontra-se regulada no artigo 128.º do CPTA, que dispõe que, no caso de ter sido requerida este tipo de providência, depois de o requerimento cautelar ter sido admitido (artigo 116.º do CPTA), e ordenada a citação da entidade requerida, esta não pode, após a referida citação, iniciar ou prosseguir a execução do ato administrativo suspendendo, devendo para o efeito impedir, com urgência, que os serviços competentes ou os interessados procedam ou continuem a proceder à execução do ato (artigo 128.º, n.º 1, primeira parte e n.º 2 do CPTA).

No âmbito dos atos administrativos em análise no nosso estudo isso significa que, sendo a entidade requerida, credora da obrigação pecuniária fixada pelo ato administrativo suspendendo, citada da instauração da providência cautelar de suspensão do aludido ato, deverá, de imediato, impedir a continuação das diligências de execução do ato, que dependendo em que fase se encontre o procedimento de execução, pode traduzir-se na suspensão do prazo de pagamento que estiver em curso, na não remessa para o competente serviço da Administração Tributária, da certidão de

caso em que estava em causa uma dívida ao IFAP, assim concluiu este tribunal: *"De acordo com o artigo 342º do CC " àquele que invocar um direito cabe fazer a prova dos factos constitutivos do direito alegado". Por seu lado nos termos do artigo 114º, n.º 3, alínea g) do CPTA, no requerimento deve o requerente "especificar, de forma articulada, os fundamentos do pedido, oferecendo prova sumária da respectiva existência". Ou seja, era ónus dos requerentes alegar factos sobre os quais assenta a sua alegação. Alegar factos e não conclusões, ou questões vagas e genéricas, ou alegar factos manifestamente insuficientes, como é o caso. Referem os recorrentes que foram alegados factos. No entanto como já referimos, e sobejamente decorre do já mencionado, verifica-se que não foram alegados factos essenciais, apenas se faz referência a um vencimento de um dos requerentes, e à situação de desemprego dos restantes. Mas, também como já mencionámos, não se sabe se a requerente com vencimento de professora, se pode ou não proceder ao pagamento dos encargos com a caução sem podermos concluir estarmos perante prejuízos de difícil reparação. O periculum in mora, relativo à adopção da providência tem a ver com os prejuízos que poderão advir da não adopção da providência. Factos essenciais serão aqueles que demonstram que esses prejuízos se verificam, caso não seja adoptada a providência, e não meras conclusões ou insuficiência de alegação. Por exemplo, seria essencial alegar os rendimentos dos recorrentes, despesas que mantêm no seu dia-a-dia, e a sua situação face à ausência dos rendimentos decorrentes do acto suspendendo. Era sobre estas questões que deveriam ser alegados factos, e eram estes os factos essenciais."*

dívida para efeitos de instauração do processo de execução fiscal, ou estando este processo já instaurado, na comunicação, com urgência ao órgão da execução fiscal da suspensão da execução[252].

A entidade requerida pode, no entanto, nos termos da segunda parte do artigo 128.º do CPTA, obstar à susodita proibição de executar o ato administrativo, através da apresentação de uma resolução fundamentada que deve remeter ao tribunal, na qual reconheça que o adiamento da execução do ato seria gravemente prejudicial para o interesse público. O levantamento da proibição de executar o ato administrativo vai operar também de forma automática, com a mera apresentação da resolução fundamentada, só podendo o requerente opor-se às razões em que esta se fundou, através da apresentação do incidente de declaração de ineficácia dos atos de execução indevida (artigo 128.º, n.ºs 3, segunda parte, 4 a 6 do CPTA).

Também se considerarão indevidos os atos de execução do ato suspendendo, para efeitos de fundamentar a apresentação do referido incidente, quando não seja apresentada resolução fundamentada pela entidade requerida, e esta, ainda assim, mantenha a execução do ato (artigo 128.º, n.ºs 3, primeira parte do CPTA).

Contudo, estando em causa a proibição de executar um ato administrativo criador de uma quantia em dinheiro, afigura-se difícil fundamentar que o diferimento da execução deste possa significar graves prejuízos para o interesse público[253], uma vez que o interesse da entidade credora é apenas, em princípio, um interesse meramente pecuniário.

[252] Cfr. Ac. do STA de 20.02.2013, Proc. n.º 0113/13, que fixou a seguinte jurisprudência "*I – Não estando em causa dívida de natureza tributária, mas cobrada através de execução fiscal, nada impede que esta fique suspensa no caso de o interessado ter instaurado providência cautelar ao abrigo do artº 128º do CPTA. II – Com efeito, de acordo com o disposto no artº 128º quando seja requerida a suspensão da eficácia de um ato administrativo, a autoridade administrativa, recebido o duplicado do requerimento, não pode iniciar ou prosseguir e execução, salvo se, mediante resolução fundamentada, reconhecer, no prazo de 15 dias, que o diferimento da execução seria gravemente prejudicial para o interesse público, devendo aquela impedir, com urgência, que os serviços competentes ou os interessados procedam ou continuem a proceder à execução do ato. III – Deste modo, o órgão da execução fiscal deve suspender a execução fiscal, quer a pedido da autoridade administrativa autora do ato, quer do próprio administrado que deverá fazer prova da instauração da providência cautelar, sem prejuízo, neste caso, de o OEF poder consultar a autoridade administrativa sobre a suspensão.*"

[253] Como nos alertam ALMEIDA, MÁRIO AROSO DE; CADILHA, CARLOS, Comentário ... cit. págs. 987, 1024 e 1025 e 1269, não podemos deixar de poder encontrar algum paralelismo

Se não tiver sido apresentada resolução fundamentada, ou se vier a ser declarada a ineficácia dos atos de execução indevida, por o tribunal ter julgado improcedentes as razões que fundamentaram a apresentação da resolução fundamentada, a proibição de executar o ato ao abrigo desta norma, vai manter-se até ser proferida sentença que conheça do pedido de suspensão de eficácia do ato administrativo.

No caso de ser recusada a referida providência, a proibição de executar o ato, vai cessar, com a prolação desta decisão, uma vez que os recursos das sentenças de providências cautelares e dos seus incidentes têm efeito meramente devolutivo (artigo 143.º, n.º 2, alínea b) do CPTA).[254]

Se for concedida a providência cautelar, a suspensão da eficácia do ato vai ser decretada, e vai manter-se até ao trânsito em julgado da decisão do processo principal. Veja-se que, como se disse, os recursos das decisões respeitantes a processos cautelares têm efeito meramente devolutivo (artigo 143.º, n.º 2, alínea a) do CPTA), mas o recurso da decisão que vier a recair sobre o processo principal já tem efeito suspensivo (artigo 143.º, n.º 1, CPTA).

Para acautelar a demora que a própria decisão do processo cautelar possa significar para os interesses que pretende acautelar no processo principal, parece-nos que não se pode excluir que o destinatário do ato, que imponha obrigação pecuniária, possa no requerimento cautelar pedir o decretamento provisório da providência e, assim, logo no despacho liminar, ver decretada provisoriamente, pelo tribunal, a suspensão de eficácia do referido ato (artigos 114.º, n. º4, 116.º, n.º 5 do CPTA). Para tanto, terá que alegar factos que possam levar ao reconhecimento de uma situação de especial urgência, passível de dar causa a uma situação de facto consumado, e já não apenas de prejuízos de difícil reparação, na

de razões, no facto de também em sede de execução de sentenças para pagamento de quantia certa, não servir de fundamento de oposição a invocação de causas legitimas de inexecução, porque se assume, que nestes casos, o cumprimento da sentença não se poderia constituir como causa de um excecional prejuízo para o interesse público (artigo 171.º, e 175-º, n.º 3 do CPTA).

[254] Devemos explicar que a jurisprudência que se crê maioritária posiciona-se no sentido de que a possibilidade de ser atribuído um efeito diferente ao recurso prevista nos n.ºs 3 a 5 do artigo 143.º do CPTA não se aplica aos processos elencados no n.º 2 e, em concreto, aos recursos de decisões finais proferidas em processos cautelares (cfr. entre outros, o Ac. do STA, de 30.10.2014, Proc. n.º 0681/14).

pendência do processo cautelar, pressuposto de que depende o decretamento provisório da providência, ao abrigo do artigo 131.º, n.º 1 do CPTA. Aqui, não se vão ponderar, portanto, os requisitos estabelecidos no artigo 120.º do CPTA, nomeadamente, o *fumus boni iuris ou* a ponderação dos prejuízos que podem advir para os interesses em confronto.

6.2. Providência cautelar, nos termos do artigo 120.º, n.ºs 1 e 2 do CPTA

Sem prescindir do que deixou exposto no precedente ponto, o destinatário do ato que crie a obrigação pecuniária, para obter a suspensão da eficácia do mencionado ato, em sede cautelar, e sem prejuízo do disposto no artigo 120.º, n.º 6 do CPTA, vai ter que demonstrar o preenchimento dos pressupostos de que depende o decretamento das providências cautelares e que se encontram estabelecidos no n.º 1 do artigo 120.º do CPTA, concretamente, o *periculum in mora,* e o *fumus boni iuris,* que são de verificação cumulativa, o que quer dizer que não se preenchendo um deles, fica prejudicado o deferimento da providência cautelar que se requer.

A concessão da providência cautelar não se basta, no entanto, com o preenchimento destes dois pressupostos, ou seja, independentemente dos dois se verificarem, o Tribunal ainda terá que ponderar, nos termos do n.º 2 do referido artigo, os danos que a concessão da providência em causa poderá trazer para os restantes interesses envolvidos no litígio, nomeadamente, para o interesse público, recusando-a, se considerar que estes são superiores aos que advêm para o requerente da tutela cautelar na sequência da sua adoção.

Conforme resulta do artigo 120.º, n.º 1 primeira parte, existirá *periculum in mora* "quando haja fundado receio da constituição de uma situação de facto consumado ou da produção de prejuízos de difícil reparação para os interesses que o requerente visa assegurar no processo principal".

Sobre este requisito, refere MÁRIO AROSO DE ALMEIDA que *"Se não falharem os demais critérios de que depende a concessão da providencia, ela deve ser, pois, concedida desde que os factos concretos alegados pelo requerente inspirem o fundado receio de que, se a providencia for recusada, se tornara depois impossível, no caso de o processo principal vir a ser julgado procedente, proceder a reintegração, no plano dos factos, da situação conforme a legalidade. É este o único sentido que pode ser atribuído a expressão "facto consumado" (...) pense-se no risco (...) da liquidação de uma empresa. Do ponto de vista do periculum in mora, a providencia também deve ser, entretanto, concedida quando, mesmo que não seja de prever que a reintegração, no plano dos factos, da situação conforme à legalidade se tomará impossível pela mora do processo, os factos concretos alegados pelo requerente inspirem o fundado receio da produção de "prejuízos de difícil reparação" no caso de a providencia ser recusada, seja porque a reintegração no plano dos factos se perspetiva difícil, seja porque pode haver prejuízos que, em qualquer caso, se produzirão ao longo do tempo e que a reintegração da legalidade não é capaz de reparar ou, pelo menos, de reparar integralmente (...) pense-se no risco da interrupção do pagamento de vencimentos ou pensões, que podem ser a principal ou mesmo a única fonte de rendimento do interessado."*[255-256]

[255] Cfr. ALMEIDA, MÁRIO AROSO DE, Manual...cit. págs. 457 e 458.

[256] O TCAS, no Ac. de 22.08.2019, Proc. n.º 580/18.4BEBJA, em que se pediu a suspensão de eficácia do despacho do Presidente do Conselho Diretivo do IFAP, que determinou a rescisão unilateral do contrato de atribuição de apoio financeiro e ordenou a devolução do apoio concedido entendeu que*"Verifica-se a existência de periculum in mora quando se constata que para atingir a liquidez necessária para a devolução dos subsídios recebidos por uma empresa, esta terá de vender as máquinas que servem a produção dos bens, pondo fim ao seu modelo comercial, com a consequente insolvência e despedimento de trabalhadores;"*

O TCAN, no Ac. de 20.10.2017, Proc. n.º01527/16.8BEPNF, apreciou o recurso da decisão do tribunal de primeira instância que julgou procedente a providência cautelar de suspensão de eficácia do ato proferido pelo Presidente do Conselho Diretivo do IFAP, que resolveu unilateralmente contrato e determinou a devolução da quantia, recebido a título de subsídio ao investimento. Transcreve-se a sentença do tribunal a quo na parte em que aprecia o periculum in mora, confirmada pelo tribunal superior: *"(...) entendemos que com recurso a um juízo meramente indiciário está comprovado o fundado receio de que a restituição imediata de uma quantia de € 39.151,00 por um agregado familiar cujo único rendimento declarado no ano de 2016 se situou no máximo em € 19.028,11 (inferior a 50% do montante a restituir e sem considerar a hipótese de que tal rendimento poder dizer respeito a anos anteriores, tal como alega o requerente) só se vislumbra poder ocorrer com o sacrifício do património do mesmo e produzirá na esfera jurídica do requerente e do seu agregado familiar prejuízos irreparáveis ou de difícil reparação, quer do ponto de vista patrimonial (pois, sublinha-se, apenas se antevê como possível a alienação de património do requerente e do próprio agregado familiar), quer do ponto de vista não patrimonial (designadamente pelos efeitos que tal facto poderá causar no estado de saúde da companheira do requerente e, consequentemente, na filha menor de 4 anos de ambos). Acresce que se vislumbra, igualmente, a possibilidade de ocorrência de uma situação de facto consumado para os interesses que o requerente visa assegurar na acção principal (anulação do acto de rescisão, realização de uma verificação física ao local e pagamento do remanescente do financiamento para que possa desenvolver e executar no futuro o projecto) uma vez que caso o acto suspendendo não seja suspenso e o requerente tenha de devolver imediatamente a quantia e, dessa forma, deixar de ter condições, designadamente, para pagar as rendas dos prédios rústicos onde está implantado o projecto ou tenha que alienar material adquirido para esse fim, caso venha a obter vencimento na acção principal já as plantações não existirão (pois o requerente terá sido despejado dos prédios arrendados) e parte do material poderá ter sido alienada para realizar verbas necessárias à restituição exigida pelo requerido IFAP, caso em que a decisão a proferir na acção principal será inútil pois o projecto já não terá viabilidade quer do ponto de vista físico quer financeiro para se desenvolver, admitindo-se mesmo que já não exista.(...).*"

O mesmo Tribunal no Ac. de 21.10.2011, Proc, n.º 00972/11.0BEBRG-A, estando em causa também a suspensão de eficácia de ato do IFAP, que determinou a modificação unilateral de contrato de atribuição de ajudas e mandou repor quantia pecuniária, fixou a seguinte jurisprudência: "*Pretender travar, pois, o periculum in mora, mediante o recurso às garantias possibilitadas em sede de execução fiscal, é adulterar o real objecto da pretensão cautelar, que se traduz em suspender a eficácia da decisão substantiva, que modifica unilateralmente o contrato de atribuição de ajudas, da qual a reposição de verbas é consequente. Esse travão, ao supor a definitividade substantiva do acto de modificação do contrato mostra-se insusceptível de responder, assim, à pretensão cautelar. Para além disso, alijar o periculum in mora em nome das referidas possibilidades de garantia, e sua dispensa, significaria entregar a uma entidade da administração tributária a resolução de pretensão que foi dirigida ao tribunal. O que não é suportável. Ressuma, destarte, que provada uma circunstância apta a gerar fundado receio da produção de prejuízos de difícil reparação para os interesses que a requerente cautelar defende na acção principal, não é a mera possibilidade desses prejuízos poderem ser evitados em sede de execução fiscal, mediante a prestação de garantia, que serve para arredar o deferimento da suspensão de eficácia do acto que alicerça a ordem de restituição de verbas.*"

Veja-se, outrossim, o sumário do Ac. do TCAS, de 20.09.2018, Proc. n.º 866/17.5BELSB, num processo em que se pedia a suspensão de eficácia do acto administrativo que determinou a revisão do saldo final com a redução e o consequente reembolso de quantias recebidas no âmbito do financiamento ao Programa Operacional Humano: "*É ao requerente da providência que compete demonstrar – ónus de alegação e de prova que lhe está cometido de acordo com as regras gerais do ónus da prova –, o prejuízo derivado da imediata execução do acto suspendendo. O que passa pela invocação de factos concretos que levem o tribunal a concluir que será provável a constituição de uma situação de facto consumado ou a produção de prejuízos de difícil reparação. A mera alegação de que a devolução da quantia reclamada, ainda que de montante muito elevado, causaria prejuízo irreparável ou de difícil reparação, sem a mínima referência às razões concretas que determinariam a impossibilidade da sua devolução ou sequer a dificuldade dessa devolução e das respectivas concretas consequências para a Recorrente e inviabilização da prossecução dos seus fins, é insuficiente para aferir da impossibilidade e da insustentabilidade material da devolução do montante em causa. Não se demostrando a existência do periculum in mora, tem a providência cautelar que ser indeferida.*"

Por fim, o Ac. do TCAN, de 14.01.2010, Proc. n.º 01945/08.5BEPRT-A, em que se decidia a suspensão de eficácia do ato administrativo do Instituto da Segurança Social, IP, de reposição de prestações de desemprego, extrai-se do sumário que: "*As despesas de alimentação, água e luz e telefone são um facto notório na sociedade actual e por mais baixos que sejam são despesas reais. Os rendimentos de um agregado familiar de 3.007,42 e 5.368,5 por ano para a recorrente e marido respectivamente implicam que a execução de um acto que impõe a reposição de verbas de subsídio de desemprego*

Portanto, como vem sendo propugnado pela doutrina e jurisprudência, o critério aqui em causa não pode ser analisado tendo em conta a *"(...) susceptibilidade ou insusceptibilidade da avaliação pecuniária dos danos, mas, sim, o da maior ou menor dificuldade que envolve o restabelecimento da situação que deveria existir se a conduta ilegal não tivesse tido lugar."*[257]

Por seu turno, estará preenchido o *fumus boni iuris ou aparência do bom direito*, nos termos do artigo 120.º, n.º 1 do CPTA, quando seja provável que a pretensão formulada ou a formular no processo principal venha a ser julgada procedente.

Sobre este tópico, dá-se nota apenas que a revisão do CPTA operada em 2015 pelo Decreto-Lei n.º 214-G/2015, de 02. 10, ao uniformizar os critérios de que depende o decretamento de qualquer tipo de providência cautelar, adotando como único critério aquele que se encontrava apenas previsto para a adoção de providências antecipatórias, tornou assim mais exigente a demonstração deste critério, para a concessão de providências cautelares conservatórias, em que se insere como já vimos, a suspensão de eficácia do ato administrativo, que até então se bastavam com a indagação do *fumus non malus iuris*, ou seja, não ser manifesta a falta de fundamento da pretensão formulada ou a formular no processo principal.

Escreve a este propósito, MÁRIO AROSO DE ALMEIDA que *"A atribuição das providências cautelares depende de um juízo, ainda que perfunctório, por parte do juiz, sobre o bem fundado da pretensão que o requerente faz valer no processo declarativo. O juiz deve, portanto, avaliar o grau de probabilidade de êxito do requerente no processo declarativo. Essa avaliação deve, naturalmente, conservar-se dentro dos estritos limites que são próprios da tutela cautelar, para não comprometer nem antecipar o juízo de fundo que caberá formular no processo principal."*[258]

Nestes termos, quando se analisa este critério de decisão da providência cautelar, o tribunal vai ser chamado a apreciar os vícios que são imputados ao ato administrativo, não se exigindo um juízo de certeza

implique para a mesma uma situação de prejuízo de difícil reparação que integra a situação de periculum in mora."

[257] Cfr. Ac. do TCAS, de 22.08.2019, Proc. n.º 580/18.4BEBJA. No mesmo sentido, ALMEIDA, MÁRIO AROSO DE; CADILHA, CARLOS, Comentário ...cit. pág. 972; ANDRADE, J. C. VIEIRA DE, A justiça ..cit. pág. 293.

[258] Cfr. ALMEIDA, MÁRIO AROSO DE, Manual ...cit. pág. 459.

quanto à ilegalidade do ato, mas uma probabilidade séria da procedência dos vícios que lhe estão a ser imputados[259].

Mesmo que se mostrem preenchidos os referidos requisitos do *periculum in mora e fumus boni iuris*, a providência cautelar, contudo, como supra já se havia avançado, só poderá ser adotada depois de se demonstrar que não há razões para a sua recusa, ponderados os danos que o deferimento da mesma pode trazer para os interesses envolvidos no litígio, conforme previsão do artigo 120.º, n.º 2 do CPTA.

Este artigo estabelece que, sem prejuízo do preenchimento dos requisitos estabelecidos no artigo 120.º, n.º 1 do CPTA, *"a adoção da providência ou das providências é recusada quando, devidamente ponderados os interesses públicos e privados em presença, os danos que resultariam da sua concessão se mostrem superiores àqueles que podem resultar da sua recusa, sem que possam ser evitados ou atenuados pela adoção de outras providências."*

No que concerne a este requisito, refere VIEIRA DE ANDRADE que, *"Não se trata aqui de ponderar exclusivamente o interesse público com o interesse privado, mesmo que muitas vezes o interesse do requerido seja o interesse público e o interesse do requerente seja o interesse privado: o que está aqui em conflito são os resultados ou os prejuízos que podem resultar da concessão ou da recusa da concessão para todos os interesses envolvidos, sejam públicos, sejam privados. Na realidade, o que está em causa não é ponderar valores ou interesses entre si, mas danos ou prejuízos e, portanto, os prejuízos reais, que numa prognose relativa ao tempo previsível de duração da medida, e tendo em conta as circunstâncias do caso concreto, resultariam da recusa ou da concessão (plena ou limitada) da providência cautelar."*[260]

No caso objeto do nosso estudo, quando apreciam a suspensão de eficácia de atos administrativos impositivos de obrigações pecuniárias, os tribunais têm-se posicionado no sentido de que, estando em causa um interesse, essencialmente patrimonial da entidade pública, o deferimento desta providência cautelar não gera, em princípio, prejuízos superiores para o interesse público, do que aqueles que se podem constituir na esfera jurídica do destinatário do ato, de molde que possam fundamentar a recusa do decretamento desta providência.

Há assim uma clara tendência, em termos que nos parecem ser razoáveis e equilibrados, para fazer prevalecer os interesses particulares

[259] Cfr. Ac. do TCAS de 22.08.2019, Proc. n.º 580/18.4BEBJA.

[260] Cfr. ANDRADE, J. C. VIEIRA DE, A justiça administrativa...cit. págs. 298 a 299.

do requerente da tutela cautelar, face ao interesse público concretizado na imediata integração na esfera jurídica da entidade demandada do montante pecuniário em questão no processo[261].

[261] No Ac. do TCAN, de 27.09.2019, Proc. n.º 00016/19.3BECBR-A, em que se julgava a suspensão dos efeitos de ato administrativo que determinou a devolução de montante ao IFAP, assim se decidiu: *"Em termos lineares e simplistas, se é certo que a obrigação de devolução dos subsídios atribuídos irá determinar imediatos e compreensíveis constrangimentos no orçamento empresarial da Sociedade, já a manutenção provisória da situação atual, não evidencia quaisquer consequências perniciosas imediatas para o IFAP. Aliás, tendo o requisito da ponderação de interesses, natureza negativa, sempre caberia ao IFAP o ónus de alegação e prova irrefutável dos factos tendentes ao preenchimento do mesmo. Assim e em face do que precede, ponderadas as referenciadas circunstâncias, afigura-se que não existem razões de interesse público que se superiorizem à gravidade das consequências que resultarão para a I. V., Lda. perante a não concessão da providência requerida, condicionando a sua economia empresarial." O Argumento do IFAP, de acordo com o qual, estando em causa ajudas comunitárias, deveria ser acautelado primariamente o seu interesse, é algo que não merece assentimento, pois que se em termos legais vigorará o primado do direito comunitário, tal não significa uma integral subserviência aos interesses económicos das entidades comunitárias, até porque, se for caso disso, sempre as mesmas serão ressarcidas por eventuais atribuições indevidas de subsídios."*

Em idêntico sentido, o Ac. de 22.08.2019, Proc. n.º 580/18.4BEBJA do TCAS, já referenciado: *"A circunstância de estarem em causa dinheiros públicos e de existir uma obrigação de devolução de montantes à União Europeia, não implica necessariamente a prevalência do interesse público."*

No já citado Ac. do TCAN, de 20.10.2017, Proc. n.º 01527/16.8BEPNF, no que refere à ponderação dos interesses, decidiu-se deste modo: *"No caso em apreço, o recorrente apenas vem invocar danos que possam ser resultado de eventual má aplicação dos dinheiros públicos. No entanto, não se vê que danos possam resultar para o interesse público se a situação se mantiver como está, até à decisão do processo principal. Porque é disso que se trata, manter o status quo. Não haverá reembolso do montante do dinheiro já atribuído até ocorrer decisão final. No entanto, se o requerente, ora recorrido, não vier a obter ganho no processo então terá que reembolsar o dinheiro. Mas tendo este já sido atribuído não se vê que prejuízos possam ocorrer para o erário público por se ter de esperar pela decisão final para então poder ser resolvida a questão em litígio. No entanto, o reembolso do dinheiro, nesta fase, como já vimos, acarretará danos de difícil reparação para o recorrido, que manifesta uma situação económica algo débil."*

Segundo o Ac. do TCAN de 13.01.2011, Proc. n.º 00827/10.5BEPRT-A, em processo em que se visava a suspensão da eficácia do despacho do Delegado Regional do IEFP, IP que indeferiu o recurso hierárquico interposto da decisão do Director do referido Insituto que determinou a resolução do contrato de concessão de incentivos financeiros, a conversão do subsídio não reembolsável em reembolsável, o vencimento imediato da dívida e a sua consequente devolução, assim decidiu este tribunal superior: *"Assim, quer se queira quer não, o que está essencialmente em causa é um interesse meramente patrimonial – devolução imediata da quantia (...) – que não uma alegada imagem do IEFP-IP que, com a suspensão, seria descredibilizada, perdendo a sua dignidade, prestígio, características de honestidade, probidade e transparência; com a suspensão criar-se-ia um clima de intranquilidade, desconfiança e suspeição e criaria uma ideia de permissividade e*

6.3. Providência cautelar, nos termos do artigo 120.º, n.º 6 do CPTA

A suspensão dos efeitos do ato administrativo que fixa obrigação pecuniária, também pode ser obtida através do acionamento do mecanismo contemplado no artigo 120.º, n.º 6 do CPTA.

Nos termos da mencionada norma, *"Quando no processo principal esteja apenas em causa o pagamento da quantia certa, sem natureza sancionatória, as providências cautelares são adotadas, independentemente da verificação dos requisitos previstos nos números anteriores, se tiver sido prestada garantia por uma das formas previstas na lei tributária."*

A redação atual desta norma resulta da Lei n.º 118/2019, de 17 de setembro que, a nosso ver, bem, passou a referir que a providência cautelar, ao abrigo do presente artigo, será adotada *"independentemente da verificação dos requisitos previstos nos números anteriores"*, quando, anteriormente, apenas se referia aos requisitos previstos no n.º1, deixando, por isso, de contemplar a possibilidade da providência cautelar, em causa, vir a ser recusada ao abrigo do critério previsto no artigo 120.º, n.º 2 do CPTA.

Assume-se, tal como de resto resulta do artigo 50.º, n.º 2 do CPTA, que sendo o interesse da entidade credora, fundamentalmente patrimonial, o mesmo fica, devidamente acautelado com a prestação da garantia, não se tornando a dívida incobrável por isso, mesmo suspendendo-se a eficácia do ato, enquanto se discute a sua legalidade.

O que esta norma tem de especial é o facto de permitir que, nos casos em que no processo principal esteja apenas em causa um ato administrativo, sem natureza sancionatória, que imponha o pagamento de uma quantia certa, a prestação de garantia, nos termos da lei tributária, basta para que a providência cautelar seja adotada, sem necessidade da verificação dos critérios gerais de que depende, em regra, a concessão das providências cautelares, contemplados nos n.ºs 1 e 2 do artigo 120.º do CPTA, em concreto, o *periculum in mora*, o *fumus boni iuris*, e o *requisito negativo* da ponderação dos interesses.

indulgência face a situações que não respeitariam as condições legais e contratualmente acordadas. O que está verdadeiramente em causa é apenas a devolução imediata de uma pequena quantia ao IEFP-IP (...), enorme para a empresa e sua promotora, essencialmente por factos de que não é pessoalmente responsável, ainda que essa responsabilidade lhe advenha por via da responsabilidade solidária com a (...)."
A corroborar também a conclusão apresentada, vd. Ac. do TCAN de 05.06.2016, Proc. n.º 02237/15.9BEPRT, e de 21.10.2011, Proc. n.º 00972/11.0BEBRG-A.

Como já se disse, os pressupostos de que depende o decretamento da providência cautelar, ao abrigo desta norma, são os mesmos que servem para fazer operar o disposto do artigo 50.º, n.º 2 do CPTA; por isso, remetemos para o que supra foi explicitado sobre estes na parte em que analisamos tal normativo.

O comprovativo da prestação da garantia deve ser junto ao requerimento cautelar em que é requerida a providência cautelar ao abrigo do artigo 120.º, n.º 6 do CPTA, sendo que, no caso de tal comprovativo não ser apresentado, mesmo depois de o interessado ser notificado para o efeito na sequência de despacho judicial, tal constitui fundamento de rejeição liminar do requerimento cautelar nos termos dos artigos 116.º, n.º 2 alínea a) e 114.º, n.º 3, alínea g), do CPTA.

Admitido o requerimento no despacho liminar (artigo 116.º, n.º 1 do CPTA), a entidade requerida é citada, não podendo, portanto, a partir deste momento, prosseguir com a execução do ato administrativo (artigo128.º do CPTA).

No entanto, na oposição poderá insurgir-se contra a idoneidade ou suficiência da garantia prestada (artigo 117.º, n.º 1 do CPTA)[262].

Decretada a providência cautelar, ao abrigo do artigo 120.º, n.º 6 do CPTA, a suspensão da eficácia do ato administrativo vai permanecer durante todo o processo principal.

[262] Com o devido respeito, aqui não seguimos o que parece ser o entendimento de ALMEIDA, MÁRIO AROSO DE; CADILHA, CARLOS, Comentário ...cit. pág. 987, uma vez que consideramos que a aplicação do artigo 120.º, n.º 6 do CPTA não afasta o disposto no artigo 128.º, n.º 1 do CPTA, ou seja, recebido o requerimento cautelar ao abrigo do artigo 120.º, n.º 6 do CPTA, o tribunal terá que verificar se não há nenhum fundamento que justifique a rejeição desta providência cautelar, por exemplo, devido à falta de prestação de garantia ou à prestação de uma garantia manifestamente insuficiente; se tal não ocorrer, admite o requerimento cautelar, e a suspensão de eficácia do ato opera com a citação da entidade requerida, ao abrigo do artigo 128.º, n.º 1, até a decisão desta providência cautelar. Até pela inserção sistemática do artigo 120.º, n.º 6, nos critérios de decisão das providências cautelar, parece-nos que a outra conclusão não se pode chegar, porque neste artigo o que se pretende é acautelar os interesses do requerente até à decisão final do processo principal, sendo diferente as funções dos artigos 128.º e 131.º do CPTA, que visam regular os seus interesses no âmbito do próprio processo cautelar. Não se pode excluir, por isso, que a entidade requerida possa apresentar resolução fundamentada, mas conforme explicamos, não parece que nestes casos, seja sustentável, que o adiamento da execução do ato possa causar prejuízos graves para o interesse público, uma vez que o que está em causa, é essencialmente, um interesse meramente pecuniário da entidade demandada.

6.4. A articulação entre o disposto no artigo 50.º, n.º 2 e o artigo 120.º, n.º 6 do CPTA

Conforme fomos adiantando, subordinando-se a utilização das vias de suspensão da eficácia do ato administrativo que crie obrigação pecuniária, previstas no artigo 50.º, n.º 2 e 120.º, n.º 6 do CPTA, a idênticos requisitos, ou seja, estar apenas em causa o pagamento de uma quantia certa, sem natureza sancionatória, e ter sido prestada garantia por qualquer/por uma das formas previstas na lei tributária, o legislador criou mecanismos alternativos ao dispor do destinatário do ato para que este, querendo, obste à imediata execução coerciva da obrigação pecuniária declarada no ato administrativo.

Com efeito, pode interpor uma ação administrativa com vista a impugnar o ato administrativo, prestando garantia, nos termos do artigo 50.º, n.º 2 do CPTA, ou, o que vem constituindo o normal âmbito de aplicação da norma, apresentar providência cautelar, previamente, à instauração da ação administrativa de impugnação do ato (artigo 114.º, n.º 1 alínea a) do CPTA), prestando garantia, sem que tenha que demonstrar a verificação dos critérios gerais do decretamento das providências cautelares, em conformidade com o disposto no artigo 120.º, n.º 6 do CPTA, embora a redação desta norma pareça não excluir a utilização desta via de suspensão da eficácia do ato, nos casos em que o requerimento cautelar é apresentado juntamente com a petição inicial do processo principal, ou já na pendência deste.

Em todo o caso, conquanto se possa mostrar útil a apresentação da providência cautelar, nos termos do artigo 120, n.º 6 do CPTA, antes da instauração do processo principal, no caso de o requerente pretender obter logo a suspensão de eficácia do ato administrativo (até porque o processo cautelar, contrariamente ao que sucede com a ação administrativa, vai de imediato a despacho liminar ao juiz), sem ter ainda reunido as condições para apresentar, em simultâneo, a petição do processo principal[263], a verdade é que nos parece que, fora destas situações, e também nos casos da dedução da providência cautelar com ou na pendência da ação principal, não há qualquer benefício em dispor da via prevista no mencionado artigo 120.º, n.º 6 do CPTA. Isto, porque existe a possibilidade de usar, desde logo, o mecanismo do artigo 50.º, n.º 2 do CPTA em que, além de os

[263] Sobre esta ideia, vd. ANDRADE, J. C. VIEIRA DE, A justiça administrativa ..cit., pág. 177.

requisitos serem os mesmos para operacionalizar os referidos meios de tutela, atinge-se por via deles a mesma finalidade, que é a de suspender a eficácia do ato até à decisão final da ação principal[264].

E, a nosso ver, não abala esta conclusão a circunstância de através da apresentação da providência cautelar, o efeito da proibição de executar o ato ocorrer mais cedo por meio da citação da entidade demandada, atento o disposto no artigo 128.º, n.º 1 do CPTA, do que com a utilização do incidente previsto no artigo 50.º, n.º 2 do CPTA, cuja suspensão só ocorre com a decisão do tribunal sobre o incidente; porquanto, já vimos que a tutela providenciada pelo artigo 128.º, n.º 1 do CPTA, encontra-se, ao contrário da prevista, como vimos, nas normas citadas, limitada à pendência da providência cautelar e até à sua decisão, podendo ainda ser obstaculizada pela entidade requerida, através da apresentação de resolução fundamentada, não se substituindo, por isso, à proteção dispensada pelas normas aqui em análise.

7. Aplicabilidade do regime da suspensão da execução fiscal nos termos das leis tributárias, artigos 52.º da LGT e 169.º e 170.º do CPPT

O STA, em Acórdão de 06.02.2013, proferido no Processo n.º 041/13, entendeu que, estando em causa dívida não tributária fixada por ato administrativo – no caso, a dívida referia-se a indemnização decorrente de exclusão, por falta de aproveitamento, da frequência da Academia Militar – é-lhe aplicável o regime da suspensão da execução fiscal previsto nos artigos 52.º da LGT e 169.º e 170.º do CPPT.

Em suma, este colendo tribunal considerou no aresto em referência que não se compreenderia que, apresentada ação administrativa em que se discute a legalidade da dívida exequenda, imposta por ato administrativo, fosse dispensada proteção maior ao credor não tributário face ao credor tributário, negando-se ao devedor da dívida a possibilidade de, no âmbito da execução fiscal, pedir a suspensão desta com prestação de garantia, ou reunidos os pressupostos para o efeito, pedir a dispensa da prestação de garantia; considerou, portanto, que estes meios, constituem uma alternativa às vias próprias de suspensão da eficácia do ato impugnado,

[264] ALMEIDA, MÁRIO AROSO; CADILHA, CARLOS, Comentário ...cit. pág. 331, sobre a articulação entre os artigos 50.º, n.º 2 e 120.º, n.º 6 do CPTA concluem que *"O recurso à tutela cautelar só se justifica, pois, quando o autor não pretenda prestar caução."*

previstas no CPTA; e que não abala este entendimento a circunstância de o artigo 169.º, n.º 1 do CPPT, não se referir, de forma expressa, à ação administrativa como um dos meios aptos a obter a suspensão da execução fiscal, dada a prevalência da LGT em relação ao CPPT (que não se refere à oposição à execução fiscal, e que também é um meio aceite para este fim), e atento ao facto de a ação administrativa de impugnação de ato administrativo constituir uma ação que tem como objeto a legalidade da dívida exequenda.

Concluindo, no sentido de dever entender-se que a remissão contida no artigo 179.º do CPA para o CPPT, compreende "*a possibilidade de suspensão da execução fiscal mediante prestação de garantia ou sua dispensa nos casos em que está pendente a discussão da legalidade de dívida exequenda não tributária, sendo competente para apreciar tal pedido de suspensão da execução o órgão de execução fiscal.*"

Não se pode, no entanto, passar sem fazer menção ao voto vencido da Senhora Conselheira Dulce Neto, lavrado neste aresto, que entendeu, de outro modo, que as vias para obter a suspensão da eficácia do ato administrativo que impõe o pagamento de quantia certa e a consequente suspensão do processo da execução fiscal, são as previstas no CPTA, não estando contemplada na lei a possibilidade do devedor deste tipo de dívidas obter a suspensão deste processo através dos mecanismos previstos na LGT e no CPPT, ou seja, junto da administração tributária, através do pedido de suspensão com prestação de garantia ou pedido de dispensa da mesma.

Como refere na sua declaração de voto, as razões que fundamentam esta posição relacionam-se com o facto de, no seu entender, o procedimento tributário em causa apenas compreender os tributos que a administração tributária é credora, e não os créditos de outras entidades administrativas, e a mesma conclusão se extrair do facto de o pedido de dispensa de prestação da garantia estar dependente de requerimento dirigido à administração tributária, que por esta é apreciado e decidido em exclusivo, sem se prever a consulta de outras entidades, no pressuposto que esta é entidade credora e executora da dívida – artigo 52.º, n.º 4 da LGT e artigo 169.º do CPPT. Ao que acresce o facto de não existir desigualdade nos meios para obter a suspensão da execução fiscal, apenas diferentes meios para alcançar tal desiderato, dependendo do tipo de dívida em questão, uma vez que também não é possível usar a providência cautelar de suspensão da eficácia do ato administrativo, prevista no artigo 112.º, n.º 2, alínea a) do CPTA, para obter a suspensão da eficácia do ato de liquidação.

Termina, concluindo que, no caso de se entender que se pode pedir a dispensa de prestação de garantia, estando em causa dívidas não tributárias, não dizendo a lei quem aprecia o pedido, o mesmo deveria ser decidido pelo juiz, em incidente autónomo em relação à ação administrativa, depois de ouvida a entidade administrativa credora, como acontece com o pedido de prestação de garantia.

Na nossa opinião, e sem prejuízo de nos parecerem relevantes os argumentos trazidos pelo voto vencido, à presente discussão, seguimos a posição maioritária e que obteve vencimento no prolatado Acórdão.

Isto porque, não obstante o processo de execução fiscal ter sido criado com vista à execução coerciva das dívidas tributárias, associando-se as suas características à finalidade que se prossegue através da arrecadação dos tributos, não podemos deixar de considerar que a remissão feita no artigo 179.º do CPA para o processo da execução fiscal, e também o âmbito deste processo, consignado no artigo 148.º, n.º 2 alínea a) do CPPT, que compreende a cobrança numa fase coerciva das dívidas fixadas por ato administrativo, deve obrigar à aplicação de algumas normas do CPPT, quando aplicadas a este tipo de dívidas.

Como bem decidiu o STA, no já citado Acórdão de 20.02.2013, proferido no Processo n.º 0113/13, no sentido de que o OEF deve suspender provisoriamente a execução fiscal, por força da instauração da providência cautelar, ao abrigo do artigo 128.º do CPTA, rejeitando o entendimento que o referido órgão não estava vinculado a esta norma, e assim, a proceder à suspensão fora dos casos previstos no artigo 169.º do CPPT, e que quando esta suspensão seja requerida pelo administrado, o OEF pode consultar a entidade administrativa credora, sobre a referida suspensão. Em termos similares, parece-nos que na análise do pedido de isenção da prestação de garantia ao abrigo do artigo 52.º, n.º 4 da LGT, o OEF pode consultar a entidade administrativa credora a fim de tomar a sua decisão.

A isto acresce que, a diferença de meios em vista à suspensão da execução fiscal, consoante a natureza da dívida em contenda, excluindo-se a possibilidade de apresentação de providência cautelar para suspensão da eficácia do ato de liquidação, nos termos do artigo 112.º, n.º 2 alínea a) do CPTA (cfr. artigo 97.º, n.º 3 alínea a) do CPPT), justifica-se, mais uma vez, atendendo aos fins associados aos tributos, o que fundamentou a previsão de meios específicos quanto estes, para obstar ao prosseguimento da execução fiscal; mas não existe, a nosso ver, semelhante fundamento que possa excluir a aplicação às dívidas não tributárias provenientes de ato administrativo do regime de suspensão do processo de execução fiscal nos termos da lei tributária.

Sem prejuízo do exposto, o elemento de interpretação decisivo reside, no entanto, quanto a nós, no facto de, tal como foi exposto no Acórdão em análise, ainda que a ação administrativa de impugnação de ato administrativo não esteja expressamente prevista no artigo 169.º, n.º 1 do CPPT, como um dos mecanismos que possa ser usado para obter a suspensão da execução fiscal, a verdade é que, a referida ação cumpre o pressuposto essencial previsto nesta norma para alcançar o referido fim, que exige que os meios de tutela utilizados tenham por objeto a discussão da legalidade da dívida exequenda[265].

Pelo que se conclui que, apresentada ação administrativa de impugnação do ato administrativo que fixa obrigação pecuniária, o destinatário do ato pode obter a suspensão da execução fiscal nos termos do artigo 169.º, n.º 1 do CPPT, desde que tenha sido constituída garantia nos termos do artigo 195.º, ou prestada nos termos do artigo 199.º, ou a penhora garanta a totalidade da quantia exequenda e do acrescido.

Parece-nos que as desvantagens associadas à utilização deste mecanismo, comparativamente aos meios previstos nos artigos 50.º, n.º 2 e 120.º, n.º 6 do CPTA, pressupondo que a utilização destes não seja já extemporânea, são as seguintes: quem vai apreciar a idoneidade e suficiência da garantia prestada nestes casos é um órgão administrativo, não obstante a possibilidade de posterior reclamação de tal decisão para o tribunal, e o montante da garantia a prestar vai ter por referência o

[265] No mesmo sentido, veja-se o Ac. do TCAN, de 30.10.2014, Proc. n.º 00278/13.0BEVIS, estando em causa a cobrança de uma dívida imposta por acto administrativo que determinou a reposição de quantias atribuídas pelo IFAP, e se recorria de sentença que julgou improcedente reclamação judicial contra decisões do Chefe do Serviço de Finanças que determinaram o prosseguimento da execução fiscal, se concluiu que "(...) *estando pendente acção administrativa especial na qual se questiona a legalidade da dívida exequenda (e se pede a anulação do acto que lhe subjaz), a decisão (reclamada) que, com o fundamento de que tal meio impugnatório não se enquadra nos meios processuais previstos no artigo 169º, nº 1 do CPPT e, por via disso, não suspendeu a execução fiscal, não pode manter-se.*"

estabelecido no artigo 199.º, n.º 6 do CPPT, não nos parecendo que nesta fase o interessado possa beneficiar do mesmo entendimento que resulta da leitura das referidas normas do CPTA que mandam que a garantia a constituir seja apenas pelo montante da obrigação pecuniária objeto da impugnação.

Também entendemos que, estando a execução já instaurada, poderá lançar mão do expediente previsto no artigo 169.º, n.º 2 do CPPT, prestando garantia, antes da apresentação do meio impugnatório, acompanhada de requerimento em que conste a natureza da dívida, o período a que respeita e a entidade que praticou o ato, bem como a indicação da intenção de apresentar meio gracioso ou judicial para discussão da legalidade ou da exigibilidade da dívida exequenda, o que se poderá justificar quando ainda esteja a preparar a petição impugnatória ou a oposição à execução fiscal.

Mais, estando reunidos os pressupostos para o efeito que estão descritos no artigo 52.º, n.º 4 da LGT, poderá também requerer junto do órgão da execução fiscal a dispensa de prestação de garantia, nos termos do artigo 170.º do CPPT.

8. As impugnações administrativas (reclamação e recurso), como meios aptos a suspender a execução fiscal

Aproveitando o que já se deixou escrito, a propósito da ação administrativa de impugnação de ato administrativo, quando já esteja instaurado o processo de execução fiscal, entendemos que as impugnações administrativas (reclamações e recursos), quando utilizadas, devem ser consideradas como meios aptos a obter a suspensão da execução fiscal, ao abrigo do artigo 169.º, n.º 1 do CPPT, devido à sua natureza impugnatória, quando se questiona através delas a legalidade da dívida exequenda.

Esta interpretação, igualmente se alicerça, no facto de o artigo 169.º, n.º 1 do CPPT prever a possibilidade não só dos meios processuais, como dos procedimentais (reclamação graciosa), poderem ser usados com essa finalidade, e na circunstância, já revelada anteriormente, de não estar previsto no CPA, a hipótese de o interessado com a utilização destes meios, obter a suspensão da eficácia do ato administrativo que estabelece a obrigação pecuniária, através da prestação de garantia, junto dos órgãos administrativos da entidade credora, o que nos parece poder ser mitigado através do recurso a este expediente.

Com efeito, não se divisa qualquer argumento para afastar a aplicação do artigo 169.º do CPPT às garantias administrativas do CPA, atento que a lógica é precisamente a mesma que é a prévia dedução de um meio (administrativo ou contencioso) de discussão da legalidade concreta da dívida.

9. A oposição à execução fiscal como meio apto a suspender a execução fiscal

Nos termos da remissão contida no n.º 12 do artigo 169.º, do CPPT, para os n.ºs 1 a 8 do referido artigo, a oposição à execução fiscal é um meio que pode ser utilizado para suspender a execução fiscal, igualmente, nas situações em que, por via deste mecanismo, se esteja a discutir não a legalidade, mas sim a exigibilidade da dívida exequenda.

Regime que, a nosso ver, deve ser aplicado às dívidas decorrentes de ato administrativo, de acordo com o disposto no artigo 179.º do CPA e artigo 148.º, n.º 2 alínea a) do CPPT, que preveem que a cobrança destas dívidas deve ser feita numa fase coerciva através do processo de execução fiscal e, por isso, não existir fundamento para excluir a oposição à execução fiscal, também quanto a estas dívidas, de entre os meios que podem ser utilizados para alcançar a suspensão do referido processo.

Capítulo VI
Aspetos relativos ao processo de execução fiscal enquanto meio processual de cobrança de obrigações pecuniárias não tributárias criadas por atos administrativos

1. Enquadramento

Mais uma vez, partindo da norma fundamental, no que respeita à execução de obrigações pecuniárias determinadas por força de um ato administrativo, diz-nos o artigo 179.º, n.ºs 1 e 2 do CPA que, caso estas não sejam pagas, voluntariamente, no prazo estabelecido, segue-se o processo de execução fiscal, tal como regulado na legislação do processo tributário, sendo que, para o efeito, o órgão competente emite, nos termos legais, uma certidão com valor de título executivo, que remete ao competente serviço da administração tributária, juntamente com o processo administrativo.

Dispõe, igualmente, o artigo 148.º, n.º 2, alínea a) do CPPT, que poderão ser cobradas, mediante processo de execução fiscal, nos casos e termos expressamente previstos na lei, outras dívidas aos Estado e a outras pessoas coletivas de direito público que devam ser pagas por força de ato administrativo.

Com efeito, estando em causa a cobrança coerciva de dívidas resultantes de atos administrativos, sem natureza tributária, que é feita, por força das referidas normas, através do processo de execução fiscal, há aspetos próprios relativos à tramitação deste processo, quando utilizado para a cobrança deste tipo de dívidas, que merecem destaque.

Repescando o que se disse noutra parte deste trabalho, apesar de o processo de execução fiscal, por definição legal, ter natureza judicial, como resulta de forma expressa do disposto no artigo 103.º, n.º 1, primeira parte da LGT, a competência para a tramitação deste processo, ou noutras palavras, a prática de todos os atos, sem carácter jurisdicional, que o compõem é atribuída a órgãos da administração tributária, especificamente, ao órgão da execução fiscal, conforme artigos 103.º, n.º 1, 2.ª parte, e n.º 2 da LGT, 10.º, n.º 1 alínea f), e 149.º a 152.º do CPPT.

Na prática isto significa que competirá ao órgão de execução fiscal instaurar o processo de execução fiscal e bem assim praticar os demais atos a este respeitantes, como por exemplo, a citação do executado (artigo 188.º do CPPT), a autorização do pagamento em prestações (197.º do CPPT), a decisão de dispensa da garantia (artigo 170.º do CPPT), exceto os que se encontram previstos no artigo 151.º do CPPT - decidir os incidentes (artigo 166.º do CPPT), os embargos (artigo 237.º do CPPT), a oposição (artigo 203.º do CPPT), incluindo quando incida sobre os pressupostos da responsabilidade subsidiária, e a reclamação dos atos praticados pelos órgãos da execução fiscal (artigo 276.º do CPPT)- cuja competência é dos Tribunais, dada a sua natureza jurisdicional[266].

Por isso, se vem identificando no processo de execução fiscal duas fases distintas: uma, administrativa – que integra os atos de natureza não jurisdicional do processo- e outra, fase judicial, que será só eventual – que integra os atos de natureza jurisdicional, que visam a resolução dos litígios que possam surgir no âmbito deste processo[267].

[266] Os termos simplistas com que apresentamos a natureza e a competências para os atos do processo de execução fiscal, embora servindo os fins deste trabalho, não ilustram, no entanto, a intensa discussão que tem envolvido a doutrina e jurisprudência, no concernente com a natureza jurídica deste processo e dos atos que nele são praticados. Para mais desenvolvimentos, NETO, DULCE, "A Natureza da execução fiscal na jurisprudência do STA"; ROCHA, JOAQUIM FREITAS, "Sobre a natureza dos atos praticados em execução fiscal", ...cit.;

[267] Vd. ROCHA, JOAQUIM FREITAS DA, Lições de...cit. pág. 315.

E também é por força das referidas regras relativas à competência para a prática dos atos no processo de execução fiscal, que se fala deste processo como um processo de natureza judicial, mas afinal "desjurisdicionalizado"[268], porquanto a maior parte dos atos que o compõem é praticado por órgãos da administração tributária, sendo os tribunais chamados apenas para julgar os conflitos de interesses que nele possam surgir.

Atento o exposto, o que pretendemos tratar neste capítulo é, numa primeira parte, perceber qual será o serviço competente da administração tributária encarregue de promover a execução coerciva das dívidas em análise neste trabalho, que pode divergir consoante as dívidas em causa (como será o caso das dívidas à segurança social), e refletindo sobre o caso particular das dívidas às autarquias locais.

Depois, conheceremos os tribunais competentes para decidir os dissídios que nele possam surgir, e a quem compete, por conseguinte, em juízo, a representação da entidade credora destas dívidas, que não será, como vamos ver, em regra, o Representante da Fazenda Pública.

De resto, analisaremos, a legitimidade dos exequentes e, igualmente, dos executados, em especial, neste último ponto, se é ou não admissível a reversão do processo de execução fiscal, por este tipo de dívidas contra os eventuais responsáveis subsidiários, em particular destaque, os administradores das sociedades devedoras originárias.

2. Competência para a instauração e tramitação do processo de execução fiscal

2.1. Competência genérica

Como já abordamos, por força do disposto no artigo 179.º, n.ºs 1 e 2 do CPA, e artigo 148.º, n.º 2, alínea a) do CPPT, as obrigações pecuniárias fixadas por ato administrativo, serão numa fase de execução coerciva, suscetíveis de ser cobradas através do processo de execução fiscal, tal como regulado na legislação do processo tributário, devendo para o efeito a entidade credora destas dívidas, remeter a certidão de dívida para o competente serviço da administração fiscal.

[268] Cfr. ROCHA, JOAQUIM FREITAS DA, Lições de...cit. pág. 317.

Daqui resulta, por conseguinte, que devemos consultar as normas previstas no CPPT – considerando que as disposições do referido código se aplicam segundo o respetivo artigo 1.º, alínea c) à cobrança coerciva das dívidas exigíveis em processo de execução fiscal-, para determinar qual será o serviço competente para a instauração e tramitação do processo de execução fiscal, para o qual deverá ser remetida a aludida certidão de dívida.

Decorre, assim, do artigo 10.º, n.º 1 alínea f) do CPPT, que cabe aos serviços da administração tributária instaurar os processos de execução fiscal e realizar os atos a estes respeitantes, salvo os previstos no n.º 1 do artigo 151.º do CPPT, estabelecendo, por seu turno, o artigo 149.º do CPPT que, considera-se órgão da execução fiscal, o serviço da administração tributária onde deva legalmente correr a execução[269].

Sendo, por isso, por referência ao órgão de execução fiscal, que o CPPT vai estabelecer a competência para a prática dos diversos atos do processo de execução fiscal.

Por sua vez, institui o artigo 150.º do CPPT, os critérios de delimitação da competência territorial dos órgãos da administração tributária para a prática dos atos no processo de execução fiscal, cujos recentes termos foram introduzidos pela Lei n.º 100/2017, de 28 de agosto, da seguinte forma: é competente para a execução fiscal a administração tributária; a instauração e os atos da execução são praticados no órgão da administração tributária designado, mediante despacho, pelo dirigente máximo do serviço; na falta desta designação, a instauração e os atos da execução

[269] O artigo 149.º do CPPT, também refere que se considera órgão de execução fiscal, quando a execução deva correr nos tribunais comuns o tribunal competente. A não ser que venha a existir legislação especial que o preveja, o processo de execução fiscal em relação às dívidas fixadas por ato administrativo é tramitado pela administração tributária, sendo competentes para os litígios que possam surgir no âmbito deste processo os tribunais tributários, e não os tribunais comuns, .atento o disposto no artigo 179.º, n.º 2 do CPA, que indica que a certidão de dívida deve ser remetida ao competente serviço da administração fiscal, para efeitos da cobrança da dívida determinada por ato administrativo, através do processo de execução fiscal, em conjugação com os artigos 148.º, n.º 2 alínea a), 149.º, primeira parte e 150.º e 151.º, n.º 1 do CPPT, e ainda considerando, o disposto no artigo 49.º, n.º 1 alínea d) do ETAF, Neste sentido, em princípio, não se aplicam quanto a estas dívidas, ademais, o que se encontra estabelecido no artigo 151.º, n.º 2 (quanto à competência dos tribunais comuns) e 152.º, n.º 2 (quanto â legitimidade do Ministério Público para promover a execução nos tribunais comuns), ambos do CPPT.

são praticados no órgão periférico regional da área do domicílio ou sede do devedor; sendo que, o dirigente máximo do órgão periférico regional, onde deva correr a execução fiscal, pode delegar a competência na execução fiscal em qualquer órgão periférico local da sua área de competência territorial.

Face à anterior redação da norma, a competência para a prática dos atos deste processo, na falta de designação do órgão da administração tributária pelo dirigente máximo do serviço, deixou de pertencer ao órgão periférico local, e passou para o órgão periférico regional, sem prejuízo da possibilidade deste delegar naquele a referida competência, passando a prever-se, ao contrário do que estava estabelecido, um único critério de delimitação territorial da competência para os referidos atos do processo que é a área do domicílio ou sede do devedor.

É importante ainda referir também que o artigo 6.º do DL n.º 433/99, de 26 de outubro, diploma que aprovou o CPPT, estabelece, no seu n.º 2 que, na execução fiscal consideram-se órgãos periféricos regionais as direções de finanças ou quaisquer outros órgãos da administração tributária a quem lei especial atribua as competências destas no processo.

Definindo os n.ºs 1 e 2 do mencionado artigo que, consideram-se órgãos periféricos locais, para efeitos do CPPT, os serviços de finanças da Autoridade Tributária e Aduaneira (AT), e órgãos periféricos regionais, as direções de finanças da AT.

Apoiados nas normas acabadas de citar, podemos concluir então que, estando em causa obrigações pecuniárias criadas por ato administrativo cuja cobrança numa fase coerciva deve ser feita através do processo de execução fiscal, por força dos artigos 179.º, n.ºs 1 e 2 do CPA e 148.º, n.º 2, alínea a) do CPPT, os serviços da administração fiscal competentes para os termos deste processo, quando não exista lei especial que atribua as competências a órgãos da administração tributária distintos (artigo 6.º , n.º 2 do DL n.º 433/99, de 26 de outubro), e na falta de designação do órgão da administração tributária competente pelo dirigente máximo do serviço (artigo 150.º, n.º1, e 2 do CPPT – que deverá ser, considerando o que resulta do disposto nos artigos 6.º, n.ºs 1, 2 e 3 do DL n.º 433/99, de 26 de outubro e 3.º, n.º1 do DL n.º 118/2011, de 15 de dezembro, o(a) Diretor(a)-Geral da AT)-, serão as direções de finanças da AT, da área do domicílio ou sede do devedor, competência que podem delegar nos serviços de finanças deste organismo (conforme artigos 150.º, n.ºs 3 e 5 do CPPT e, novamente, 6.º, n.ºs 1, 2 e 3 do DL n.º 433/99, de 26 de outubro)[270-271].

Parece-nos, assim, que o artigo 6.º, n.º 2 do DL n.º 433/99, de 26 de outubro, em conjugação com o disposto no artigo 150.º, n.º 3 do CPPT, quando, referindo-se à execução fiscal, considera órgãos periféricos

[270] A jurisprudência do STA, Acs. de 23.09.2009, Proc. n.º 0650/09, de 04.05.2011, Proc. n.º 0202/11, e de 11/05/2011, Proc. n.º 0139/11, entre outros, revelada a propósito da cobrança coerciva de dívidas ao IFAP, resultantes de atos de rescisão dos contratos de ajudas financeiras e, consequente, ordem de reposição de montantes recebidos, entendeu que os serviços de finanças tinham competência para a cobrança coerciva destas dívidas.
A questão foi levantada nos mencionados arestos, atenta a norma constante do artigo 53.º, n.º 2 do DL n.º 81/91, de 19 de fevereiro, que determinava a competência dos tribunais civis da comarca de Lisboa para as execuções instauradas pelo IFAP em virtude do não cumprimento pelos particulares dos referidos contratos de atribuição de ajudas, norma que o TC julgou organicamente inconstitucional, no Ac. de 23.03.2007, recurso n.º 859/03, porque concluiu que nestes casos a relação que se estabelecia entre o IFAP e o particular tinha natureza jurídico-administrativa, e uma vez que, desde a revisão constitucional de 1989 a jurisdição administrava passou a ser a jurisdição "comum", para o conhecimento de litígios emergentes deste tipo de relações, a previsão do artigo 53.º, n.º 2 do DL n.º 81/91, porque posterior à referida revisão constitucional, implicou uma alteração da regra da competência material dos tribunais, que só podia ser feita pelo governo com autorização legislativa da Assembleia da República (o que não aconteceu).
Mas também sobre as normas constantes do artigo 10.º, n.º 3 do DL 150/94, de 25 de maio, e artigo 19.º do DL n.º 8/2001, de 22 de janeiro, que replicavam o disposto no referido artigo 53.º, n.º 2 do DL n.º 81/91, de 19 de fevereiro, o colendo Tribunal entendeu, portanto, no seguimento da citada jurisprudência do TC que, dada a natureza jurídico-administrativa da relação jurídica estalecida entre o IFAP e o particular, o ato de rescisão do contrato promanado por esta entidade, e consequente ordem de reposição, tem natureza de ato administrativo, e por isso, nos termos conjugados do disposto no artigo 148.º, n.º 2 alínea a) do CPPT e artigo 155.º do CPA de 91 (atual artigo 179.º do CPA), a cobrança coerciva destes créditos pode ser feita através do processo de execução fiscal, tendo os serviços de finanças competência para a respetiva instauração.

[271] Nas alegações de recurso apresentadas pela Fazenda Pública, no Ac. do STA de 03.05.2018, Proc. n.º 0359/18, embora o que estivesse em causa era saber a quem competia a representação em juízo no processo de reclamação de um ato proferido pelo órgão de execução fiscal, praticado no âmbito de um processo de execução fiscal em que estava em causa a cobrança de uma dívida do IEFP, IP, esta declara o seguinte: *"Não contestando a Fazenda Pública nos presentes autos que a cobrança coerciva da dívida exequenda, respeitante a créditos de apoios financeiros concedidos pelo IEFP, IP (que não têm natureza tributária mas contratual), se deva fazer através da execução fiscal instaurada no Serviço de Finanças territorialmente competente, tal situação não se deve confundir com a legitimidade da Fazenda Pública para representar tal entidade na fase judicial."*

regionais as direções de finanças, explicitando depois no n.º 3 do referido artigo, que estas serão as direções de finanças da AT, está, a nosso ver, a atribuir uma competência genérica a estes órgãos para os atos da execução fiscal, que apenas será afastada, como o primeiro normativo indica, quando lei especial atribua as competências destas no processo de execução fiscal a outros órgãos da administração tributária (será o caso, como vamos ver a seguir em relação às dívidas da Segurança Social, às secções de processo executivo do Instituto de Gestão Financeira da Segurança Social, I. P).

E esta conclusão também se aplica, quanto a nós, à promoção da execução de dívidas provenientes de atos administrativos praticados por entidades de natureza privada, considerando como se de viu o disposto nos artigos 2.º, n.º 1 e 179.º do CPA e artigo 148.º, n.º 2 alínea a) do CPPT, e para isso aponta a legislação especial existente, como já vimos, por exemplo, no artigo 17.º-A da Lei n.º 25/2006, de 30 de junho.

2.2. Competência para as dívidas à Segurança Social

Já quando em causa esteja a cobrança de dívidas à Segurança Social – que, de acordo com o artigo 2.º, n.º 2 alíneas b) e d) e n.º 3 do DL n.º 42/2001, de 09 de fevereiro, e atento o objeto do nosso trabalho, correspondem a todos os montantes devidos às instituições do sistema de segurança social ou pagos indevidamente por estas a pessoas singulares, coletivas ou outras entidades a estas legalmente equiparadas, designadamente, prestações, subsídios e financiamentos de qualquer natureza, incluindo juros; reposições de pagamentos indevidos efetuados por qualquer instituição do sistema de segurança social; ou reposição de prestações de qualquer natureza pagas por fundos cujo funcionamento ou gestão, estratégica ou operacional, tenham sido legalmente entregues a instituições do sistema de segurança social – competirá ao Instituto de Gestão Financeira da Segurança Social, IP, nos termos dos artigos 3.º-A, n.º 1 e 4.º do diploma citado, a instauração e instrução do processo de execução destas dívidas, através da secção de processo executivo do distrito da sede ou da área de residência do devedor, considerando-se órgãos de execução as secções de processos das delegações do referido Instituto.

Ainda nos termos do artigo 3.º-A, n.º 2 deste Decreto-Lei, para o efeito da instauração do processo executivo, as instituições da segurança social, e outras a estas legalmente equiparadas, remetem as certidões de dívida à secção de processo executivo do Instituto de Gestão Financeira da Segurança Social, I. P., competente.

Sendo que, dispõe a mesma norma no seu n.º 3, que a instauração e instrução do processo de execução por dívidas à segurança social pode ser praticada em secção de processo executivo diferente do distrito da sede ou da área de residência do devedor, nos termos de deliberação do conselho diretivo do Instituto de Gestão Financeira da Segurança Social, I. P., publicada no Diário da República.

2.3. Competência para as dívidas às autarquias locais

Em relação à competência das autarquias locais para a cobrança de dívidas de natureza não tributária, já se pronunciou o STA, no Ac. de 16.09.2020, Proc. n.º 0529/11.5BEPRT 01455/17, em que julgou, precisamente, a competência da autarquia local para instaurar o processo de execução fiscal para a cobrança de dívida de despesas realizadas por esta com a demolição de imóvel, como medida de tutela da legalidade urbanística, ao abrigo do artigo 108.º do RJUE.

Neste aresto, conclui-se, em súmula que, considerando o disposto nos artigos 56° n°3 da Lei das Finanças Locais – Lei n° 2/2007,15 janeiro, em vigor na data da instauração da execução, e também, atento o agora disposto no artigo 15.º, alínea c) da Lei n.º 73/2013, de 3 de setembro, que lhe sucedeu, e bem assim, o artigo 7.º do DL n.º 433/99, de 26 de outubro, diploma que aprovou o CPPT, as autarquias locais apenas têm competência para a cobrança coerciva de dívidas provenientes de taxas, encargos de mais-valias e outras receitas de natureza tributária (na redação do artigo 56.º, n.º 3 da LFL), ou na redação da atual da Lei n.º 73/2013, de 3 de setembro, de impostos e outros tributos a cuja receita tenham direito, e portanto, sendo, *a contrario*, incompetentes para a instauração do processo de execução fiscal com vista à cobrança de dívidas de natureza não tributária, como o era a do caso em concreto, atento que tal competência pertence aos serviços da administração tributária que "têm competência genérica", conforme artigo 10.º, n.º 1 alínea f) do CPPT.[272]

[272] No mesmo sentido, Ac. do TCAS, de 11.11.2021, Proc. n.º 363/08.0BELRS. Em diferente sentido, entendeu o STA, no Ac. de 31.03.2004, Proc. n.º 317/04, embora sem proceder à análise das normas que enquadram esta matéria na Lei das Finanças Locais à data vigente

Especificamente, como vimos, considerando as regras estabelecidas no artigo 150.º do CPPT, conjugado com o disposto no artigo 6.º do DL n.º 433/99, de 26 de outubro, os serviços da AT.

Como, a nosso ver, bem sublinha JORGE LOPES DE SOUSA[273], não são claros os motivos para se excluir das autarquias locais a competência para a instauração de execuções fiscais relativamente a dívidas desta natureza, quando, acrescentamos nós, possuem a competência em causa em relação às suas dívidas de natureza tributária.

Pelo que, entendemos que deveria ser um aspeto a alterar pelo legislador, no sentido de as autarquias locais passarem a ter também a competência para a instauração dos processos de execução fiscal das dívidas em análise.

3. Competência dos tribunais tributários

Quando eclodam conflitos de interesses no âmbito do processo de execução fiscal, terá competência para os resolver, de acordo com o disposto no artigo 151.º, n.º 1 do CPPT, o tribunal tributário de 1.ª instância da área do domicílio ou sede do devedor originário, que será chamado para decidir os incidentes (artigo 166.º do CPPT), os embargos (artigo 237.º do CPPT), a oposição (artigo 203.º do CPPT), incluindo quando incida sobre os pressupostos da responsabilidade subsidiária, e a reclamação dos atos praticados pelos órgãos da execução fiscal (artigo 276.º do CPPT).

No que concerne, em especial, com as dívidas à Segurança Social, estabelece o artigo 5.º, n.º 1 do DL n.º 42/2001, de 09 de fevereiro que, "*compete ao tribunal tributário de 1.ª instância da área onde corre a execução decidir os incidentes, os embargos, a oposição, incluindo quando incida sobre os pressupostos da responsabilidade subsidiária, a graduação e a verificação de créditos e as reclamações dos actos materialmente administrativos praticados pelos órgãos de execução*".

Salienta-se que a área de jurisdição dos tribunais tributários consta do mapa anexo ao DL n.º 325/2003, de 29 de dezembro, e que atento o disposto no artigo 9.º-A do ETAF e DL n.º 174/2019, de 13 de dezembro,

e artigo 7.º do DL n.º 433/99, de 26 de outubro, como assinala desde logo SOUSA, JORGE LOPES DE, Código de Procedimento ...Vol. III, cit. pág. 35.

[273] Vd. SOUSA, JORGE LOPES DE, Código de Procedimento ...Vol. III, cit. págs. 34 e 35.

foram criados dentro dos tribunais tributários, os juízos de execução fiscal e recursos contraordenacionais, juízos de competência especializada tributária.

4. Da legitimidade ativa para o processo de execução fiscal

Nos termos do artigo 152.º, n.º 1 do CPPT, tem legitimidade para promover a execução das dívidas referidas no artigo 148.º, onde se incluem as dívidas objeto do presente estudo, o órgão de execução fiscal, referindo-se o artigo 149.º do CPPT a este, como já vimos, como sendo o serviço da administração tributária onde deva legalmente correr a execução.

Com efeito, sendo o órgão da execução fiscal, o serviço da administração tributária, conforme abordamos anteriormente, com competência para a prática dos atos de natureza não jurisdicional, no âmbito do processo de execução fiscal, é o órgão, também, a quem é reconhecida a legitimidade ativa para instaurar este processo, ou o mesmo é dizer para intervir no mesmo, como exequente.

Daí que, os serviços da administração tributária com legitimidade para promover a execução fiscal das dívidas que decorrem de ato administrativo serão, via de regra, atento o que já foi exposto quanto à competência para a prática dos atos no processo de execução fiscal, quando não exista lei especial que atribua as competências a órgãos da administração tributária distintos (artigo 6.º , n.º 2 do DL n.º 433/99, de 26 de outubro), e na falta de designação do órgão da administração tributária competente pelo dirigente máximo do serviço (artigo 150.º, n.º1 e 2 do CPPT – que deverá ser, considerando o que resulta do disposto no artigo 6.º, n.ºs 1, 2 e 3 do DL n.º 433/99, de 26 de outubro e artigo 3.º, n.º1 do DL n.º 118/2011, de 15 de dezembro, o(a) Diretor(a)-Geral da AT)-, as direções de finanças da AT da área do domicílio ou sede do devedor, competência que podem delegar nos serviços de finanças deste organismo (conforme artigo 150.º, n.ºs 3 e 5 do CPPT e, novamente, artigo 6.º, n.ºs 1, 2 e 3 do DL n.º 433/99, de 26 de outubro).

Quando em causa esteja a cobrança de dívidas à segurança social, no entanto, tem legitimidade para intervir como exequente no processo de execução fiscal o Instituto de Gestão Financeira da Segurança Social, I. P., atento o disposto no artigo 3.º-A, n.ºs 1 e 3 do DL n.º 42/2001, de 09 de fevereiro, que estabelece que compete a este Instituto, a instauração do processo de execução, relativo a estas dívidas, através da secção de processo executivo do distrito da sede ou da área de residência, que pode, no entanto, ser praticada em secção de processo executivo diferente desta, nos termos de deliberação do conselho diretivo deste organismo, publicada no Diário da República.

Estabelecendo, por seu turno, o artigo 4.º do mencionado diploma que, consideram-se, para efeitos do presente diploma, órgãos de execução as secções de processos das delegações do Instituto de Gestão Financeira da Segurança Social.

Atento o exposto em antecedente ponto, o STA no Ac. de 16.09.2020, Proc. n.º 0529/11.5BEPRT 01455/17, já se pronunciou no sentido de que os serviços das autarquias locais não têm legitimidade para intervir como exequentes no processo de execução fiscal para a cobrança de dívidas impostas por ato administrativo, legitimidade que pertence aos serviços da administração tributária, aplicando-se aqui as citadas regras previstas no artigo 150.º do CPPT e artigo 6.º, n.ºs 1, 2 e 3 do DL n.º 433/99, de 26 de outubro.

5. Representação em juízo da entidade credora da dívida

Sobre a representação da entidade credora da dívida na fase judicial do processo de execução fiscal, quando ocorre um conflito de pretensões que deve ser decidido pelos tribunais tributários, nos termos do artigo 151.º do CPPT, a doutrina e jurisprudência têm afastado, quando em causa esteja a cobrança de dívidas como as que nos ocupam neste trabalho, a atribuição de tal competência à Fazenda Pública, com base no disposto no artigo 15.º, n.º 1 alínea a) do CPPT, e também, considerando normas especiais constantes dos diplomas que regulam a organização e atividade das referidas entidades credoras.

Assim, estabelece o aludido artigo do CPPT que, compete ao representante da Fazenda Pública nos tribunais tributários *"representar a administração tributária e, nos termos da lei, quaisquer outras entidades públicas no processo judicial tributário e no processo de execução fiscal."*

Em comentário a esta norma, escreve JORGE LOPES DE SOUSA[274] que, *"(...) a representação da Fazenda Pública de entidades não enquadráveis no*

[274] Cfr. SOUSA, JORGE LOPES DE, Código de Procedimento e de Processo Tributário, Anotado e Comentado, Vol. I, 6.ª edição, pág. 206, Áreas Editora, 2011.

conceito de administração tributária, é feita «nos termos da lei», pelo que só poderá ocorrer se alguma lei a estabelecer, de forma genérica ou especial.

Assim, quando estiver em causa a cobrança através de processo de execução fiscal de uma dívida não tributária de que é credora uma entidade pública (por exemplo, reembolsos de subsídios) na falta de norma que atribua ao representante da Fazenda Pública competência para a sua representação processual, ela caberá ao órgão que tiver poderes para a representar em juízo, através de mandatário judicial.»

Por outro lado, fica também afastada qualquer representação em juízo através da Fazenda Pública relativamente a entidades relativamente às quais se atribui especialmente tal competência a outras entidades, como sucede relativamente à maior parte das entidades públicas autónomas, designadamente institutos públicos."

A jurisprudência dos Tribunais Superiores, a propósito da representação dos Institutos Públicos, tem decidido no sentido proposto pelo referido autor, como recentemente, aconteceu no Ac. do STA, de 28.10.2020, Proc. n.º 0539/13.8BEBRG, em que em processo de oposição à execução fiscal instaurada por dívida ao IGFSE, IP, relativa à restituição de incentivos financeiros, o Tribunal entendeu que, quem deve contestar a referida oposição é o IGFSE, IP, e não o Representante da Fazenda Pública; nos Acs. do STA, de 03.05.2018, Proc. n.º 0359/18, de 14.12.2016, Proc. n.º 01308/16 e de 13.02.2008, Proc. n.º 0968/07, relativamente à representação em juízo do IEFP, IP, nos dois primeiros acórdãos, em processo de reclamação contra ato do órgão de execução fiscal praticado no âmbito de processo de execução fiscal, e no último, em processo de oposição à execução fiscal, instaurada para cobrança de dívida da qual este Instituto é entidade credora, concernente a apoios financeiros por este atribuídos, concluíram que a representação em juízo do IEFP caberá a mandatário especialmente designado para o efeito pelo respetivo Presidente, e não à Fazenda Pública; e *mutatis mutandis*, no Ac. do TCAN, de 04.02.2010, Proc. n.º 00121/07.09BEMDL, em processo de oposição à execução por dívida ao IFADAP,IP, atual IFAP, IP.

E isto é assim, independentemente de se estar, em concreto, a reagir em tribunal contra um ato praticado pelo órgão da execução fiscal (que, como vimos, em regra, corresponde ao serviço da administração tributária, especificamente, às Direções de Finanças da AT, ou aos Serviços de Finanças deste organismo, se as referidas competências nestes tiverem sido delegadas), ou contra a execução fiscal no seu todo, ou mesmo é dizer quanto à exigibilidade da dívida [275].

Em especial, quanto às dívidas à segurança social estabelece o artigo 12.º do Decreto-Lei n.º 42/2001, de 09 de fevereiro que "*nos tribunais comuns e nos tributários, as instituições do sistema de segurança social são representadas por mandatário judicial nomeado pelo IGFSS, I.P.*".

6. Da legitimidade passiva para o processo de execução fiscal

A legitimidade passiva para o processo de execução fiscal, no que concerne às dívidas impostas por ato administrativo, não obstante a importância do tema, na medida em que os executados podem vir a responder com o seu património pela dívida exequenda, não tem merecido por parte da doutrina, pelo que apuramos, relevante estudo, e tem sido a jurisprudência a principal promotora dos esclarecimentos relativos ao regime jurídico aplicável nesta matéria.

Com efeito, o artigo 153.º do CPPT, determina contra quem pode ser dirigida a execução fiscal, ou nas palavras da lei, quem pode ser executado no referido processo.

Nos termos do preceituado no n.º 1 do citado artigo, podem ser executados no processo de execução fiscal os devedores originários e seus sucessores (por expressa remissão para as dívidas referidas no artigo 148.º), bem como os garantes que se tenham obrigado como principais pagadores, até ao limite da garantia prestada.

No domínio das dívidas, objeto do presente estudo, serão assim executados no processo de execução fiscal, os devedores originários que serão os sujeitos que se encontram do lado passivo da relação jurídica que deu causa às dívidas em cobrança coerciva neste processo.

Sendo que o processo de execução fiscal também pode ser instaurado contra os seus sucessores, caso os devedores originários tenham falecido, nos termos da referida norma e artigo 155.º do CPPT, mas a responsabilidade destes está limitada ao que tiverem recebido do devedor

[275] Vd. como decidiram os citados Acs. do STA, de 03.05.2018, Proc. n.º 0359/18, e de 14.12.2016, Proc. n.º 01308/16, "*(...) não obstante se tratar de reclamação de acto praticado pelo órgão de execução fiscal, prevista no art. 276º do CPPT, a representação em juízo do IEFP caberá a mandatário especialmente designado para o efeito pelo respectivo Presidente, carecendo o RFP de legitimidade para assegurar tal representação.*"

originário (artigo 2071.º do CC). Prevendo, por seu turno, o artigo 154.º do CPPT que, se no decurso do processo de execução falecer o executado, são válidos todos os atos praticados pelo cabeça-de-casal, independentemente da habilitação de herdeiros nos termos do presente Código.

A execução fiscal também pode ser dirigida, nos termos da aludida norma, contra os garantes que se tenham obrigado como principais pagadores, até ao limite da garantia prestada (ocorre com frequência as execuções fiscais serem instauradas contra os fiadores que garantiram pessoalmente a satisfação do crédito[276]).

Além destes, os responsáveis solidários pela dívida em cobrança, também se encontram, entre os executados "originários" do processo de execução fiscal, atento o regime jurídico da solidariedade passiva previsto no artigo 512.º do CC, que determina que *"a obrigação é solidária, quando cada um dos devedores responde pela prestação integral e esta a todos libera"*.[277]

[276] Vd. o Ac. do STA, de 13.05.2009. Proc. n.º 0187/09, a execução fiscal em causa foi instaurada contra o fiador, por dívida ao atual IFAP; e o Ac. do referido Tribunal, de 01.06.2017, Proc. n.º01336/16, embora o que estivesse aqui em causa fosse a legitimidade processual ativa do fiador para impugnar ato administrativo que determinou a devolução de subsídios concedidos pelo IFAP.

[277] A este propósito, vd. o Ac. do STA de 21.11.2012, Proc. n.º 0714/12, em que estava em causa a instauração de processo de execução fiscal para a cobrança de divida ao IEFP, relativa a incumprimento de um contrato de concessão de incentivos financeiros, decidindo este tribunal que deveria improceder o fundamento da oposição baseado na ilegitimidade para ser chamado à execução, nos termos dos artigos 204.º, n.º 1, alínea b), e 153.º do CPPT, e 23.º e 24.º da LGT, uma vez que o recorrente constava da certidão de dívida, conforme exigido no artigo 88.º, n.º 2, alínea j) do CPPT, e também era responsável solidário pelo cumprimento do contrato de incentivos em causa; o Ac. do TCAN, de 04.06.2020, Proc. n.º 01929/10.3BEBRG, em processo de execução fiscal instaurado para cobrança de apoio financeiro concedido também pelo IEFP, em que o referido tribunal decidiu que: *"Porque os pressupostos da responsabilidade pelo pagamento da dívida exequenda se acham por verificados quanto ao promotor da ILE, J. [ora Oponente], ele é solidariamente responsável pelo cumprimento da dívida da sociedade comercial J., Lda. [Cfr. artigo 21.º, n.º 1 da LGT], e desta forma, porque existe responsabilidade originária do Oponente, o mesmo é parte legitima para ser parte na execução que lhe foi movida, por ser o devedor originário da dívida exequenda [Cfr. artigo 153.º, n.º 1 do CPPT].";* no mesmo sentido, o Ac. do TCAS, de 30.06.2009, Proc. n.º 0219/09, igualmente, no âmbito de dívida ao IEFP;

6.1. Em especial, a responsabilidade subsidiária e a possibilidade de reversão da execução fiscal

Como vamos ver de seguida, a jurisprudência tem-se posicionado, no entanto, no sentido de que o facto destas dívidas serem cobradas através do processo de execução fiscal, conforme estabelecido no artigo 148.º, n.º 2, alínea a) do CPPT, não significa que o regime estabelecido no artigo 153.º se lhes aplique *tout court,* em específico, a responsabilidade subsidiária, prevista no respetivo n.º 2, e obviamente, pela sua natural importância, a contemplada no artigo 24.º da LGT, relativa à responsabilidade dos membros de corpos sociais e responsáveis técnicos.

A responsabilidade subsidiária efetiva-se, como se sabe, por reversão do processo de execução fiscal, e esta traduz-se no chamamento a este processo de outras pessoas, diferentes do devedor originário (constante do título executivo), que responderão pela dívida em cobrança. Como explicam SERENA CABRITA NETO e CARLA CASTELO TRINDADE, *"(...) a reversão constitui um ato administrativo através do qual se opera uma alteração subjetiva da instância no âmbito do processo de execução fiscal, na medida em que, por vários motivos, a execução fiscal originariamente instaurada contra determinada pessoa acaba por se dirigir contra outras pessoas."*[278]

Embora sem grandes desenvolvimentos, o STA, no Acórdão de 21.11.2012, Proc. n.º 0714/12, em que estava em causa a cobrança no processo de execução fiscal de dívida ao IEFP declarou que *"(...)resulta desde logo inequívoco que estando nós perante uma dívida resultante do incumprimento de um contrato de concessão de incentivos financeiros, o recorrido não poderia sequer ser revertido, nos termos do art. 24º da LGT, preceito que apenas se aplica às dívidas tributárias."*; e o TCAS, no Acórdão de 17.05.2018, Proc. n.º1419/04.3BESNT, em que se cobrava no processo de execução fiscal dívida ao Ministério do Emprego e Segurança Social, proveniente de verbas recebidas do Fundo Social Europeu e do Estado Português, respeitantes a ações de formação profissional, determinou que *"Este tipo de dívidas não segue o regime das liquidações tributárias, apesar de serem coercivamente exigidas em processo de execução fiscal. Na verdade, esta via de cobrança não transmuda a natureza da dívida transformando-a em dívida tributária. Por essa razão não pode ser aplicada no processo de execução para cobrança*

[278] NETO, SERENA CABRITA; TRINDADE, CARLA CASTELO, Contencioso ...cit. pág. 534;

deste tipo de dívidas o mecanismo de reversão e responsabilidade subsidiária do art.º 24º da LGT, preceito que apenas se aplica às dívidas tributárias caracterizadas por uma imposição unilateral coerciva, consubstanciada numa liquidação tributária."

Se bem que tenha sido proferido no domínio do CPT, ainda é o Acórdão do STA, de 25.06.2003, Proc. n.º 025037 (com declarações de voto vencido), em recurso de oposição de julgados, que nos parece oferecer uma análise mais desenvolta sobre a aplicação da responsabilidade subsidiária, em especial dos gestores, por dívidas aqui em análise das sociedades.

Em causa estava a cobrança de dívida ao então INGA, respeitante a subsídios concedidos por este instituto a sociedade e que reverteu contra o respetivo gestor. E a oposição entre os Acórdãos que se julgou, centrava-se na questão de saber se era possível operar a reversão das dívidas em causa ao INGA contra o gestor da sociedade devedora originária, sendo que ambos os acórdãos concordavam que não se podia fazer com base no artigo 13.º do CPT, que era aplicável apenas às dívidas de contribuições e impostos, mas discordavam no entendimento que, viria a perecer, porque um dos acórdãos defendia que essa reversão no processo de execução fiscal se podia almejar com base, no entanto, no disposto no artigo 78.º do CSC, que estabelece que "Os gerentes ou administradores respondem para com os credores da sociedade quando, pela inobservância culposa das disposições legais ou contratuais destinadas à protecção destes, o património social se torne insuficiente para a satisfação dos respectivos créditos."

As ideias essenciais do acórdão em referência são as seguintes:

Em primeiro lugar, diferentemente do que previa o artigo 16.º do Código de Processo das Contribuições e Impostos, que estabelecia *«a responsabilidade subsidiária dos administradores ou gerentes das sociedades "por todas as contribuições, impostos, multas e quaisquer outras dívidas ao Estado" "liquidadas ou impostas a empresas ou sociedades de responsabilidade limitada"»*, o artigo 13.º do CPT, seu equivalente, "*restringiu o campo de aplicação deste preceito normativo ao estabelecer a responsabilidade subsidiária dos gerentes e administradores apenas por dívidas de "contribuições e impostos"*, o mesmo resultando, embora não se aplicando ao caso dos autos, do artigo 24.º da LGT, que "*limita a responsabilidade subsidiária dos gerentes e administradores às "dívidas tributárias"*.

Depois, que não podia confundir-se a questão da reversão com o facto de o artigo 233.º do CPT, permitir que se cobrassem através do processo de execução fiscal "*os reembolsos, reposições e outras dívidas equiparadas por lei aos créditos do Estado*".

Porque, como a seguir indica também, uma coisa são as regras relativas à competência para a cobrança coerciva de dívidas como a que está em causa nos autos e sobre o meio processual adequado para a respetiva cobrança (artigos 233.º e 237.º do CPT e, em particular, quanto à dívida exequenda, o artigo 28.º do DL n.º 282/88), outra bem distinta são as regras relativas ao regime substantivo da respetiva responsabilidade, porque "*as condições em que um património pessoal pode ser sacrificado em benefício dos credores fazem ainda parte desse regime substantivo.*"

E mais, o artigo 239.º, n.º 1 do CPT, ao estabelecer a legitimidade para ser executado na execução fiscal dos "*devedores originários e seus sucessores dos impostos e demais dívidas referidas no artigo 233º*", não abrangeu os "*responsáveis subsidiários, dos quais se ocupa o nº 2 estabelecendo-se neste preceito normativo as circunstâncias cuja verificação se impõe para o chamamento à execução dos responsáveis subsidiários.*" Determinando, mais à frente que, "*(...) o nº 2 do artigo 239º do CPT não pode desligar-se do artigo 13º quando se refere a "responsáveis subsidiários" não abrangendo mais do que aqueles que antes identificou, e que não vão além dos obrigados ao pagamento de dívidas de contribuições e impostos.*

Concluindo num primeiro trecho que "*(...) perante o conjunto normativo referido e que, no CPT, trata da responsabilidade subsidiária dos gerentes e administradores das sociedades, e das condições da sua chamada à execução fiscal, parece que, no caso dos autos, não está consagrada essa responsabilidade, no que concerne ao recorrido, uma vez que a dívida em execução não respeita a contribuições e impostos.*"

Assim, a responsabilidade subsidiária estabelecida nos artigos 13.º e 239.º do CPT, apenas é aplicável às dívidas de contribuições e impostos.

Depois, considera que, embora o artigo 78.º do CSC, estabeleça uma norma relativa à responsabilidade dos gerentes e administradores, esta não pode ser utilizada como fundamento da reversão da dívida exequenda em análise no processo de execução fiscal, porque *(...) o CSC não pré-define essa responsabilidade nem afirma a sua imediata executoriedade, permitindo, sem mais, afectar o seu património ao pagamento da dívida da sociedade.* E, além do mais, "*(...) o instituto da reversão é exclusivo da execução fiscal, sendo desconhecido na execução comum, (...) "o legislador só consagrou o instituto da reversão da execução fiscal, como alteração subjectiva da instância executiva, para possibilitar que, por essa via, se cobrem, no mesmo processo executivo, as dívidas de impostos, mesmo de quem não ocupa, inicialmente, a posição passiva na execução, por não figurar no título executivo. O que se justifica em atenção à natureza da dívida e aos interesses colectivos em jogo (por isso que o legislador concebeu a execução fiscal como um meio mais expedido e célere do que o comum para a cobrança coerciva das dívidas fiscais), e à certeza e liquidez destas dívidas, atributos que não ornam, necessariamente, as dívidas não tributárias. Assim, relativamente às dívidas que não são de impostos, quando cobradas pela execução fiscal, o legislador não previu a possibilidade de as exigir de outrem que não o devedor que figura no título, e contra quem a execução foi instaurada (...)"*

Ora, pese embora o entendimento que se acaba de transcrever haja sido defendido sobre a égide do CPT, a verdade é que as conclusões tiradas pelo citado acórdão aplicam-se, a nosso ver, ao que hoje se encontra estabelecido no artigo 22.º, 23.º e 24.º da LGT, e artigo 153.º, do CPPT.

Com efeito, a responsabilidade subsidiária que se efetiva por reversão no processo de execução fiscal estabelecida no artigo 23.º da LGT, logo como denuncia a epígrafe desta norma, refere-se à responsabilidade tributária, e esta abrange conforme disposto no artigo 22.º, n.º 1 da LGT, a *"dívida tributária (...)"*, e não outras dívidas, como aquelas a que dedicados o nosso trabalho.

Outrossim, o artigo 24.º da LGT, que define os termos da responsabilidade subsidiária dos membros de corpos sociais e responsáveis técnicos, apenas se refere à responsabilidade por *"dívidas tributárias"*.

E o artigo 153.º, n.º 2 do CPPT, não pode ser lido sem o associar ao regime substantivo da responsabilidade subsidiária previsto nas referidas normas da LGT e que abrange apenas as dívidas tributárias.

Por fim, entendemos que o que vem de ser exposto pode ser aplicado às demais situações de responsabilidade subsidiária previstas na LGT e CPPT.

Em particular, destaca-se que entendemos, em termos similares, que a responsabilidade subsidiária dos funcionários, prevista no artigo 161.º do CPPT, também é um fenómeno de aplicação restrita às dividas tributárias, porque, muito embora neste artigo não se fale, especificamente, em dívidas tributárias, a responsabilidade subsidiária aqui prevista só se pode estar a referir a estas, atento o disposto nos artigos 22.º e 23.º da LGT, e não existir norma que sustente este tipo de responsabilidade dos funcionários, quanto às dívidas não tributárias fixadas por ato administrativo.

Sem prejuízo do exposto, no âmbito das comparticipações do Fundo Social Europeu e do Estado Português, sempre que as entidades, obrigadas à restituição de qualquer quantia, não cumpram a sua obrigação no prazo estipulado, o artigo 45.º, n.º 12 do Decreto Regulamentar n.º 84-A/2007, de 10 de dezembro, estabelece que *"em sede de execução fiscal, são subsidiariamente responsáveis pela restituição dos montantes em dívida os administradores, directores, gerentes e outras pessoas que exerçam, ainda que somente de facto, funções de administração ou gestão de pessoas colectivas e entes fiscalmente equiparados, nos termos previstos na lei geral tributária."*

Ou seja, esta norma possibilita que a administração reverta o processo de execução fiscal contra administradores e gerentes das devedoras originárias, por dívidas de natureza não tributária ao Fundo Social Europeu e Estado Português, nos termos da LGT, e portanto, do respetivo artigo 24.º.

E, note-se, a administração está efetivamente a fazer uso de tal expediente, conforme é possível verificar nos acórdãos do STA, de 25.10.2017, Proc. n.º 0590/17 e do TCAS, de 12.01.2017, Proc. n.º 07469/14, de 21.06.2018, Proc. n.º 1924/11.1BESNT, de 05.11.2020, Proc. n.º 533/11.3BELRS.

Todavia, questiona-se: será que o Governo Português, por intermédio de um regulamento administrativo (o Decreto Regulamentar n.º 84-A/2007, de 10 de dezembro), se encontrava legalmente habilitado a regular e, enfim, a criar uma inovadora possibilidade de também as dívidas de natureza não tributária, como as relativas ao Fundo Social Europeu, serem objeto de reversão para os gerentes ou administradores das sociedades visadas pelo ato administrativo que declarou a obrigação pecuniária?

Sem se pretender aprofundar a temática, afigura-se-nos, no mínimo, duvidoso que tal base habilitante exista, atento que a matéria da reversão da execução fiscal diz inevitavelmente respeito aos "*direitos, liberdades e garantias*" e às "*garantias dos administrados*", inserindo-se, por isso, na reserva relativa da Assembleia da República, nos termos do artigo 165.º, n.º 1, alíneas b) e s) da CRP que, como se sabe, constitui, entre outros, a Lei habilitante, para efeitos do artigo 112.º n.º 7 da CRP.

Vale isto por dizer que, não se vislumbrando, no demais, existir uma norma, dotada da inerente aplicabilidade direta, de Direito da União Europeia relativa à atribuição dos fundos por parte do Fundo Social

Europeu que o suportasse, tenderíamos a dizer, sem qualquer pejo, que, à partida, tudo indica que aquele artigo 45. n.º 12 º do Decreto Regulamentar n.º 84-A/2007, de 10 de dezembro se encontrará inquinado de inconstitucionalidade orgânica.[279-280]

[279] Aliás, mesmo que existisse uma qualquer norma de Direito da União Europeia que legitimasse o Governo Português a proceder à regulamentação de tal matéria atinente às garantias dos administrados, ainda assim, tal regulamento padeceria de inconstitucionalidade por falta de citação de tais hipotéticos e habilitantes diplomas do Direito da União Europeia em violação do artigo 112.º, n.º 7 da CRP, já que o mesmo apenas se arroga de instrumento concretizador do regime jurídico de gestão, acesso e financiamento no âmbito do Fundo Social Europeu autorizado pelo artigo 30.ºn.º 4 do DL n.º 312/2007, de 17 de Setembro.

[280] O TC pronunciou-se sobre outra questão, diferente da que levantamos, nos Acs. proferidos nos processos n.ºs 923/12 e 620/13, nos quais decidiu *"não julgar inconstitucional o artigo 53.º, n.º 2, do Decreto Regulamentar n.º 84-A/2007, de 10 de dezembro, na parte em que manda aplicar aos processos pendentes no momento da sua entrada em vigor o regime de responsabilidade subsidiária previsto no artigo 45.º, n.º 12, do mesmo Decreto Regulamentar"*.

Conclusões

No **primeiro capítulo**, partindo dos elementos que integram o conceito legal de ato administrativo previsto no artigo 148.º do CPA, definimos os atos administrativos criadores de obrigações pecuniárias, como sendo as decisões praticadas pela Administração Pública ou por outras entidades que prossigam a função administrativa, no exercício de poderes jurídico-administrativos, através das quais impõem aos particulares uma obrigação de pagar uma quantia em dinheiro, independentemente, do seu acordo ou prévia declaração judicial, que vão constituir-se, assim, como uma manifestação dos poderes de autotutela declarativa reconhecidos às referidas entidades, em razão destas prosseguirem o interesse público.

Questionamos a tradicionalmente defendida natureza não executória dos atos administrativos *sub judice*, que exclui a execução coerciva destes do âmbito competencial da Administração, em virtude de se desenvolver pela via do processo de execução fiscal que é um processo que por definição legal tem natureza judicial (artigo 103.º, n.º 1 da LGT e 148.º, n.º 2, alínea a) e 151.º do CPPT). E que parece ter sido a assumida pelo legislador no artigo 176.º do CPA, à face do atual paradigma relativo à matéria da execução dos atos administrativos que, pelo menos no plano dos princípios, parece não manter a autotutela executiva da Administração Pública, porque se dispõe na referida norma que a execução coerciva com esta finalidade vai ser "sempre possível", porque se realiza, portanto, por via de um processo jurisdicionalizado.

E os argumentos principais que dispusemos para criticar tal entendimento, reconduzem-se ao facto de, pese embora o legislador ter declarado a natureza judicial do processo de execução fiscal, competir à administração tributária a tramitação do referido processo (artigo 103.º, n.º 1, segunda parte da LGT, artigos 10.º, alínea f), 149.º, 150.º e 152.º do CPPT), sendo residual a intervenção do juiz (artigo 151.º, do CPPT); e também devido à circunstância deste processo executivo ter um contraditório limitado, não servindo de substrato à oposição à execução fiscal a discussão da legalidade dos atos administrativos aos quais dedicamos este trabalho, porque a lei assegura um meio processual especifico para o efeito (artigos 37.º, n.º 1 al. a), 50.º e ss do CPTA, e artigo 204.º, n.º 1 alíneas h) e i), a contrario do CPPT).

Por conta dos diferentes regimes jurídicos resultantes das distintas finalidades associadas aos atos administrativos em causa, procedemos, ainda, neste capítulo, à distinção dos atos administrativos objeto do nosso estudo, face a outros atos administrativos criadores de obrigações pecuniárias, dando particular destaque aos atos de liquidação de tributos, a mais importante categoria de entre estes atos. E, outrossim, os demarcamos dos atos administrativos criadores de obrigações pecuniárias de natureza sancionatória. Alertando, neste particular conspecto, para aqueles que designamos de *atos sancionatórios em sentido impróprio*, cuja natureza sancionatória não se reputa tão evidente, mas que tem sido reconhecida enquanto tal, pela doutrina e jurisprudência, a propósito, por exemplo, do disposto nos artigos 50.º, n.º 2 e 120.º, n.º 6 do CPTA, como sejam as ordens de reposição de quantias recebidas no âmbito dos contratos administrativos, impostas na sequência dos atos administrativos de redução/revogação de financiamento e resolução dos referidos contratos; ou as decisões que, no âmbito de procedimento disciplinar, determinem a reposição de quantias, nos termos do artigo 219.º, n.º 1 da LTFP.

Outra delimitação que fizemos, refere-se às relações de crédito de natureza civil ou comercial que podem derivar das atuações de gestão privada da Administração Pública, em que esta pode constituir-se como credora de obrigações pecuniárias devidas por particulares, mas em que não dispõe de poderes de autotutela declarativa. E isto é importante como evidenciamos para demarcar o próprio âmbito de aplicação do processo de execução fiscal, porque em diversos diplomas que disciplinam a organização e atividade de diferentes entidades públicas, existem normas, que habilitam, de forma especial, a utilização por estas do referido processo para a cobrança das suas dívidas, sem distinguirem, nalguns casos, a natureza das dívidas que podem ser objeto do referido processo, quando também nestes diplomas, verifica-se que as receitas das referidas entidades podem não ter origem numa relação jurídica administrativa ou tributária.

Concluímos, então que, os atos administrativos em estudo vão ser praticados com a finalidade de exigir o pagamento de uma quantia pecuniária aos particulares devida a entidades que exercem a função administrativa e em virtude do exercício da referida função (artigo 179.º, n.ºs 1 e 3 do CPA), em ordem a reintegrar/repor nos cofres destes entes, dinheiro público, que foi transferido para a esfera daqueles, através de um vínculo previamente constituído que fundamenta essa deslocação de verbas, mas que por vários motivos, se veio a demonstrar ter sido feito indevidamente; ou a ressarcir estes entes por despesas relativas a intervenções efetuadas e cuja responsabilidade é legalmente imputada aos particulares. Neste último caso, a imposição da prestação pecuniária sucede ao incumprimento de uma prestação de facto fungível (artigos 179.º, n.º 3 e 181.º do CPA).

Como vimos, um dos planos de maior relevância de aplicação dos atos administrativos aqui em análise, e que tem gerado maior contencioso, é aquele em que estes atos são praticados por entidades no exercício de poderes jurídico-administrativos, no domínio da execução de contratos administrativos (artigos 302.º e 307.º, n.º 2 do CCP). Isto porque o incumprimento das obrigações convencionadas nos referidos contratos, assumidas pelos particulares em contrapartida do financiamento das suas atividades, que são apoiadas por beneficiarem o interesse público associado às atribuições das entidades públicas financiadoras, tem gerado a modificação ou resolução dos referidos contratos pelo contraente público, e a consequente obrigação de reposição do financiamento outorgado.

* * *

No **segundo capítulo,** analisamos os aspetos principais do procedimento administrativo tendente à formação, manifestação e execução dos atos administrativos em referência.

Quanto ao respetivo procedimento declarativo de formação, concluímos, no essencial, que o mesmo terá, em regra, natureza oficiosa (artigo

53.º do CPA), e surgirá, por vezes, na sequência de outros procedimentos administrativos.

Vimos, igualmente, que o ato administrativo criador de obrigação pecuniária vai revelar-se, em regra, de conteúdo estritamente vinculado, sem descartamos, porém, que neste plano a lei possa permitir alguma margem de autonomia decisória à Administração. Ao que ligamos importantes consequências, como sejam a da inaplicabilidade neste setor de atuação dos princípios gerais da atividade administrativa; e chamando a aplicação do princípio do aproveitamento do ato, na modalidade prevista no artigo 163.º, n.º 5, alínea a) do CPA, o que poderá ocorrer, como defendemos, nos casos em que se verifique que os atos administrativos em análise foram praticados após o decurso do prazo de caducidade do procedimento, previsto no artigo 128.º., n.º 6 do CPA. Analisamos, ademais, dois importantes aspetos atinentes com as garantias dos destinatários dos atos administrativos em estudo, que se revelam na exigência de ser assegurada a participação destes na sua formação – *maxime*, a audiência prévia (artigo 267.º, n.º 5 da CRP, e 121.º, e ss do CPA), e sobre a forma dos referidos atos, para a qual se exige a respetiva fundamentação (artigos 268.º, n.º 3 da CRP, e 151.º n.º 1, alínea d) e 152.º, n.º 1, alínea a) e 153.º do CPA).

Sobre os trâmites concernentes com a sua manifestação, concluímos que, sem prejuízo de outras diligências de cuja realização possa depender a sua eficácia, estes atos na medida em que impõem encargos/ónus aos seus destinatários só lhes são oponíveis a partir da respetiva notificação (artigos 268.º, n.º 3 da CRP, artigos 114.º, 157.º, alínea c) e 160.º do CPA, artigo 59.º, n.º 2 do CPTA), querendo isto dizer que, os efeitos jurídicos desfavoráveis dos mesmos só operam na esfera jurídica daqueles com a realização desta diligência, como seja o ónus de impugnação (artigos 188.º, n.º 1 do CPA e 59.º, n.º 2 do CPTA), e a falta de cumprimento da referida formalidade pode ser invocada como vício próprio dos atos de execução dos atos administrativos em análise (artigo 177.º, n.º 4 e 182.º, n.º 1 do CPA) e como fundamento da oposição à execução fiscal, nos termos e para os efeitos do artigo 204.º, n.º 1, alínea i) do CPPT.

Neste ponto, com destaque, defendemos que nos casos em que a notificação dos atos administrativos em análise seja feita através de carta registada (artigo 112.º, n.º 2, alínea a) do CPA), e na medida em que o regime previsto nos artigos 113.º, n.ºs 1 e 2 do CPA, relativo à perfeição das notificações, decalca as normas constantes do artigo 39.º n.ºs 1 e 2 do CPPT que disciplinam a matéria relativa à perfeição das notificações dos atos tributários que devem ser realizadas por carta registada (artigo 38.º, n.º 3 do CPPT), as conclusões que a jurisprudência do contencioso tributário, que se crê maioritária, tem chegado a propósito destas últimas normas, pode ser transposta para o estabelecido nos normativos citados do CPA, e assim, quando ocorrer a devolução dos ofícios de notificação, não se poderá aplicar a presunção estabelecida no artigo 113.º, n.º 1 do CPA. Nestes casos, a Administração, perante a devolução, por não reclamado, do ofício da notificação, deverá indagar sobre a efetiva residência ou sede do destinatário do ato, e, consequentemente, expedir nova carta registada com esse objetivo, sendo que, se esta segunda notificação, vier devolvida, com a menção de não reclamada (menção esta que pressupõe que o aviso para levantamento haja sido depositado no recetáculo postal daquele), afigura-se que, poderá ter-se por regularmente efetivada a referida notificação, nos termos do artigo 113.º do CPA (por aplicação analógica do disposto no artigo 39.º, n.ºs 5 e 6 do CPPT, na medida em que, o STA também entendeu que o disposto nas referidas normas se aplicava, de igual forma, às notificações por carta registada, e atenta a constatação que existe uma lacuna do CPA que carece de integração, para efeitos do artigo 10.º, n.º 1 CC, e no caso, se mostra viabilizada pelas exatas mesmas razões justificativas atinentes à realização das notificações no procedimento tributário).

Em relação ao procedimento de execução dos atos administrativos em análise, verificamos que estes constituindo-se como o título executivo que vai servir de base à execução, da sua prática depende a prática de quaisquer atos de execução do mesmo (artigos 177.º, n.º 1 e 182.º, n.º 3, alínea a) do CPA). Neste plano, afirmamos que podemos organizar a atuação da Administração com vista à realização dos efeitos do ato administrativo criador de obrigação pecuniária, considerando, por um lado, as diligências atinentes ao cumprimento voluntário pelo particular da ordem de pagamento da obrigação ínsita no referido ato, para cujos termos deve ser notificado, sendo que omissão desta diligência ou a emissão da certidão de dívida num momento em que ainda não haja terminado o prazo para tal cumprimento voluntário da obrigação pecuniária, invalida os subsequentes atos do procedimento executivo, que pode ser invocada contra estes, enquanto vício próprio (artigo 182.º, n.º 1 do CPA) ou enquanto fundamento da oposição à execução, subsumível na alínea i), do n.º 1 do artigo 204.º do CPPT; e por outro lado, os trâmites que devem ser seguidos por esta após constatar que o prolatado pagamento não foi cumprido, espontaneamente, pelo particular, que estão definidos no artigo 179.º, n.ºs 1 e 2 do CPA, que se reconduzem à emissão pelo órgão competente de uma certidão com valor de título executivo, que deverá conter os requisitos essenciais, estabelecidos no artigo 163.º do CPPT, e remessa da mesma ao competente serviço da administração tributária, juntamente com o processo administrativo. Falando, também, sobre as consequências para o processo de execução fiscal decorrentes da falta de requisitos essenciais deste segundo título executivo (artigo 165.º, n.º 1, alínea b) do CPPT e artigo 276.º do CPPT). Concluímos que, não se pode descartar, além do mais que, o procedimento de execução do ato em causa possa integrar outros atos jurídicos e/ou operações materiais de execução, como a compensação de créditos, acionamento de garantias ou cauções prestadas, e bem assim, iniciar-se com a prática de um ato administrativo de conteúdo declarativo, com o fim de tornar certas e líquidas as obrigações fixadas no ato administrativo exequendo.

* * *

No **terceiro capítulo**, estudamos os meios administrativos e judiciais adequadas a discutir a legalidade dos atos administrativos em apreço, e assim, obter a sua anulação ou declaração de nulidade.

Extrajudicialmente, concluímos que os destinatários dos atos podem impugná-los, junto dos respetivos autores, deduzindo para o efeito uma reclamação, dos superiores hierárquicos destes, deduzindo recurso hierárquico, ou quando a lei o preveja, apresentando recursos administrativos especiais (artigos 184.º, n.ºs 1 a 3, 186.º, n.º 1, 191.º, n.º 1, 193.º, n.º 1 alínea a) e 199.º do CPA). A regra atual quanto às impugnações administrativas é a de que a sua utilização é facultativa, o que significa, no plano em análise, que notificados dos atos administrativos criadores de obrigações pecuniárias, os particulares podem optar por apresentar os referenciados meios de impugnação administrativa, ou desde logo, prescindir destas vias, e impugná-los, diretamente, junto dos tribunais administrativos (artigo 185.º, n.º 1 e 2 do CPA). Analisamos com especial destaque, as regras relativas à suspensão dos prazos de impugnação contenciosa, em virtude da utilização prévia das impugnações administrativas (artigos 190.º, n.ºs 3 e 4 do CPA e 59.º, n.ºs 4 e 5 do CPTA), porquanto verificamos que a má compreensão das referidas normas tem originado, não raras vezes, a prolação de sentenças que não conhecem o mérito da pretensão dos destinatários dos referidos atos, baseadas na inimpugnabilidade das decisões administrativas das impugnações administrativas utilizadas, porque se constituem como atos meramente confirmativos do ato administrativo primário (artigo 53.º do CPTA) que declarou a obrigação pecuniária, e na constatação da intempestividade da ação administrativa de impugnação deste último ato, este sim definidor da situação jurídica que o particular pretende eliminar.

Além disso, verificamos que o meio processual adequado para o destinatário do ato administrativo em estudo discutir a sua legalidade e obter a anulação ou declaração de nulidade do mesmo é a ação administrativa de impugnação de ato administrativo (artigos 2.º, n.º 2, alínea a), 37.º, n.º 1, alínea a) e 50.º, n.º 1 e 51.º, n.º 1 do CPTA). Podendo, igualmente, ser interpostas ações em que é pedida a declaração de inexistência do referido ato (artigos 2.º, n.º 2, alínea a), 50.º, n.º 4 do CPTA). Neste segmento, após constatarmos que dependendo do vício de que, eventualmente, padeça o ato administrativo, diferentes serão os prazos de impugnação jurisdicional do mesmo (artigos 161.º e 163.º do CPA e 58.º do CPTA), e que a impugnação de atos anuláveis, que se constitui como o desvalor regra para os atos administrativos ilegais, está sujeita a prazo, que é de 3 meses para os particulares (artigo 58.º, n.º 1, alínea b) do CPTA), revelamos neste estudo decisões judiciais em que se concluiu pela intempestividade da ação administrativa, porque se negou o desvalor da nulidade em atos de liquidação de tributos ou em outros atos que criaram obrigações pecuniárias, por exemplo, negando a existência de ofensa do conteúdo essencial de um direito fundamental (nomeadamente, do direito de propriedade, baseada na falta de fundamentação do ato administrativo, ou na violação do direito à proteção social e solidariedade), para efeitos do artigo 161.º, n.º 2, alínea d) do CPA (que é em regra, a única forma de se defender a nulidade), ou não reconhecendo que os atos em causa criaram obrigações pecuniárias não previstas na lei nos termos do artigo 161.º, n.º 2 alínea k) do CPA. Posicionamo-nos no sentido de que, a única forma de se defender a nulidade dos atos administrativos aqui em análise, por ofensa de conteúdo essencial de um direito fundamental, é se o particular lesado alegar e provar na ação administrativa que, por exemplo, o ato que lhe impõe o pagamento de uma obrigação pecuniária vai fazer com que ele não possa satisfazer as suas necessidades básicas. Em regra, os tribunais cometentes para conhecer estas ações são os tribunais administrativos (artigo 212.º, n.º 3 da CRP, e artigos 4.º, n.º 1, alíneas b), c) e d), 24.º, 37.º e 44.º, n.º 1 do ETAF).

Observamos, em particular, dada a frequência com que se vêm colocando em juízo, aspetos processuais ligados às consequências da inadmissibilidade da discussão da legalidade concreta da dívida imposta pelo ato administrativo *sub judice* em sede de oposição à execução fiscal, considerando a taxatividade dos fundamentos, que podem ser usados para substanciar este meio processual (artigo 204.º, n.º 1 do CPPT), que apenas permitem que tal aconteça, quando a lei não assegure um meio judicial para a impugnação do ato exequendo (artigo 204.º, n.º 1 alínea h) do CPPT), que no caso dos atos em análise assegura por intermédio da ação administrativa de impugnação de ato administrativo (artigos 37.º, n.º1 alínea a) do CPTA e 50.º e seguintes do CPTA). E a apreciação da legalidade da referida dívida neste âmbito, também é proibida pela alínea i) do n.º 1 artigo 204.º do CPPT. Verificamos, portanto, como se afere a ocorrência de erro na forma de processo, e a relevância que tem vindo a ser dada pela jurisprudência ao designado *pedido implícito*, com base no princípio *pro actione* (artigo 7.º do CPTA, *ex vi* artigo 2.º alínea c) do CPPT). E que no âmbito da nossa análise, concluindo-se pela existência de erro na forma de processo, a convolação do processo para a forma de processo adequado, que é como vimos, a ação administrativa de impugnação de ato, vai se mostrar inviabilizada, não ocorrendo outros fatores, como vem defendendo, bem, alguma jurisprudência, pela incompetência dos tribunais tributários para conhecer da referida ação administrativa (artigo 44.º do ETAF, artigo 16.º do CPPT e artigos 278.º, n.º 1 alínea a), 279.º e 577.º, a) do CPC). Oferecemos, também, relevância ao estudo das consequências processuais decorrentes da constatação da existência de erro parcial na forma de processo.

* * *

No **quarto capítulo,** refletindo sobre duas questões que se podem colocar na fase de execução dos atos objeto do nosso trabalho, posicionamo-nos no sentido de que as entidades privadas, mesmo que só em parte associadas ao cumprimento da função administrativa, desde que habilitadas por lei ou contrato, a exercer poderes públicos de autoridade, que assim lhes permitam fixar obrigações pecuniárias através do ato administrativo, podem usar o processo de execução fiscal, para cobrar os seus créditos, atento o disposto, conjugadamente, nos artigos 2.º, n.º 1 e 179.º do CPA e 148.º, n.º 2, alínea a) do CPPT.

Além do exposto, vimos, igualmente, que tem, segundo se crê, havido consenso na doutrina e jurisprudência, no sentido de que, atento o previsto no artigo 148.º n.º 2 alínea a) do CPPT, o artigo 179.º do CPA contém uma norma de caráter geral que possibilita a cobrança de dívidas ao Estado e a outras pessoas coletivas de direito público, através do processo de execução fiscal, cujo pagamento tenha sido imposto por ato administrativo, mesmo quando não exista norma de habilitação especial, nomeadamente, na lei orgânica ou que discipline a atividade da entidade credora da obrigação pecuniária que, de forma expressa, preveja a aplicação do mencionado regime àquelas dívidas. Mesmo, na nossa perspetiva, quando essa entidade seja privada, mas, claro está, se encontre no exercício da função administrativa, nos termos do artigo 2.º, n.º 1.º do CPA.

* * *

No **quinto capítulo,** analisamos os meios que podem ser utilizados pelos particulares para obstar à produção dos efeitos decorrentes da cobrança coerciva da dívida exequenda enquanto discutem a legalidade do ato administrativo que a determinou, porquanto, fora dos casos em que os atos administrativos sob investigação possam estar sujeitos a impugnação administrativa necessária (que não será a regra), a impugnação destes atos, com vista à discussão da respetiva legalidade, através das vias procedimentais e processuais disponíveis para o efeito, não tem a virtualidade de *per si* suspender a eficácia dos mesmos ou impedir a instauração ou desencadear a suspensão do processo de execução fiscal (artigos 185.º, n.º 1 e 189.º, n.ºs 1 e 2 do CPA e 50.º, n.º 2 do CPTA).

Vimos que os referidos meios podem-se organizar em dois grupos, que se reconduzem (1) ao pagamento da dívida antes ou já depois de instaurado o processo de execução fiscal; (2) e aos mecanismos que estão associados ao emprego dos meios procedimentais e processuais disponíveis para discutir a legalidade dos atos administrativos fonte das referidas dívidas ou a exigibilidade destas, previstos nos artigos 189.º, n.º 2 do CPA, 50.º, n.º 2, 120.º, n.ºs 1, 2 e 6 do CPTA, 52.º da LGT e 169.º e 170.º do CPPT.

Neste âmbito, merecem destaque as seguintes conclusões a que chegamos: Atento o âmbito de aplicação do disposto no artigo 189.º, n.º 2 do CPA, pugnamos que deveria ser admissível que com a utilização das impugnações administrativas o particular pudesse, desde logo, oferecer a prestação de uma garantia a favor da entidade credora que podia ser usada mesmo que sobreviesse uma decisão de indeferimento da referida impugnação, para suspender a eficácia do ato já em sede judicial, dispensando a utilização dos mecanismos previstos nos artigos 50.º, n.º 2 do CPTA ou 120.º, n.º 6 do CPTA, porque serviria o mesmo fim. A solução gizada teria que prever, ainda, um meio de recurso para os tribunais, para as hipóteses em que os órgãos administrativos não aceitassem, por não ser idónea ou suficiente a garantia prestada.

Ademais, quando em causa esteja a suspensão da eficácia dos atos administrativos em estudo, consideramos que, quando os destinatários dos atos provem que da execução imediata destes resulta a produção de prejuízos irreparáveis ou de difícil reparação para os interesses que visam assegurar com a sua impugnação, estando em jogo, em princípio, e somente um interesse patrimonial dos autores dos atos – concretizado na devolução imediata das quantias pecuniárias exigidas nos mesmos –, é difícil sustentar-se que, a suspensão dos atos administrativos seja recusada, nos termos da parte final do nº 2 do artigo 189.º do CPA ou do n.º 2 do artigo 120.º do CPTA, ou até para efeito de sustentação da resolução fundamentada ao abrigo da parte final, do n.º 1 do artigo 128.º do CPTA, com fundamento de que tal redundaria num prejuízo de maior gravidade para o interesse público do que aquele que resultaria para os interesses dos destinatários dos atos.

Defendemos, ainda, a aplicabilidade do regime da suspensão da execução fiscal nos termos das leis tributárias às dívidas decorrentes dos atos administrativos em estudo, previsto nos artigos 52.º da LGT e 169.º e 170.º do CPPT, acionáveis não só com a apresentação da ação administrativa de impugnação do ato, como também com a dedução das impugnações administrativas (reclamações e recursos), porque são meios que obedecem à lógica de aplicação dos normativos citados, porque têm por objeto a discussão da legalidade da dívida exequenda. Outrossim, consideramos que a oposição à execução fiscal também é um meio apto a suspender a execução fiscal, nas situações em que por via deste meio processual se esteja a discutir a exigibilidade da dívida exequenda fixada por ato administrativo não tributário (artigos 179.º do CPA, 148.º, n.º 2 alínea a) do CPPT e remissão constante no n.º 12 do artigo 169.º do CPPT, para os n.ºs 1 a 8 do referido artigo).

* * *

No **sexto e último capítulo**, destacamos os aspetos próprios da tramitação do processo de execução fiscal quando instaurado para a cobrança de dívidas decorrentes dos atos administrativos em referência (artigo 179.º. n.ºs 1 e 2 do CPA e 148.º, n.º 2, alínea a) do CPPT). Com destaque, concluímos que o legislador atribuiu às Direções de Finanças da Autoridade Tributária e Aduaneira, uma competência genérica para os atos da execução fiscal, competência esta delegável nos serviços de finanças, que apenas será afastada, quando lei especial atribua a competência destas no processo de execução fiscal a outros órgãos da administração tributária, como será o caso, da cobrança das dívidas da Segurança Social, para cujos termos são competentes as secções de processo executivo do Instituto de Gestão Financeira da Segurança Social, IP (artigo 1.º, alínea c), 150.º, n.ºs 3 e 5 do CPPT, e artigo 6.º, nºs 2 e 3 do DL n.º 433/99, de 26 de outubro, diploma que aprovou o CPPT e artigos 3-A, n.ºs 1 e 4 do DL n.º 42/2001, de 09.02). Defendemos, além do mais, que este entendimento também se aplica à promoção da execução de dívidas provenientes de atos administrativos praticados por entidades de natureza privada, considerando, como se viu, o disposto nos artigos 2.º, n.º 1 e 179.º do CPA e artigo 148.º, n.º 2 alínea a) do CPPT, e para isso, aponta a legislação especial existente, conforme disposto no artigo 17.º-A da Lei n.º 25/2006, de 30 de junho, que estabeleceu o regime sancionatório aplicável às transgressões ocorridas em matéria de infraestruturas rodoviárias, onde seja devido pagamento de taxa de portagem. Neste ponto, ainda, atendendo a que decorre do quadro legal vigente, a incompetência das autarquias locais para a instauração e tramitação do processo de execução fiscal com vista à cobrança das dívidas objeto do nosso estudo, pugnamos que devia ser um aspeto a alterar pelo legislador, não se compreendendo os motivos para a não atribuição a estas entidades de tal competência, quando a têm em relação às suas dívidas de natureza tributária (artigos 15.º, alínea c) da Lei n.º 73/2013, de 3 de setembro, 6.º e 7.º do DL n.º 433/99, de 26 de outubro, diploma que aprovou o CPPT, e 10.º, n.º 1 alínea f) e 150.º do CPPT).

Sobre a representação das entidades credoras das dívidas que nos ocupam neste trabalho na fase judicial do processo de execução fiscal, observamos que a doutrina e jurisprudência têm afastado a atribuição de tal competência à Fazenda Pública, com base no disposto no artigo 15.º, n.º 1 alínea a) do CPPT, e também, considerando normas especiais relativas à representação destas entidades em juízo constantes dos diplomas que regulam a sua organização e atividade.

Afastamos a aplicação do regime da responsabilidade subsidiária previsto na LGT que se efetiva por reversão da execução fiscal às dívidas decorrentes dos atos administrativos em análise, porquanto, na senda do que já foi decidido pela jurisprudência, o facto destas dívidas serem cobradas através do processo de execução fiscal (artigo 148.º, n.º 2, alínea a) do CPPT), não significa que o regime estabelecido no artigo 153.º do CPPT se lhes aplique *tout court*, em específico, a responsabilidade subsidiária prevista no respetivo n.º 2, porque este normativo não pode ser lido sem o associar ao regime substantivo da responsabilidade subsidiária previsto nos artigo 22.º, 23.º e 24.º da LGT, que abrange apenas as dívidas tributárias.

Defendemos que o artigo 45.º, n.º 12 do Decreto Regulamentar n.º 84-A/2007, de 10 de dezembro, estabelecendo a responsabilidade subsidiária dos gerentes e administradores das devedoras originárias, por dívidas destas ao Fundo Social Europeu e Estado Português, nos termos da LGT, a efetivar contra aqueles, através de reversão do processo de execução fiscal, encontra-se inquinado de inconstitucionalidade orgânica, porquanto o Governo Português não está legalmente habilitado a regular a referida matéria por intermédio de um regulamento administrativo (artigo 138.º, n.º 3 do CPA), em razão de não se vislumbrar existir uma norma dotada de aplicabilidade direta de Direito da União Europeia que suporte tal regulação por esta via (que a existir, tinha que vir expressamente indicada, sob pena de inconstitucionalidade por violação do artigo 112.º, n.º 7 da CRP, já que o mesmo apenas se arroga de instrumento concretizador do regime jurídico de gestão, acesso e financiamento no âmbito do FSE, autorizado pelo artigo 30.º, n.º 4 do DL n.º 312/2007, de 17 de setembro), e a mesma dizer respeito aos "direitos, liberdades e garantias" e às "garantias dos administrados", e, por isso, inserir-se na reserva relativa da Assembleia da República (artigo 165.º, n.º 1, alíneas b) e s) da CRP).

BIBLIOGRAFIA

ALMEIDA, MÁRIO AROSO DE,

___, Manual de Processo Administrativo, 3.ª Edição, Almedina, 2017.

___, "Atos de aplicação de Sanções Contratuais: Sua Natureza Jurídica e Regime Processual, Comentário ao Acórdão do Tribunal Central Administrativo Sul de 11 de fevereiro de 2016, Rec. n.º 11777/15", Católica Law Review, Vol. I\n.º 1\jan. 2017, disponível em https://repositorio.ucp.pt/bitstream/10400.14/22304/4/1977--article-4241-1-1020191020.pdf

___, Teoria Geral do Direito Administrativo, O Novo Regime do Código do Procedimento Administrativo, 2.ª Edição, Almedina, 2015.

ALMEIDA, MÁRIO AROSO DE; CADILHA, CARLOS ALBERTO FERNANDES, Comentário ao Código de Processo nos Tribunais Administrativos, 4.ª Edição, Almedina, 2017.

AMARAL, DIOGO FREITAS DO, Curso de Direito Administrativo, Vol. II, 4.ª Edição, Almedina, 2021.

ANDRADE, JOSÉ CARLOS VIEIRA DE,

___, A Justiça Administrativa, Lições, 14.ª edição, Almedina, 2015.

___, Lições de Direito Administrativo, 3.ª Edição, Imprensa da Universidade de Coimbra, 2013.

ANTUNES, TIAGO, "A decisão no Código do Procedimento Administrativo", Comentários ao Novo Código do Procedimento Administrativo, vol II, 3.ª Edição, AAFDL, 2016.

APELLES, J. B. CONCEIÇÃO, Segurança Social, Manual Prático, 10ª. Edição, Almedina, 2017.

BICHO, ANA CRISTINA, "A tramitação da execução fiscal pela Autoridade Tributária e Aduaneira", Execução Fiscal, Jurisdição Administrativa e Fiscal, março de 2019, CEJ, disponível em http://www.cej.mj.pt/cej/recursos/ebooks/Administrativo_fiscal/eb_ExecucaoFiscal.pdf.

BOTELHO, JOSÉ MANUEL DA S. SANTOS; ESTEVES, AMÉRICO JOAQUIM PIRES; PINHO, JOSÉ CÂNDIDO DE, Código do Procedimento Administrativo, Anotado-Comentado, Jurisprudência, 4.ª Edição, Almedina, 2000.

CABRAL, NAZARÉ DA COSTA, Contribuições para a Segurança Social, Natureza, Aspectos de Regime e de Técnica e Perspectivas de Evolução num Contexto de Incerteza, Cadernos do IDEFF, nº.12, 2010.

CADILHA, CARLOS ALBERTO FERNANDES, "Implicações do novo regime do Código do Procedimento Administrativo no Direito Processual Administrativo", JULGAR, n.º 26, Maio-Agosto de 2015.

CALVÃO, FILIPA URBANO, "O regime da execução do ato administrativo no Projeto de revisão do Código do Procedimento Administrativo", Colóquio de Projeto de Revisão do Código do Procedimento Administrativo, Lisboa, Portugal, 25 de Junho de 2013, Projeto de Revisão do Código do Procedimento Administrativo – Colóquio de 25 de Junho. 2013.

CAMPOS, DIOGO LEITE DE; RODRIGUES, BENJAMIM SILVA; SOUSA, JORGE LOPES DE, Lei Geral Tributária, Anotada e Comentada, 4.ª Edição, Encontro da Escrita, Editora, 2012.

CANOTILHO, GOMES, VITAL MOREIRA, Constituição da República Portuguesa Anotada, Vol. I, 4.ª Edição, Coimbra Editora, 2007.

CAUPERS, JOÃO, Introdução ao Direito Administrativo, 11.º edição, Âncora Editora, 2013.

COUTINHO, JULIANA,

___, O público e o privado na organização administrativa: da relevância do sujeito à especialidade da função, Revista FDUP, A. 12-16 (2015-2019).

___, O que há de novo no procedimento administrativo do ato?, REVISTA FDUP, A. 10 (2013), disponível em https://repositorio-aberto.up.pt/bitstream/10216/82920/2/89401.pdf.

___, A Geometria Variável do Direito Administrativo, Revista da FDUP – A. 8 (2011), disponível em https://repositorio-aberto.up.pt/handle/10216/66169.

DAVID, SOFIA, "O artigo 95.º do CPTA: Uma breve análise, Formação Contínua, Processo Administrativo, Jurisdição Administrativa e Fiscal", setembro de 2020, CEJ, disponível em http://www.cej.mj.pt/cej/recursos/ebooks/Administrativo_fiscal/eb_ProcessoA.pdf.

DOURADO, ANA PAULA, Direito Fiscal, Lições, Almedina, 2015.

ESTORNINHO, MARIA JOÃO, A fuga para o Direito Privado, Contributo para o Estudo da Atividade de Direito Privado da Administração Pública, Almedina, 1996.

FARINHO, DOMINGOS SOARES, "O âmbito de aplicação do novo Código do Procedimento Administrativo: regressar a Ítaca", Comentários ao Novo Código do Procedimento Administrativo, AADFL, 2015.

FONSECA, ISABEL CELESTE, Direito Processual Administrativo – Roteiro Prático, Almeida & Leitão lda., Porto, 2008.
FONSECA, RUI GUERRA,
___, "O fim do modelo de administração executiva?", Comentários ao Novo Código do Procedimento Administrativo, AADFL, 2015.
___, O fundamento da autotutela executiva da Administração Pública, – Contributo para a sua Compreensão como problema Jurídico-Político, Coimbra, Almedina, 2012.
GOMES, CARLA AMADO,
___, "A caducidade do procedimento administrativo: uma solução inócua? Reflexões em torno do Acórdão do SJT de 16 de maio de 2018 (Proc. 76/17.1YFLSB)", Revista do CEJ, 2.º Semestre 2019, número 2.
___, Contributo para o Estudo das Operações materiais da Administração Pública e do seu controlo jurisdicional, Coimbra Editora, 1999.
GONÇALVES, PEDRO DA COSTA,
___, "Âmbito de aplicação do Código do Procedimento Administrativo (na versão do anteprojeto de revisão)", CJA, n.º 100, 2013.
___, Entidades Privadas com Poderes Públicos, O Exercício de Poderes Públicos de Autoridade por Entidades com Funções Administrativas, Almedina, 2005.
LEITÃO, LUÍS MANUEL TELES DE MENEZES, Direito das Obrigações, Vol. I – Introdução. Da Constituição das Obrigações, 15.º Edição, Almedina, 2018.
MACHETE, PEDRO,
___, A audiência dos interessados no Procedimento Administrativo, Universidade Católica Editora, 1995.
___, "Eficácia e execução do ato administrativo", CJA, nº 100, 2013.
MACHETE, RUI, A Execução do Ato Administrativo, Estudos de Direito Público, Coimbra Editora, 2004.
MARTINS, JESUÍNO ALCÂNTARA; ALVES, JOSÉ COSTA, Procedimento e Processo Tributário, Uma Perspetiva Prática, 1.ª edição, Almedina, 2016.
MEALHA, ESPERANÇA, "Personalidade Judiciária e Legitimidade Passiva das Entidades Públicas", Publicações Cedipre Online-2, Coimbra, novembro de 2010, disponível em http://www.cedipre.fd.uc.pt.
MONCADA, LUIZ S. CABRAL, Novo Código do Procedimento Administrativo, Anotado, Coimbra Editora, 2015.
MORAIS, RUI DUARTE,
___, "A reclamação do art. 276.º CPPT – algumas interrogações", Execução Fiscal, Jurisdição Administrativa e Fiscal, março de 2019, CEJ, disponível em http://www.cej.mj.pt/cej/recursos/ebooks/Administrativo_fiscal/eb_ExecucaoFiscal.pdf.
___, A Execução Fiscal, 2.ª Edição, Almedina, 2010.

NABAIS, JOSÉ CASALTA,

___, Direito Fiscal, 7.ª Edição, Almedina, Coimbra, 2014.

___, Estudos sobre a Jurisprudência do Tribunal Constitucional, Editorial Notícias, 1993.

NETO, DULCE, "A Natureza da execução fiscal na jurisprudência do STA", Execução Fiscal, Jurisdição Administrativa e Fiscal, março de 2019, CEJ, disponível em http://www.cej.mj.pt/cej/recursos/ebooks/Administrativo_fiscal/eb_ExecucaoFiscal.pdf.

NETO, SERENA CABRITA; TRINDADE, CARLA CASTELO, Contencioso Tributário, Vol. II, Almedina, 2017.

OLIVEIRA, FERNANDA PAULA, DIAS; JOSÉ EDUARDO FIGUEIREDO, Noções Fundamentais de Direito Administrativo, 3.ª Edição, Almedina, 2013.

OLIVEIRA, MÁRIO ESTEVES DE; GONÇALVES, PEDRO; AMORIM, J. PACHECO DE, Código do Procedimento Administrativo, Comentado, 2.ª edição, Almedina, 2005.

OLIVEIRA, RODRIGO ESTEVES DE, "O acto administrativo contratual", CJA, n.º 63, 2007.

OLIVEIRA, RODRIGO ESTEVES; OLIVEIRA, MÁRIO ESTEVES, Código de Processo nos Tribunais Administrativos, Vol. I, Almedina, 2006.

OTERO, PAULO,

___, Direito do Procedimento Administrativo, Vol. I, 1.ª edição, Almedina, 2016.

___, Legalidade e Administração Pública, O sentido da vinculação administrativa à juridicidade, Almedina, 2003.

PAIVA, CARLOS, O Processo de Execução Fiscal, 4.ª Edição, Almedina, 2018.

PEREIRA, EUGÉNIA MARGARIDA AFONSO, "Da utilização abusiva do processo de execução fiscal: em especial, a cobrança coerciva de dívidas não tributárias", Dissertação de Mestrado, Mestrado em Direito Tributário, Universidade do Minho, Escola de Direito, 2017.

PEREIRA, RAVI AFONSO, "A Execução das Decisões Administrativas no Direito Português", O Poder de Execução Coerciva das Decisões Administrativas – Nos Sistemas de Tipo Francês e Inglês e em Portugal, Coord. Diogo Freitas do Amaral, Almedina, 2011.

PINHEIRO, ALEXANDRE SOUSA; SERRÃO, TIAGO; CALDEIRA, MARCO; COIMBRA, JOSÉ DUARTE, Questões fundamentais para a aplicação do CPA, Almedina, 2016.

PINTO, MARIA DA GLÓRIA FERREIRA, "Breve Reflexão sobre a Execução Coactiva dos Actos Administrativos", Estudos, Centro de Estudos Fiscais, Lisboa, 1983.

PIRES, JOSÉ MARIA FERNANDES, "A tramitação da execução fiscal nos serviços da Administração tributária", Procedimento e Processo Tributário 2016, CEJ, Lisboa, 2017.

QUADROS, FAUSTO DE, [et al,], Comentários à Revisão do Código do Procedimento Administrativo, Almedina, 2016.

RIBEIRO, NUNO MIGUEL CERDEIRA, "O controlo jurisdicional dos atos da administração tributária: reflexões em torno da articulação com o processo administrativo", Dissertação de Mestrado, Mestrado em Direito Tributário e Fiscal, Universidade do Minho, Escola de Direito, 2012.

ROCHA, JOAQUIM FREITAS,

- "Sobre a natureza dos atos praticados em execução fiscal", Execução Fiscal, Jurisdição Administrativa e Fiscal, março de 2019, CEJ, disponível em http://www.cej.mj.pt/cej/recursos/ebooks/Administrativo_fiscal/eb_ExecucaoFiscal.pdf. - Lições de Procedimento e Processo Tributário, 4.ª Edição, Coimbra Editora, Coimbra, 2011.

SAMPAIO, JORGE SILVA; COIMBRA, JOSÉ DUARTE, "Os procedimentos administrativos de segundo grau no novo CPA", Comentários ao Novo Código do Procedimento Administrativo, 5.º Edição, AADFL, 2020.

SANCHES, J. L. SALDANHA, Princípios do contencioso tributário, Lisboa, 1987, disponível em http://www.saldanhasanches.pt/pdf-5/Principios-Contencioso-Tributario.pdf.

SILVA, HUGO FLORES DA,

___, "As nulidades do processo de execução fiscal", Coleção Formação Contínua, Execução Fiscal, Jurisdição Administrativa e Fiscal, março de 2019, CEJ, disponível em http://www.cej.mj.pt/cej/recursos/ebooks/Administrativo_fiscal/eb_ExecucaoFiscal.pdf.

___, "O impacto da reforma do CPTA e do CPA no processo e procedimento tributário", Procedimento e Processo Tributário, Jurisdição Administrativa e Fiscal, Fevereiro de 2017, CEJ, disponível em https://cej.justica.gov.pt/LinkClick.aspx?fileticket=2u_5sLqFaW8%3d&portalid=30.

___, "A execução de julgados no processo tributário", Comentários à Legislação Processual Tributária, AAFDL Editora, 2019.

SOUSA, JORGE LOPES DE,

___, Código de Procedimento e de Processo Tributário, Anotado e Comentado, Vol. I, 6.ª edição, Áreas Editora, 2011.

___, Código de Procedimento e de Processo Tributário, Anotado e Comentado, Vol. II, 6.ª edição, Áreas Editora, 2011.

___, Código de Procedimento e de Processo Tributário, Anotado e Comentado, Vol. III, 6.ª edição, Áreas Editora, 2011.

SOUSA, ALFREDO J. DE; PAIXÃO, J. SILVA, Código de Procedimento e Processo Tributário, Comentado e Anotado, Coimbra, 2000.

SOUSA, MARCELO REBELO; MATOS, ANDRÉ SALGADO DE, Direito Administrativo Geral, Atividade Administrativa, Tomo III, 2.º Edição, D. Quixote, 2016.

TORRÃO, JOÃO ANTÓNIO VALENTE, Código de Procedimento e de Processo Tributário Anotado e Comentado, Almedina, Coimbra, 2005.

VARELA, JOÃO DE MATOS ANTUNES, Das Obrigações em Geral, Vol. I, 10.ª Edição, Almedina, Coimbra, 2000.

VASQUES, SÉRGIO, Manual de Direito Fiscal, Almedina, 2014.

XAVIER, ALBERTO, Conceito e Natureza do Acto Tributário, Almedina, Coimbra, 1972.

Jurisprudência

Os Acórdãos aqui citados encontram-se disponíveis para consulta em www.dgsi.pt e www.tribunalconstitucional.pt/tc/acordaos/.

ÍNDICE